臺南學概論

戴文鋒、邱敏捷——主編

杜正勝、戴文鋒、王建國、張靜宜
葉春榮、曾國棟、楊家祈——著

國家圖書館出版品預行編目(CIP)資料

臺南學概論 / 杜正勝, 戴文鋒, 王建國, 張靜宜,
葉春榮, 曾國棟, 楊家祈著 ; 戴文鋒, 邱敏捷主編.
-- 初版. -- 臺南市：國立臺南大學 ; 高雄市：麗
文文化事業股份有限公司, 2025.06
　　面 ;　　公分
　　ISBN 978-626-99772-1-5（平裝）

1.CST: 區域研究　2.CST: 文集　3.CST: 臺南市

733.9/127.07　　　　　　　　　　　　114006895

臺南學概論

主　　編｜戴文鋒、邱敏捷
作　　者｜杜正勝、戴文鋒、王建國、張靜宜、葉春榮、曾國棟、楊家祈

發 行 人｜陳惠萍
出版單位｜國立臺南大學
地　　址｜臺南市中西區樹林街二段 33 號
電　　話｜06-2133111
傳　　真｜06-2135058
網　　址｜https://liberal.nutn.edu.tw/

共同出版｜麗文文化事業股份有限公司
地　　址｜802019 高雄市苓雅區五福一路 57 號 2 樓之 2
電　　話｜07-2265267
傳　　真｜07-2233073
網　　址｜http://www.liwen.com.tw
郵政劃撥｜41423894 麗文文化事業股份有限公司
法律顧問｜林廷隆律師
出版日期｜2025 年 6 月初版一刷
定　　價｜新台幣 480 元整
I S B N｜978-626-99772-1-5

推薦序

多年來國立臺南大學以「立足臺南，放眼天下」作為發展方向，人文學院於是揭櫫「扎根在地文化，關懷人文臺灣」，以為研究和教學的主要目標；經過同仁商議乃有「臺南學研究中心」之建置，「臺南學」遂逐漸成為師生的普遍概念。過去相關的學術活動以及正式課程已累積一定的成果，現在這本臺南學入門書籍的結集出版，可謂適當其時。

可能因為我是國立臺南大學六十多年前的老校友，也可能因為我的專業和人文學院的目標能沾上一點邊，這些年來承蒙前後兩位校長不棄，應人文學院邱敏捷院長之邀，多次參與臺南學課程的專題演講，講詞整理發表後，也收入「概論」中。

本書分文學、文化資產、歷史名人、廟宇，以及民俗與宗教五個單元，講述臺南學的重要內容，也可以說為臺南學架構一個未來教研發展的格局。本書所收文章都由本校專、兼任老師執筆，證明學校及人文學院提出的方向、目標絕非空談。這幾個面向其實也是地方學的核心，可以由此向外繫聯其他學門，向內探掘課題內涵。我想這本「概論」無疑是可長可久之臺南學良好開端。五篇大作的精意，戴文鋒主任已經作了很精彩的「導讀」，無勞我再來添足，所以我只就「臺南學」這個概念談點外行話。

如何看待「臺南學」，我在課堂演講的「臺南學與臺灣史」，曾從世界學術史的視野論定臺灣各地的地方「學」（-logy），唯獨「臺南學」最符合百餘年來「埃及學」、「亞述學」或「漢學」之「學」的條件。然而臺南學的「臺南」不論地域或內容，到底無法和埃及、亞述或中國相提並論，它的基本格局免不了屬於「地方」的層次。

事實上，臺灣各地之「學」所研究的課題，和地方史或鄉土史也差不多，這使我想起大概三十年前，國立臺灣師範大學歷史系主辦的「鄉土史教育學術研討會」，我應邀發表主題講演：「鄉土史與歷史意識的建立」，一些觀點可以用來看待臺南學。那篇文稿曾在《國立中央圖書館臺灣分館館刊》（1997）登載過，知者不多，現在摘錄幾則與地方學有關的文字，或有助於理解學術架構中的臺南學含藏的意義。

鄉土史（local history）是相對於國家史（national history）或世界史（world history）、一種地區範圍比較狹小的歷史研究，在歷史學的領域中，向來屬於旁支，猶如中國傳統圖書分類，列方志於「雜傳」。西方也有類似的情況，上世紀 60 年代英國第一位提倡鄉土史的雷寫斯特大學（University of Leicester）大學院（University College）教授芬柏格（H. P. R. Finberg）就遭遇質疑，被批評他的鄉土史研究難以比擬撰寫《英格蘭史》的馬考萊（Thomas B. Macaulay）。然而鄉土史由於切近人民的生活，反而比以君王、權貴或聖賢為重心的國家史更能突顯民主時代平民百姓作為國家主人的意義。更進一層說，鄉土史比起國家史或世界史，更容易使人體察到人在特定環境、有限資源的條件下，如何營造最適宜的生活，創造合乎他們需要的文化。從這點來說，鄉土史便成為人文教育不可或缺的一環，它的意義已不限於歷史學而已。

人生離不開生存的土地，人與地的連接，鄉土史恐怕是最佳門徑，至少之一。當一個學習者吸收地下考古的新資料，欣賞地表各種文化遺存，參與宗教儀節，聆聽父老傳說，閱讀前人的著作等等，由於它們的在地性和親切性，很容易轉化為生活性，使他尋找到個人在時間洪流與空間網絡中的位置，由此而發現他的人生意義和目標。

所以真正的鄉土史不會僅止於鄉曲的意見，鄉土只是一個人的立足地，或是出發點，它像我提倡的「同心圓」史觀，一圈圈往外擴散，終而達成「鄉土－國家－世界」的思維與心態。我在課堂上講過的「臺南學與臺灣史」和「臺南學與世界史」，即是這個史觀的實證。芬柏格也擔心英國的鄉土史家淪為井蛙之見，遂提醒他們「全體可以照亮部分，部分也可

以照亮全體」，從事臺南學研究者，這句話似可當作座右銘，時時刻刻自我惕勵。

「歷史學」有廣義、狹義之分，廣義歷史學至少包括現行的文學院各學科，不只是歷史系而已，還包含一些社會科學，故有人稱作「歷史科學」。準此廣義，鄉土「史」（或地方「史」）和地方「學」是二而一的。話雖然可以這麼說，近年臺灣各地流行使用的某地「學」，義涵包容性更大，已經是學術上的科際整合，而且也更接近一般人慣用的語意。譬如，本書既有臺南古碑、歷史名人，也有臺南文學、廟宇、民俗、宗教科儀和慶典活動，第一印象的語意便和「臺南史」差異甚大。因此本書以「臺南學」為名，的確比「臺南史」或「臺南文化」名正言順。

然而不論鄉土史或地方學，都是 90 年代臺灣本土化的產物，標識著臺灣各地人士的覺醒，深耕在地，發現自我，以滙聚臺灣國家意識。

我再三指出臺南學幾乎可以代表大半部臺灣史，並且 17 世紀大航海時代的史料也充分說明臺南學和世界史的密切關係。當我讀到戴文鋒主任在本書「導讀」說到國立臺南大學發展方向是「立足臺南，在地深耕，放眼天下，國際接軌」時，覺得個人淺見與學校方針竟然不謀而合，那麼我在課堂上那兩次方法學的演講，即本書首尾收錄的兩篇拙文，或不至於顯得太突兀，頗堪告慰。是為序。

中央研究院　院士

杜正勝

校長序——傳承與再現

　　國立臺南大學座落於歷史悠久、人文薈萃的府城臺南。此城市歷經世代流轉，積澱豐厚文化底蘊，孕育無數歷史名人，為本校發展「臺南學」奠定堅實基礎。多年來，本校致力於臺南學的研究與發揚，冀盼在人文、歷史、城市與文化交織之中，以學術之力銘刻府城記憶、延續在地精神。

　　本年度出版的《臺南學概論》，是本校長年耕耘的集大成之作，內容涵蓋廣泛，全面呈現臺南學的發展脈絡與學術深度。其中，王建國教授撰〈臺南文學〉一文，以清代文人書寫為起點，綜覽自清領、日治至民國時期的臺南文學風貌。文中藉由歷代文學作品映現城市意象、風土民情與文化演變，從古典詩文至現代批判文學，展現臺南文學多元深邃的風采；曾國棟教授〈臺南文化資產〉、張靜宜教授〈臺南歷史名人〉，取材碑文、匾額與對聯，勾勒臺南歷史名人的風範與貢獻。其精神不僅在史冊中熠熠生輝，更因文史資源的保存而深植人心，歷久彌新。戴文鋒教授與楊家祈博士候選人合著之〈臺南廟宇與刈香〉，以及葉春榮教授的力作〈臺南民俗與宗教〉，深入剖析宮廟分布、神祇信仰及其社會影響。其中「西港香」、「學甲香」等盛典，更列為國定重要民俗。除彰顯臺南在宗教與民俗領域的獨特地位與文化價值，更展現旺盛文化生命力。

　　此外，中央研究院杜正勝院士所著之〈臺南學與世界史〉，從宏觀視角出發，探究臺南於世界歷史脈動中的角色與意義。自大航海時代以降，臺南即為東西方文化交流之重鎮，歷經荷西殖民、鄭氏王朝、清領、日治及戰後各階段，形塑出多元交融的歷史紋理與寬廣視野。

　　《臺南學概論》之付梓，不僅為臺南學研究立下重要里程碑，亦為關

注臺南的大眾開啟認識府城新視窗。願藉此激盪更多學術與社會對話，拓展臺南學的多重視角，使府城文化之美為世人所知、所珍、所傳。

國立臺南大學　校長

陳惠萍

主編序

　　臺南是臺灣歷史、文化的開端，臺灣最早發展的城市，幾乎關於這座島嶼的過去，都與這座城市相關，且因是極早與外界接觸的地區，而留下了豐沛的文化遺產。不少國內外學者在進行臺灣研究時，直接或間接與臺南有所連結。正因為臺南這座城市擁有豐厚的歷史沉澱，許多臺南文史前輩前仆後繼地投入研究，如前嶋信次（歷史）、內田勣（地理）、國分直一（考古）、連橫（語言）、黃清淵（歷史）、石暘睢（文史）、盧嘉興（文史）、黃天橫（文史）、莊松林（民俗）、吳新榮（民俗）、楊逵（文學）等不同研究面向的輩出承啟，使得「臺南學」有著堅實的基礎與多元研究的面向。

　　1990 年代全國各地「地方學」急速發展以來，打造在地專屬的「地方學」已成為近年來地方政府的重要文化發展政策，宜蘭學、北投學、嘉義學、南瀛學（現今臺南學）、高雄學、屏東學等在全臺應運而生。臺南縣政府為發展南瀛學，自 2003 年即已成立「南瀛學國際人文社會學術研究中心」，歷年更主辦跨國際的「南瀛學國際學術研討會」。在縣市合併成直轄市後，臺南市政府更以「臺南學」為核心，自 2011 年起每年寒暑假舉辦「冬季學校」與「夏季學校」研習營課程、週六與週日舉辦假日「臺南學講座」，成立臺南學部落格、《臺南學》電子報、「臺南市歷史名人紀念作業要點」，由市長親臨在臺南名人故居掛牌設置紀念牌（如湯德章故居），制定〈臺南市歷史街區振興自治條例〉，讓深具歷史、文化意義的歷史老屋、街道得以保存，使市民能多了解臺南市在地的歷史文化，也更能符合文化首都的形象，並吸引更多觀光客造訪臺南。

「地方學」可作為地方政府規劃未來施政之歷史脈絡根基，本校為落實校務發展「立足臺南、在地深耕」新願景，2017年籌劃成立「臺南學研究中心」。先以人文學院師生為對象，期望不久即可擴及全校。發展「臺南學」，心心念念、期待已久的《臺南學概論》終於出爐了。臺南學的建構是一門發展中的學術，誠如杜正勝院士所云：「臺南學才剛剛開始而已。」故這本《臺南學概論》的出版，自有其象徵意涵。

　　回顧這個歷程，2017年人文學院始以「臺南學概論」為院核心課程；2023年起，每學期辦理學生主題式的「臺南學成果展」。如今《臺南學概論》的付梓，最要感謝的是參與撰寫者：杜正勝院士、戴文鋒教授、王建國教授、張靜宜副教授、葉春榮副教授、曾國棟講師與楊家祈博士候選人，先從「臺南學與臺灣史」談起，再分就「臺南文學」、「臺南文化資產」、「臺南歷史名人」、「臺南廟宇與刈香」、「臺南民俗與宗教」而論，並以「臺南學與世界史」作結。

　　在這個臺南學的建構過程中，我們特邀請杜正勝院士自2021年8月迄今，每學期針對「臺南學概論」課程師生並對外開放，於「大師講堂」講授專題，諸如「最後皇族的艱辛人生——南明寧靖王的處境與心境」、「怎樣認識『海洋之子』鄭成功」、「臺南學與臺灣史」、「臺南學與世界史」、「閱讀臺南四百年滄桑」等；並於2024年，採對談的方式，與戴寶村教授談論「海洋‧臺南」，與溫振華教授談論「平埔族文化」，與戴寶村教授談論「臺南海洋信仰文化」等，開展「臺南學」的重要領域，豐富臺南學的教學與研究內涵。

　　本書中，〈臺南學與臺灣史〉一文，點出「臺南學的要件」與「臺南學在臺灣史的地位」；另一文〈臺南學與世界史〉，則指出「臺南在世界的定位」。此二文已刊載於《人文研究學報》，作為本書的首篇與壓軸，具有畫龍點睛及錦上添花之意。

　　此外，「臺南學研究中心」對於臺南學研究的著力深度、廣度與能見度，均引起媒體與外界關注。臺南大學之「臺南學」特色，已發揮相當成效，除了曾於本校圖書館一樓進行「臺南學」主題書展及師生研究成

果，展出《山谷長歌：噍吧哖事件在地繪影與歷史圖像》、《葉笛文學學術研討會論文集》、《葉笛全集（18冊）》、《走過‧歷史‧記憶：鏡頭下的永康》、《萬年縣治所考辨》、《東山鄉志》、《在地的瑰寶：永康的民俗祭儀與文化資產》、《永康的歷史遺跡與民間信仰文化》等100餘冊，彰顯人文學院特色以外，亦能配合本校校務評鑑之校特色發展重大願景，給予所有評鑑委員深刻印象。並自2020年至今陸續執行教育部高教深耕與臺南學的相關計畫，完成60幾部臺南學教學與踏查影片。再者，本中心透過研究案的申請，承接「臺南市政府文化局」、「臺南市文化資產管理處」、「台江國家公園管理處」等單位的相關計畫，諸如「台江地區無形文化資產暨文獻資料蒐集計畫」、「臺南市南區南山公墓遷葬範圍內文化資產調查計畫」、「臺南地區不義遺址（人權歷史場址）調查計畫」、「臺南市民俗類無形文化資產培力計畫」、「臺南人權歷史場址Podcast規劃與製作計畫」、「臺南市永康區二王市地重劃範圍內基督教墓園文化資產調查計畫」等，深化廣化探究臺南學，也透過歷史研究與現在臺南持續互動對話。

　　這些計畫之執行及其成果報告，表徵了臺南大學「臺南學研究中心」與地方政府文化單位質量並重的合作成果，不僅有基礎性研究，而且有應用性研究，大大裨益臺南學的落實與推展。植基於這些研究計畫，先後出版《等待天光：臺南人權歷史場址Ⅱ》、《漫漶時光：臺南人權歷史場址Ⅲ》、《闇黑之光：臺南人權歷史場址Ⅳ》、《神行台江：神祇與厭勝物傳說》、《口傳台江：奇譚、俚諺與故事》等書，既專注於地方民俗文化課題，也關注於白色恐怖相關研究，也就是「轉型正義（Transitional justice）」之議題，積累臺南學的厚實而多層面研究成果。

　　還有，人文學院「文化與自然資源學系」，已舉辦過十六屆的「臺南學與區域研究學術研討會」；近三年，學院更以臺南重要的文史工作者盧嘉興為主題，舉辦「2022臺南學的重要先驅——盧嘉興學術研討會」及「2023臺南學與盧嘉興學術研討會」，另以臺南著名書法家卜茲為題，舉辦「2024臺南學——卜茲書法學術論壇」等，凡此都是相當具開創性的研討會，深獲各界好評。

值得一提的是，學院《人文研究學報》自 2022 年第 56 期起，開闢「臺南學專輯」與「人文論壇」，每期約有 7 篇論文之多，今年榮獲國家圖書館「期刊即時傳播獎」，也是對於臺南大學多年耕耘臺南學的肯定。

　　國立臺南大學人文學院深耕臺南在地文化，過去曾出版《南臺灣鄭氏時期人物祀神》(2019)、《永康區開天宮志》(2019)、《臺南學——水文篇》(2021)、《臺南府城佛影的歷史構造——臺南市佛教史新透視與盧嘉興研究導論》(2024) 等專書，《臺南學概論》(2025) 一書的出版，雖已涵蓋幾個重要議題，當然還有些領域有待耕耘。其他疏漏與不當之處，在所難免，尚祈學者方家，不吝指教。

國立臺南大學人文學院

前任院長　戴文鋒

現任院長　邱敏捷

合序於 2025 年 5 月

CONTENTS
目　次

推薦序／杜正勝　　　　　　　　　　　　　　　　　　　i

校長序——傳承與再現／陳惠萍　　　　　　　　　　　　v

主編序／戴文鋒、邱敏捷　　　　　　　　　　　　　　　vii

臺南學與臺灣史／杜正勝　　　　　　　　　　　　001

壹、導讀／戴文鋒　　　　　　　　　　　　　　　029

　　一、緣起　　　　　　　　　　　　　　　　　　　030

　　二、臺南大學與臺南學　　　　　　　　　　　　　031

　　三、本書各篇章簡介　　　　　　　　　　　　　　032

　　四、銘謝　　　　　　　　　　　　　　　　　　　037

貳、臺南文學／王建國　　　　　　　　　　　　　039

　　一、前言：「『要有光』，就有了光」

　　　　——文學的陽光，從臺南升起　　　　　　　　040

　　二、「東番夷人不知所自始」

　　　　——陳第〈東番記〉　　　　　　　　　　　　043

　　三、從「旅途宜自惜，慨以當長歌」到「臺灣之山在東」

　　　　——沈光文其人其作　　　　　　　　　　　　050

　　四、「艱辛避海外，總為幾根髮」

　　　　——陳元圖〈明寧靖王傳〉：朱術桂及其二妾三縢故事　058

　　五、「山橫海嶠，沙曲水匯」

　　　　——高拱乾〈臺灣八景〉之濫觴　　　　　　　065

六、「我生於延平郡王祠邊底窺園裏」
　　——許地山〈我底童年在延平郡王祠邊〉　　074

七、「黑暗！汙濁！這是很大的監獄」
　　——楊華《黑潮集》　　078

八、「拿著這把光禿鋤頭，試著在貧瘠的鹽分地帶綻開文化花朵」
　　——吳新榮・郭水潭・鹽分地帶文學　　082

九、「我們把在現實的傾斜上摩擦極光叫做詩」
　　——楊熾昌・林修二・Le Moulin／風車詩社　　092

十、「枝葉蔭人」
　　——文壇長青樹：葉荖／葉石濤與老葉／葉笛　　097

十一、「在那個時代，有多少母親，為她們囚禁這島上的孩子，
　　　長夜哭泣」
　　——柏楊囚室場域書寫　　108

引用文獻　　115

參、臺南文化資產／曾國棟　　117

從「清乾隆滿漢文御碑」談臺南碑碣古物之意義與價值　　118
一、前言　　118
二、清乾隆滿漢文御碑探源　　124
三、御碑的歷史場域　　137
四、御碑的古物意義與價值　　147
五、結語　　154
引用文獻　　157

肆、臺南歷史名人／張靜宜　　161

臺南市歷史名人掛牌及歷史彰顯　　162
一、前言　　162
二、列入原因　　163

三、歷史名人類型　　169

　　四、名人故居立牌　　178

　　五、結語　　189

伍、臺南廟宇與刈香／戴文鋒、楊家祈　　191

臺南：「寺」曾相識、「廟」不可言　　192

　　一、臺灣寺廟有多少？臺南寺廟有多少？　　194

　　二、臺灣寺廟信仰的特性　　195

　　三、臺南寺廟之歷史地位　　198

　　四、小結　　215

　　引用文獻　　217

蜈蚣、陣頭、大廟：臺南五大香　　219

　　一、前言　　219

　　二、學甲慈濟宮學甲上白礁暨刈香　　220

　　三、麻豆代天府麻豆香　　230

　　四、佳里金唐殿蕭壠香　　237

　　五、西港慶安宮西港仔香　　248

　　六、土城鹿耳門聖母廟土城仔香　　257

　　七、結語：眾神之都到國家級民俗活動　　264

　　引用文獻　　266

　　附錄　　268

陸、臺南民俗與宗教／葉春榮　　273

臺南的民俗　　274

　　一、前言　　274

　　二、歲時習俗　　276

　　三、結論　　291

　　引用文獻　　293

臺南的宗教　　　　　　　　　　　　　　294
　　一、前言　　　　　　　　　　　　294
　　二、西拉雅祀壺信仰　　　　　　　294
　　三、基督教　　　　　　　　　　　299
　　四、天主教　　　　　　　　　　　302
　　五、佛教　　　　　　　　　　　　303
　　六、道教　　　　　　　　　　　　305
　　七、民間宗教　　　　　　　　　　307
　　八、結語　　　　　　　　　　　　312
　　引用文獻　　　　　　　　　　　　314

臺南學與世界史／杜正勝　　　　　317

臺南學與臺灣史

中央研究院院士　杜正勝院士

本篇講題始於 2022 年「臺南學大師講堂」，後刊於國立臺南大學《人文研究學報》，第 57 期（2023 年 10 月），頁 69-96；2024 年改寫

談談所謂的「學」（-logy）

　　首先掉一下書袋，先來談一點世界學術史常識。我們常說「什麼學」、「什麼學」，在臺灣大概近三十年來，許多地方都在說「什麼學」、「什麼學」，像「南瀛學」這是非常老派的、很早就有的研究，像《南瀛文獻》就是歷史已經很悠久的期刊，但是其他地方像嘉義、屏東等等，大概都是最近二、三十年才從在地興起的研究，這是一種臺灣地方史的研究。專門研究嘉義這一帶的，叫「嘉義學」；專門研究屏東這一帶的，叫「屏東學」。

　　所謂「地方學」，從中國「地方志」開始算起，可以說有很長遠的歷史。就以臺灣來看，臺灣好幾種臺灣府志，重修的、續修的府志都是；甚至縣也有縣志。等到臺灣整個本土化之後，因為各個地方都重視自己的歷史、文化，所以幾乎每個地方都編有自己的縣志、市志。據我所知，雲林縣就是最後一個做這種工作的。因為我有一個學生，吳學明教授，他也曾經在臺南大學任教，那時臺南大學還沒改制為綜合大學，還是師範學院，他後來去中央大學。他本身是雲林子弟，受聘主持《雲林縣志》的編修，現在（2022 年）就正在編，據說這是臺灣最後一本編修的縣志。所以以臺灣來說，所有縣志、市志都有了；甚至鄉也會有鄉志，譬如我出生的地方——高雄縣的路竹鄉，就有《路竹鄉志》。當然，以村來說，村史在臺灣還比較少見，但在日本，村史也是很常見的一種志書。總之，像府志、縣志、市志、鄉志這些，都是各個地方的人士重視自己歷史、重視自己文

化的表現。愛鄉愛土，可以說，「地方學」的歷史意義就在這裡。

再來說「學」這個字。它在英文系統裡面就是什麼什麼「-logy」，譬如「埃及學」叫 Egyptology；譬如兩河流域一帶，就是今天以伊拉克為主，包含敘利亞這塊地方，它們以前叫做「亞述」，所以就有所謂的「亞述學」，也就是 Assyriology；而研究中國的「漢學」，就是「sinology」。以前「sinology」正式的中文譯名叫做「支那學」，因為「支那」兩個字在近代日本軍人的嘴裡帶有貶低的意味，所以中國人聽了很生氣，認為它是一個歧視用語，今天中國人很敏感的「辱華」。其實「支那」這個詞本身並沒有這個意思，「支那」讀 Sina，本義是 Chin，也就是「秦朝」那個「秦」的意思，我今天沒時間細談這個問題。總之，後來 sinology 這個詞，就翻譯作「漢學」。其實若以它最原始的意義來說，它應該翻譯作「秦學」。整個西方在講中國，都是講 Chin，就是英文的 China，就是法文的 Chine，就是拉丁文的 Sinae，連印度的梵文也是 Cīna，這些都是所謂的「支那」。

像「漢學」這種學問，重點都是在研究一個地方過去的歷史、文化、民俗、宗教、信仰等等的內容，譬如說「埃及學」，它不是在研究埃及總統今天又怎麼樣了，或是埃及現在的經濟發展如何，不是的，它主要就是在研究古埃及的東西，研究的都是屬於歷史、文化。例如古埃及有一種文字（聖書體）[1]，今天埃及人已經沒有在使用這種文字，這種文字必須由專家來研究，只有專家才能懂得古文，能解讀這種文字。就像如果你要研究中國古代商朝的歷史，你就一定要能讀懂甲骨文；（圖I-1）假如甲骨文你看不懂，那就等於你活在現代，但你卻看不懂報紙上的文字一樣，你要怎麼研究商朝的歷史呢？這是一樣的道理。那又譬如現在看到的（投影片上的）文字，這是亞述文字，（圖I-2）亞述文字一般又叫做「楔形文字」。埃及文字、楔形文字這種東西，大家在中學課程裡應該都知道，算是一種

---

[1] 相關圖片可參見 "Great Ages of Man Ancient Egypt." Time-Life Books, (1965), p. 153.

基本常識。楔形文字是刻在泥板上,一塊泥板還沒有乾燥硬化時,但已經成塊了,不是一團爛泥,然後用一根下端尖扁的木條,在泥板上按出凹紋,形成文字。這種木條古稱之「楔」,它就會成為我們現在看到的楔形文字,也就是一種用木頭寫在泥板上的泥板文書,如果你要研究亞述學,那就要能讀懂這種泥板文書。

圖 I-1　甲骨刻於牛肩胛骨,正面有刻辭約 16 字 © 國立故宮博物院典藏,編號:中雜 000016N000000000(Open Access)

 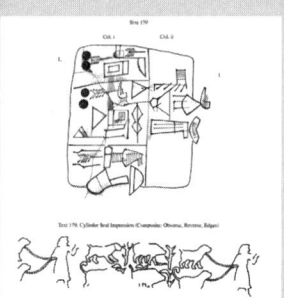

圖 I-2　帶有印章的原始楔形文字板 © 美國大都會博物館典藏,編號:ca. 3100–2900 BCE(Open Access)
說明:板上文字為大麥分配的行政紀錄,帶有男性人物、獵犬和野豬的圓柱印章。

臺南學的要件

對從事研究的人說,語言、文字都是很重要的工具,另外是遺址、遺物,就是考古發現的那種遺址和遺物,包括那些存在於地面上的都是,不只是埋在地底下的而已;還有一般民俗、宗教的文物和活動。其實開放地說,研究一個地方、一個社會的歷史和文化,幾乎和當地的所有資料都會

有關係。

　　今天我們拿「臺南學」做例子，你可以說我中文也會看啊！像清朝地方志的那種官方的文言文，還不會太深啊！不像商朝、周朝時的文言文那麼難懂。這樣說沒有錯，但是，你得會講臺灣話，因為有一些文獻和臺灣話關係是很緊密的。再來是比起臺灣其他地方的地方學來說，臺南學有一個很大的特點，那就是，臺南學裡面有一批屬於西拉雅族的新港文書，你要研究這批文獻，就要讀懂那種語言文字，類似研究埃及學要會讀古埃及文書，其他亞述學文獻或者甲骨文文獻都是。所以大家不要以為臺南學很簡單，誰都能輕易地去理解、去研究，那是不一定的。

　　總之，一般談到某種「學」的研究，都有必備的工具，涉及到的學科，並不是你能看懂一些中文文獻就夠了。你必須受過「歷史學」的訓練、「考古學」的訓練，還必須有「語文學」（Philology）的素養，尤其是對那些已經死亡的語文，例如：西拉雅族的新港語，現代沒有人講這種語言了，基本上已經死亡。我們知道，現在有人想要復振西拉雅族的新港語，他們的努力，我們當然非常尊重，但客觀來說，早已不使用的新港語，復興工作很艱難，對不對，恐怕也有很多意見。平埔族也已經消失了，他們的志業可是艱鉅的工程。但不管如何，你如果碰到新港文書，就必須有些語文學的素養。另外還要學「民族學」。我粗粗歸納了一下，上面這幾種學術專業，在我們研究臺南學時，大概都是不可或缺的。若大家想從事臺南學的研究，就必須考慮到這幾個面向：歷史學的、考古學的、語文學的，還有民族學的。

　　如果我們用比較嚴格的標準來審視目前臺灣各種地方學的發展，那在臺灣的各種地方學裡面，包括嘉義學啦！屏東學啦！彰化學啦！臺北學等等，應該以臺南學所涉及的學科最複雜、最多元，也最符合西方世界從18世紀開始發展出來的像亞述學、埃及學這樣的一種學術傳統。當然，我們今天要談論臺灣各地的地方學，不可能採取這麼嚴格的標準，因為它們沒辦法符合這樣的標準，但臺南學可以；至於其他地方，就大概只能被看作是一種「地方史」的研究。

再來還有一個問題,我相信你們的老師也會提問,那就是,臺南學有哪些題目可以研究?你們今天聽我講的內容就涉及臺南學的課題,你們可以自己思考這個問題,然後試著列舉一些研究題目看看。

臺南學在臺灣史的地位

再來回到我們的主題,因為臺南學所涉及的內容,比其他地方還要複雜、寬廣;不只如此,臺南這個地方所涉及到的歷史、文化,還有過去的政治、經濟發展狀況,從整個臺灣史的視野來看,其實也比臺灣其他地方還要複雜。這就是我把今天這個演講題目訂為「臺南學與臺灣史」的原因,建議大家,我們必須從整個臺灣史的視野來思考臺南學,不能說我研究臺南學就是只研究臺南,跟臺南沒有關係的東西我都不管,這是絕對不恰當的,我們必須從更寬廣的視野來研究臺南學。

話說回來,所有研究不是你說要寬廣就寬廣得起來,這得要你研究的對象就具備能寬廣的條件。如果它從過去就不具備寬廣的事實,你今天研究時想讓它寬廣起來,那也是做不到的,你就只是勉強亂吹牛而已。我們今天所講的臺南,就是包括了過去臺南市、臺南縣這兩個地方的範圍,在過去臺灣史的發展裡面,這地方是作為一個臺灣行政首府而存在的,也就是說,它是臺灣的首都。

1624年時,荷蘭人來了,臺南是當時的發展重鎮;再來是1661年,你們也知道的,換鄭成功來了,他的兒子鄭經、孫子鄭克塽,也都把臺南當成首都。1683年鄭克塽投降清朝,清朝在1684年把所謂的「臺灣府」設在臺南,也就是說,臺南就是全臺灣的首都。一直到1887年臺灣正式設省,臺灣省裡面有三個府,所謂的「臺灣府」就移到臺中,北部叫「臺北府」,而南部就叫「臺南府」。到了1895年的時候,大家都知道日本人來了,他們把總督府設在臺北,臺灣的政治中心就確定北移了。從1624-1887年超過260年這麼長的時間,臺南都是臺灣的政治中心,都是臺灣的首都,所以臺南學就應該要跟整個臺灣史、整個臺灣學的研究結合在一

起的,所以我今天才一直強調,所有臺灣的其他地方學,都沒辦法跟臺南學相比。

再來,我們如果從另一種分期的方法來看,例如臺灣最早是原始社會階段;到了大航海時代,中國人、日本人、荷蘭人、西班牙人以及南洋土著都進入臺灣以後,臺灣社會迎來了很大的改變,我們可以把這個階段稱作是臺灣早期階段,或者也可以稱作是臺灣的古代階段,就是有明確歷史記載的古代階段。再來是傳統時期的階段,具體上要怎麼劃分,我們大概以清朝對臺灣的征服、收編作為一條歷史的分界線,把從荷蘭到鄭氏家族治理臺灣的階段,還包含清領初期,大約整個17世紀,看做是臺灣的早期階段;而臺灣的傳統時期主要是進入18世紀,也就是1700年以後,持續一個半世紀,約到1860年開港。接著就是進入到臺灣的近代時期,起初是西方傳教士和商社,然後日本人統治臺灣,從1895年開始,我們就粗略從1900年開始算起吧。當然過去也有人主張從劉銘傳開始臺灣的近代化歷程;但實際上劉銘傳活動的時間很短,他真的推動臺灣近代化的時間,只有幾年而已。而在劉銘傳之前,對臺灣的近代化有貢獻的,是西方傳教士,他們之中個別有一些人,從西方社會帶進來了一些新的東西,對臺灣的近代化起了一點推動的作用。傳教士對臺灣的近代化起作用,最早是從荷蘭時期開始,這就不必講了;進入近代,傳教士到臺灣來,一樣是先到臺灣的首府,也就是臺南,所以傳教士所帶來的近代化,也是從臺南開始的。

我講這些,主要就是要讓大家了解,從臺灣史的觀點來看,臺南學是和臺灣史密切結合在一起的,這個觀點有事實的根據。所以我們也可以進一步追問:臺南學研究在臺灣史研究上應該具有什麼樣的地位?

我們先談臺灣的古代史。歷史學講到「歷史」,必需有文獻記載才算。你可以說,臺灣有五千年歷史、有六千年歷史,臺灣也確實有各種考古文化上的證據,譬如這附近有大湖文化、蔦松文化等等,這些都是確實存在的考古文化,而且時代早到三千年前、一千年前,但我們講到文獻記載的歷史,大約只有四百年而已,你們以前在教科書上唸到的流求,甚至

夷州，都不能算數。那麼確實有文獻記載的臺灣古代史是從哪裡開始的呢？是從臺南開始。當然你可以問，臺北有沒有古代史？臺中有沒有古代史？從荷蘭時期的記載或者明鄭時期的記載來看，甚至從清初時期的記載來看，當然也多稍稍記到臺北和臺中，但沒有臺南這麼多，資料沒有這麼豐富。

　　資料一旦不夠豐富，我們就很難進行研究，所以如果要研究臺灣的古代史，例如你要研究原住民在臺灣古代階段的文化是什麼樣的？他們是怎麼生活的？如果選在臺北，就是要知道當時的凱達格蘭族在臺北的生活是什麼樣子？相關的記載便很少。但相對的，關於西拉雅族在臺南這一帶的生活狀況，記載就比較多，我們就比較能對它進行研究，所以臺南學的研究能促進臺灣古代史的研究，使它更豐富，這是臺南學的一大特點。

　　再來就是整個臺灣傳統時期的臺灣史研究，我剛剛已經說了，臺南因為是首都，傳統時期的焦點，在那段超過兩百年的漫長時間裡面，主要文武官員、讀書人、商人、工藝人都聚集在臺南，所以那個時期的臺灣史研究，臺南理所當然要占據最重要的位置。

　　還有，當時的臺灣在整個世界體系裡面，因為17世紀的荷蘭人來到臺灣，所以就連帶地把臺灣也帶進整個世界的貿易體系裡面。荷蘭人不但是從東南亞、南洋、雅加達那邊過來，而且也抵達了日本、抵達了九州，往西邊則抵達了印度，又到歐洲，回到他們的母國，回到阿姆斯特丹，這是荷蘭人的主要貿易路線。[2] 當然還有西班牙，他們的貿易路線是另一條，他們是從菲律賓呂宋那一邊過來，然後走太平洋到美洲、到歐洲、再到他們自己的西班牙，這是西班牙人走的貿易路線。總之，整個17世紀臺灣都置身在世界貿易的體系裡面。

　　就是明鄭時期，臺灣也不是封閉的喔！明鄭當局的貿易活動並沒有侷限在臺灣，也不只在臺灣海峽，而是已經抵達南洋，也抵達日本了；而且

2　相關圖片參見石守謙主編，《福爾摩沙——十七世紀的臺灣、荷蘭與東亞》（臺北：國立故宮博物院，2003），頁 8-9。

明鄭跟中國也有合法貿易和走私貿易。（圖I-3）所以臺灣在整個世界的貿易體系裡活躍的時期，早在近代以前就存在，尤其是荷蘭占有臺灣的大航海時代。在這段期間，和整個世界的貿易體系接軌的，大部分都是臺南。

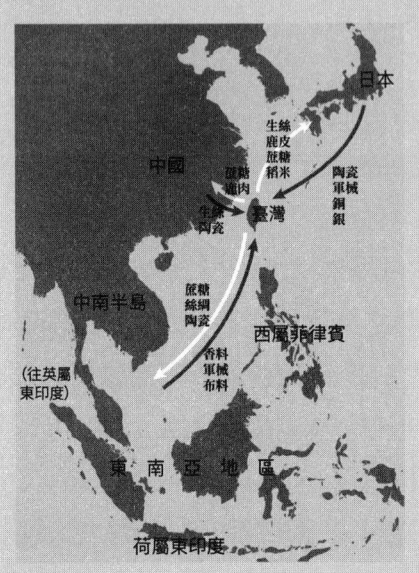

圖I-3　鄭氏時期國際貿易圖 © 出版社重繪

　　到了清朝統治的時候，臺灣變成一個府，屬於福建省，當時整個臺灣的行政運作都隸屬在中國的帝國制度裡面，所以如果你對中國的帝制沒有相當的了解，那麼想了解當時的臺灣和臺南是很困難的。反過來，如果你能熟悉帝國制度，而閱讀臺灣的地方史料，知道當時臺灣的官署是怎麼運作的，例如你知道當時臺灣的縣衙情況，那你就能進一步回推當時中國的縣衙是怎麼樣運作的。所以臺南學的研究對整個中國政治體系或帝國制度的研究也很重要。

　　我們臺灣是一個多民族的國家，最早是南島民族，再來不斷有不同的外來民族，不過只有漢民族扎根下來。最初是南島民族做主人，後來南島民族邊緣化，變成由漢人做主。這個過程很複雜，我們今天無法細談，總之後來的臺灣變成一個以漢人為主體的社會，這是18世紀才快速改變的。到了現在，整個臺灣主要也還是一個漢人為主的社會，例如我們很多人熱衷參加媽祖進香，很多人拜關公，還有其他很多生活禮俗，以及家庭

組織、人倫關係等等,都是漢人的傳統。傳統保留最多的,或記錄最多的地方,則是臺南。臺灣雖然多民族,但成為了漢人社會,而臺南也保留最古老的漢文化,如果我們想仔細研究臺灣的社會習俗,那麼,通過臺南學的研究,其實最能幫助我們掌握漢人社會的特點。換句話說,臺南本身就可以為我們提供一個傳統漢人社會文化的標本,這對臺灣民間社會的研究當然極具重要性。

單單從上面提到的這幾點來看,我們就可以知道,臺南學研究關係臺灣史的確至為重要。

新港文書是奇妙的天書嗎?

臺灣有句俗語,「無字天書」,意思是指看不懂的東西,「有看沒有懂」,奇妙吧?臺南學研究就有這種東西。

我們再講回剛剛提到的已經死亡的文字,像(圖 I-4)這塊埃及石板文字,通稱 Rosetta Stone,一般漢譯為「羅塞塔石碑」或「羅塞達碑」,現在收藏在倫敦大英博物館(British Museum)裡面。石碑分作三層,書寫三種文字,記載的內容相似。最上那層文字過去通俗稱作「象形文字」,古稱 hieroglyph,正確應稱作「聖書體」,hiero 希臘文義是「神聖的」,祭司書寫、獻給神明的文字;也就是刻在金字塔、神殿裡面的文字。第二層是一般社會通行的古埃及文字,稱作「世俗體」,即埃及凡人使用的文字。而最下面的則是古希臘文,因為該石板製造的時期,埃及已經從屬於希臘的亞歷山大帝國,帝國要求領地內的此類文書都要加上希臘文的翻譯。這塊石碑是 1802 年拿破崙的軍隊在埃及的亞歷山大港外面挖到的,上面兩種古埃及文字,是已經死掉的文字,歐洲連學者也看不懂,因為有古希臘文對照,人們才開始試著去破譯。最下層的希臘文是歐洲人能一一破解的鑰匙,所以從這塊石碑拓本送請歐洲有名學者研究以後,才展開埃及學的研究;而從事埃及學的研究,就必須從破譯埃及文字開始。否則,如果連文字都看不懂,要怎樣研究埃及的宗教信仰和文化習俗以及

象形文字／聖書體

古埃及文字／世俗體

古希臘文

圖 I-4　羅塞塔石碑 © 大英博物館出版之《The Rosetta Stone》（1922） 圖像（Wikimedia Commons）

種種的神話傳說？要怎麼了解埃及法老王？

　　我之所以舉這個例子，就是要來談談平埔族的文書，也就是新港文書。新港文書不只包含了來自臺南的新港社（今新市）一帶的文書，也包含來自卓猴、麻豆、灣裡（善化）等地方以及烏山地帶如高雄田寮的文書，但分量最多的來自新港社。西拉雅族新港人從荷蘭人學得羅馬拼音，用拉丁字母拼寫新港語，[3] 後來多了漢文對照，所以一件文書並列兩種文字（圖 I-5）。

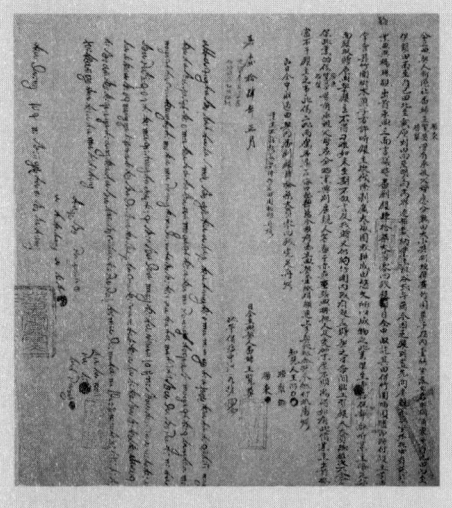

圖 I-5　《新港文書》雙語文書 © 高雄市立歷史博物館提供，清代新港社番婦王覽莫等立典契（新港文書）

說明：原組件係新港社王覽莫將牛椆埔田園出典給漢人楊琳之相關書契。包含：（1）清嘉慶 14 年元月王覽莫立典契、（2）日治時期明治 35 年 8 月楊榜「契尾」，本契計跨越三個不同時代之田賦制度。

3　單語文書文件可參見李壬癸編著，《新港文書研究》（臺北：中央研究院語言所，2010），頁 683。

我剛剛說過，臺南學有一樣臺灣其他的地方學都沒辦法相比的特點，就是它可以研究臺南這一帶的平埔族，也就是西拉雅族。你要研究西拉雅族，當然可以讀荷蘭人或漢人的文獻，但西拉雅族本身既然有他們自己的記載，從歷史學來看，應該更具權威，這就是新港文書。只可惜新港文書有它的侷限，它主要是有關土地買賣方面的紀錄，其他事情的記載就很少。但我們從土地買賣的情況，也可了解或推斷一些西拉雅族社會的情況，所以我們如果能掌握新港文書，深入研究，對理解西拉雅族在當時的社會狀況和處境，必會有所幫助的。

我自己不懂新港語文，為研究需要，我當然試著去讀、試著去學習。臺灣開始研究新港文書的人，是日治時期臺北帝國大學，（也就是臺灣大學的前身）的村上直次郎教授，從1897年村上就收集西拉雅族保存的契約文件，三十多年後出版，共141件，書名《新港文書》，今天通稱的「新港文書」是村上訂定的。當今的研究者，首推中央研究院李壬癸院士。他是南島語言學家，人稱「臺灣南島語言研究之父」，他是以村上直次郎的資料為基礎，還參考日本語言學家小川尚義的研究，出版《新港文書研究》，應該算是臺灣最新的關於新港文書的研究成果，也是最全面的成就。當然我們今天沒有時間細講這個課題，我只是提醒研究臺灣早期史，必須掌握新港文書，李先生這本書提供很大的幫助；這正是臺南學的一個大特點。以下我概略地談談這批史料。

第一，新港文書是用羅馬字母拼出來的文字，所拼的音是西拉雅族人的新港語。荷蘭時代或明鄭時期的史料已不存在，今天看到的文書出現的時間是1731年，已經晚到18世紀了，在臺南這一帶的西拉雅族人，已經受到很大程度的漢化，因此現存的新港文書裡面，除了西拉雅族的新港語以外，也參雜了很多的漢語在裡面。但這裡面的所謂漢語，是指臺灣話，如果你用北京話去唸，那就錯了，你會唸不出意思，必須用臺灣話去唸才能理解，譬如契約的日期 Ioungsing 9 ni（雍正9年）或 Chianliong 2 ni（乾隆2年）等。所以你想做好臺南學的研究，就必須學好臺灣話。總之，你讀新港文書時讀到那些漢語，你就要用臺灣話去唸，才能讀懂裡頭

是在說什麼。

當時就是荷蘭人教給他們羅馬拼音的方法，然後他們就流傳下來，有人學，有人教。例如：「老師」這個詞，有時候用漢字寫做「甲冊仔」，「甲」不是甲乙丙丁的「甲」，臺語與「教」同音，清朝地方志就弄錯了。「冊」就是書冊的「冊」，如果你不懂，把這三個字讀成北京話，那就錯了。「甲（教）冊仔」拼的就是臺灣話的音，即教書的人，因為是平埔族，漢人說他們便帶有輕蔑的意味，所以加了「仔」。就這樣一直到嘉慶18年，這已經是到19世紀的時候了，年代是1813年，就是我們現在所能看到的最後一件新港文書。而荷蘭人是1662年退出臺灣，也就是說，荷蘭人退出臺灣後兩百年，西拉雅族人都還一直使用他們從荷蘭人那裡學到的拼音文字，來記載他們的語言。

除了這些臺灣話以外，其他的就都是新港語拼音文字，譬如地名Katangong（茄苳湖）、dodo awamg（知豬紅）。拼音文字是在荷蘭時期荷蘭人教給西拉雅族人的，等到荷蘭退出臺灣後，西拉雅族人還繼續在使用，但他們已經慢慢邊緣化、邊緣化，所以我們從裡面沒有看到什麼文學作品，宗教信仰的記載，這方面的東西我們都看不到。因為從最早文書往上推，他們被外來統治者統治、壓迫已經超過100年了，荷蘭時代他們要學荷蘭語，鄭成功來了，是外來統治；清朝來了，也一樣，他們都要改學閩南話。漢人移民仗著官府作後盾和社會經濟優勢，並不同情他們，都把他們看成低「咱人」（nan lang，漢人互相指稱）一等的「番仔」！他們就逐漸被邊緣化了。

西拉雅人不是當時臺灣社會的主體，沒有掌握話語權，所以那些文書裡面主要就是記載他們典當出賣土地致使土地流失的過程。因為西拉雅族人主要是跟漢人從事買賣，所以傳世新港文書除純新港語外，有的是新港語與漢語合璧，就是漢文和西拉雅的語並存，但不是翻譯，往往西拉雅文書比較簡略，可見買賣過程，多是漢人在主導。這跟上面提過的埃及文獻不太一樣，我自己也研究過、對照過，漢文的記載當然很好了解，但我們也要看新港語的文本，把兩種記載核對一下，會發現新港語文本透露漢文

本看不到的歷史。

我剛剛說過,研究臺南學也必須有民族學方面的訓練。有關臺灣的平埔族的民族志,就是以西拉雅族為主體的民族志——什麼是民族志呢?就是對某個民族進行一種整體記載的歷史。最早的平埔民族志,目前所知是陳第的〈東番記〉,陳第是福州人,1602年跟著明朝水師將領沈有容來臺灣打海盜。當時海盜掠奪福建沿海居民,沈有容認為只有在福建打擊海盜是沒有用的,要直搗海盜的大本營(巢穴)才行,而海盜的大本營就在臺灣,陳第於是跟著沈有容過來臺灣。他曾在明朝北疆從軍,也研究中國學問,很喜歡遊山玩水,當時已經60歲了,來臺灣很不容易。他來到的臺灣,就在安平一帶,確實見到原住民頭目,和頭目談過話。我相信當時原住民頭目已經學過漢語,能講福佬話,也就是閩南話;或者是當時有人幫他們進行翻譯。然後陳第也有在臺南這一帶進行考察,等他回去了以後,就寫了一篇〈東番記〉,[4]可以說就是臺灣平埔族——也可以說就是整個臺灣原住民的第一本民族志,也是比其他中國文獻以及新港文書都還早的西拉雅族社會文化的紀錄。〈東番記〉所記載的地區主要就在臺南。

新港文書透露的歷史信息

再說回剛剛講的新港文書,新港文書裡面,最早期的文書主要就是村上直次郎發現收集的文書,村上直次郎留學美國哈佛大學(Harvard University)是臺北帝國大學的優秀學者,他發現的早期西拉雅族文書在1933年出版,我現在所引用的很多資料,都是從村上直次郎那裡來的。我閱讀他的東西,已經都是二、三十年前的事了,現在就把我當年閱讀後

---

[4] 〈東番記〉刻本原文參見方豪,《方豪六十自定稿》(上冊)(臺北:作者自印,1969),頁835-844。沈有容輯,方豪編輯,《閩海贈言》,臺灣文獻叢刊第56種(臺北:臺灣銀行經濟研究室,1959);可參閱中央研究院臺灣史研究所的「臺灣文獻叢刊資料庫」,網址:https://taicool.ith.sinica.edu.tw/browse-ebook.html?id=EB0000000056。

的一些眉批，簡單跟大家分享。

（一）母系財產繼承

新港文書裡面透露出什麼樣的歷史訊息呢？我們一般以為就只是一些土地買賣的紀錄而已嘛！因為那些西拉雅人窮困，欠人家錢，主要是欠漢人的，所以把他們的田地典當給漢人，典當個三年、五年；有的則是賣斷，完全賣給漢人。典當的田地如果最後還不了錢，一樣會歸漢人所有。由於田地所有權的轉讓，我們可以知道所謂漢人反客為主，原民反主為客，臺灣就這樣從南島民族做主人的地方，變成漢人做主人了。

然而這些文書不只是單純的土地買賣而已，我們還能看到其他信息，譬如財產繼承的情況。西拉雅族的社會是母系社會，財產由母親傳給女兒，女兒又傳給自己的女兒。我們現在的家庭不算母系，只算父系，已經沒有母系社會了，都變成父系社會，所以我們在數祖宗八代，會說父親是誰，祖父是誰，祖父的父親又是誰。當然我們也知道自己的母親是誰，母親的媽媽和爸爸是誰可能還知道，但母親的媽媽（也就是外婆）的媽媽是誰便很少人在意了，再往上推根本推不出來。因為父系社會不重視母親那邊的傳承，尤其是母親的母親的母親，根本無從說起；但屬於父親這邊的世代傳承，漢人基本上都知道，都能搞清楚、編寫族譜，可以上溯好幾代，這就是漢人社會，大家可要注意，許多族譜是假造出來的，遠祖往往不可信。總之漢人社會是父系社會，但平埔族是母系社會，而在這樣的母系社會裡，他們的財產繼承狀況是什麼樣的呢？這些平埔族文書就反映和證明這種狀況，我們看新港文書，和買主簽約的人，也就是典當或出賣田地的人都是女性，一個婦人，和她的姐妹或女兒，如村上第八號文書說：

> 新港社番婦沙加來（sakalaij）、地南蠻（tiramal）、礁時（tapasito），有承祖園壹所并熟田，給與莊光耀觀（官）。[5]

---

5 相關圖片參見李壬癸編著，《新港文書研究》，頁 649。

這是漢人社會絕不可能發生的。

這份買賣契約裡面，特別寫出「番婦」，而且寫了三個人的名字：沙加米、地南蠻、礁時閃，核對新港語原契作 satalaij、tiramal、tapasito。我們比對之後知道，這三個番婦，一個是媽媽，兩個是女兒。

（二）公有土地

還有，平埔族的整個村落裡的各種場所，像打獵場所之類，都是公有的，所以平埔社會是一種原始的共產社會，土地公有。像這種原始的共產社會型態，我們從一般的民族志，從整個世界範圍的民族史研究，可以把握到這種通識，也就是在遠古時期有過類似的母系社會，有過這種原始的共產制度，怎麼證明呢？一般我們在講歷史的時候，都是很粗略地這樣講，但新港文書可以讓你看到共產型態的土地公有制。如果一塊地要賣人，他們不會寫字，都是用蓋手印的，那不只是一個人去蓋手印，是一大家族都去蓋手印，因為那塊地他們都有份，所以我們就可以看出，那塊地就是公田。村上第十二號文書漢契寫著：

> 新港社哆若若眾老番礁謀、沙來、肥加弄、把里、大加弄、嗎（猫）卓、安劉、迷投，二延番大里觀、嗎絲江、大羅皆、夏喃嗎等，有公田公置一所，……將此公田，托中就引，典與鄭宅。（圖 I-6）

老番 8 人，核對村上原契注解，其名依次是 taviouij, saraij, takalang, pali, tangil, vado, taranau, vidau，他們是長輩，晚一輩的二延番 4 人，其名依次是 tarikoal, vasikang, tarokaij, daharama。他們 12 人共同擁有公田一處。

他們這種制度就是共產社會的遺存，這就是平埔族原來的社會制度。所以西拉雅文書可以讓我們看到的，不只是他們的買賣情況，而是看到他們的社會制度。

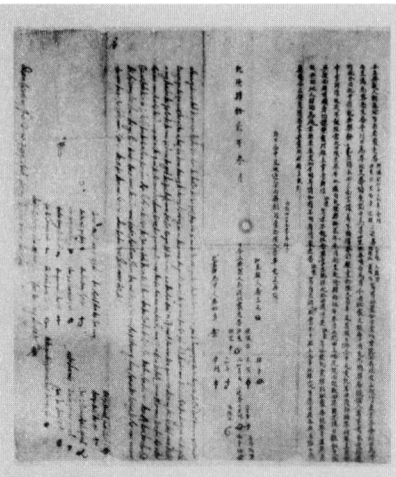

圖 I-6　新港文書村上第十二號 © 國立臺灣大學數位典藏「臺灣蕃語文書 第八號」，識別碼：pb20177121061

說明：參見李壬癸編著，《新港文書研究》，頁 653，新港文書村上第十二號。小川尚義氏所藏原本，另刊於村上直次郎《臺灣文化史說·臺灣番語文書》，時編「第八號文書」。

（三）父系社會的出現

　　新港文書也反映平埔社會的變遷。18 世紀大量漢人移入臺灣，平埔族群遂逐漸被邊緣化，臺灣社會的主體變成漢人；作為統治者的清朝也是用漢文化進行統治，不是用滿州文化，清帝國在本部十八省的制度是傳統中國的制度。清帝國統治下的社會，也是漢人為主的社會；平埔族當然也不例外，他們逐漸被漢化，他們的社會也漸漸轉變為漢人的社會。怎麼轉變為漢人的社會呢？就是父權開始強大，財產分配上開始有父親的一份，子女也開始會繼承父親的財產；子女要買賣一塊田地，他們會開始講說，這田地是我父親留給我的。如村上第十號文書：

> 新港社番大其、羅猫湄、下郎哦等，有承父母園參竹，并厝地壹所，共肆所，……再求謝宅，……再借番銀捌兩……其田園并厝地再付銀主前去管耕。（圖 I-7）

　　三個社番應該是兄弟，因為簽名的部分有「番婦大加踏」可以推知。這份文書是乾隆 56 年（1791），我們就可以看出來，整個西拉雅族的土地傳承由父而子，社會組織已經在轉變了，父系社會在形成中。

圖 I-7　新港文書村上第十號 © 臨時臺灣土地調查局編，《臺灣土地調查事業概要》（臺北：臨時臺灣土地調查局，1905）。其中的〈蕃大租の証文〉，（第四号ノ一）第五十七号，蕃人ノ契字（實物大）

說明：本件可參見李壬癸編著，《新港文書研究》，頁651。

　　時代越下，漢化越深，「母系繼承」轉「父系繼承」就開始了。第十號文書羅貓眉（darovavi）、大其（daki）、下郎哦（daharongo）特別強調三人繼承的是父親的三塊田園和一塊厝地，那些田地跟其他親戚無關。再看第十四號文書，是關於賣「檳榔宅」的例子：「新港社番婦 目加禮（vokaligh）東淵（dagial）安劉（taranau）等有承父檳榔宅一所」，「茲因寫遠，照管弗及，托中引就，與載宅，出頭承贌」。這裡面所謂的「宅」不是指房子，是臺灣話裡面的「宅仔（teà）」，指栽種果樹、用籬笆圍起來的一塊園地，像栽檳榔的檳榔宅仔、種芭樂的林菝宅仔、種植文旦的文旦宅仔。這些種植果樹的園子，一般都在住家附近。

　　這類資料有不少，例如第七號文書，漢契上面寫說：

　　　　羅寧哦妻目加禮女子勝牛揀有自己田參所，……賣與迷投，出頭承買，三面言議，時價番劍銀參百□拾大員正。其銀即日仝中□（交）訖，其田隨付銀主前去掌管耕作，永為己業，不敢阻當。保此田係是自己之田，與別番親無干，亦無重張典掛他□□（人為）礙，及來歷交加不明等情，如有此情，哦自出頭抵當，不干銀主之事。（圖 I-8）

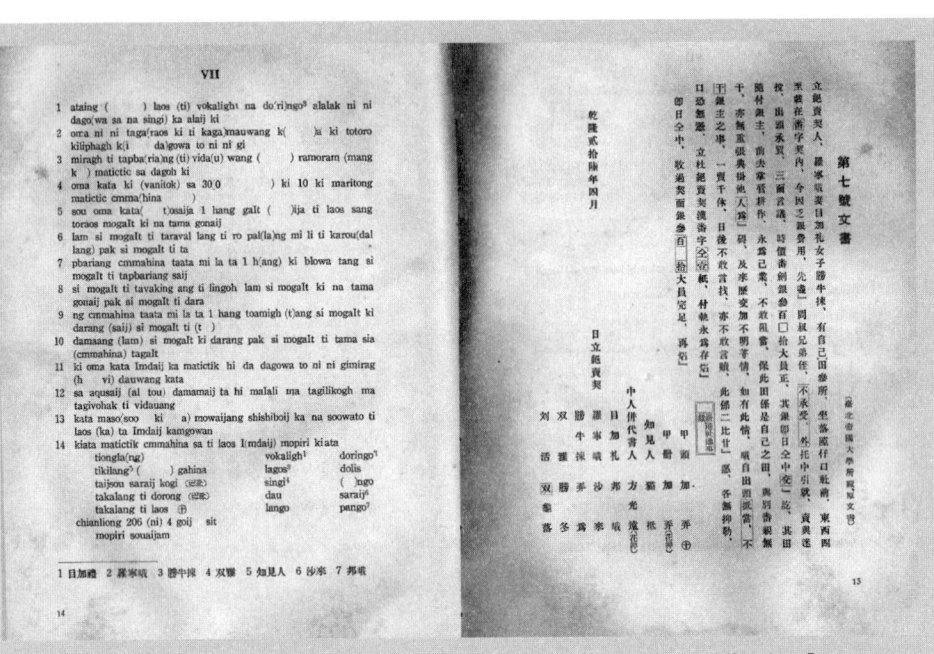

圖I-8 新港文書村上第七號 ©國立臺灣大學數位典藏,「SINKAN MANUSCRIPTS 新港文書」,詮釋資料編碼:ntul-tj-0164_19330400_0001
說明:此為臺北帝國大學文政學部出版《臺北帝國大學文政學部紀要》,第2卷第1號,頁14-15,村上直次郎所譯寫之新港文書資料。

這是說男子doringo,有妻目加禮(Vokaligh)和女兒勝牛揀(dagowasa),羅寧哦、目加禮與勝牛揀有三處田,賣給迷投(Vanitok)這個人。那如果後來有了糾紛怎麼辦?他後面還特別講到,如果發生糾紛,羅寧哦(doringo)有責任出來處理。這就是說,田地是他太太和女兒的,但出事則他要出來處理,契書說「哦自出頭抵當,不干銀主之事」,「銀主」自然就是迷投(Vanitok)。

(四)厝姓

再來如果我們去核對西拉雅語的契約(就是「原契」),裡面就有寫到「厝姓」,「厝姓」就是指家族的姓氏,但這種「厝姓」只在西拉雅語的契約裡面有,在漢文契約裡面就沒有寫了,譬如第八號文書上面的「toaij」這個字就是「厝姓」。「第十六號文書」漢契明白寫著:「立典契人、新港

社番厝姓礁巴李」，其下並列三人名夏寧哦、馬羅臺、吵喃。村上直次郎核對過許多西拉雅語契約和漢文契約後得知「toaij」就是「余」，參看《新港文書》附錄「百家姓」。[6] toaij 寫成余，原來的「厝姓」就變成漢姓了。

上面引過的第十二號文書說，老番礁謀（taviouij rokaij）、沙來（saraij tapbari）、巴加弄（takalang talogoh）、把里（pali vongaraij）、大加弄（takalang sala）、嗎卓（vado vangara）、安劉（taranau kogi）、迷投（vidau tapbari）；二延番大里觀（torikoal hapbal）、大羅觀（tarokaij kogi）、嗎絲江（vasikang saliqungh）、頁喃嗎（atowanaij daharama）。這些人的原名前字是人名，後字是厝名。可見不同厝名的不同個人，也包含不同世代，會擁有共同的田產。

（五）土地文書流露的漢文化

我們從這些新港文書上面，可以看出西拉雅族社會從母系社會轉變到父系社會的痕跡。但這種轉變不能一刀切，剛開始在轉變的時期，許多不同的家族會有不同的處理狀況。在這些文書上面所標註的清帝年號，然後我們根據上面的年代，就可以推算出當時是西元多少年，例如村上直次郎的「第八號文書」，年代是 1766 年。這類文書反映漢人是西拉雅人的債權人，他們的社會地位比較高，從「莊光耀」的尊稱「觀」可以推知。

這份文書的「莊光耀」是漢人，後面那個「觀」字，就是「官」的意思。如果你們有我的年紀就會知道，稱呼一個人「某某官」，「人名」＋「官」字，是一種尊稱，例如荷蘭人稱鄭成功父親鄭芝龍叫「一官」，荷蘭文獻寫作 Iquan，是用羅馬拼音書寫閩南語的「一官」，所以後來在西洋文獻記載的鄭芝龍普遍稱為 Iquan。稱他「一官」，是一種尊稱。總之，「某

6　村上直次郎引自 Utrecht Mss. 所編撰之 Vocabulary of the Formosan Language。可見村上直次郎，《臺北帝國大學文政學部紀要・第 2 卷第 1 號・新港文書》（1933），頁 154-203。附錄百家姓於該期頁 148-153。又參村上直次郎《新港文書》（臺北：捷幼出版社重印，1995〔臺北：臺北帝國大學理農學部，1933〕），頁 148-153，附錄七〈百家姓〉。

某官」就類似現在的「某某先生」的意思。有時候這個「官」字，會被寫成「觀」，同音假借，所以要了解「官」不是政府長官的意思。

另外要特別講到一個現象，土地的四邊界限，第十八號文書西拉雅語契約不會寫到，但是在漢文契約裡都會寫到「四至」，所謂「四至」，指的是某塊土地東西南北的邊界，如第十四號文書「東至漢娘大門，西至自己園，南至車路，北至田」。田地買賣，強調東西南北四個方向的邊界線到達哪裡，或者東西南北四個方向分別有誰家的什麼東西之類，這些標注只見於漢契，原契不載。漢契四至有很久的傳統，早自秦漢時代就出現，但西拉雅的原契不寫「四至」很可能是反映南島民族與漢民族對所有權的觀念不同的緣故。漢人傳統，自家田地寸土不讓，不像西拉雅人的土地產權觀念淡薄模糊，四界也不會太計較。田園賣出給漢人，漢人對四周就非講清楚不可。

西拉雅族人的田產流入漢人手裡，是臺灣史的一大課題，這過程以前根據傳統文獻只能泛泛說說，但新港文書會彌補研究的缺陷。平埔村落的田園宅地一旦多數流入漢人手上時，臺灣就變成漢人為主體的社會了。

（六）漢式姓氏

漢民族重視姓氏，自古而然，平民有姓大概可以推始於戰國秦漢之際，約西元前第 3 世紀以下，逐漸普及，這在世界諸多民族中是少見的文化現象。所以他們征服統治的地區，原住民都紛紛取了漢式的姓氏，臺灣平埔族也不例外。

2003 年我在國立故宮博物院院長任上舉辦「福爾摩沙──十七世紀的台灣、荷蘭與東亞」，展出一件「百家姓」手寫本，（圖 I-9）可以看出西拉雅人原來的厝姓與漢式姓的對照。

西拉雅的漢式姓氏可以分成 A、B 兩個類型。表 I-1 根據村上直次郎的《新港文書》附錄七「百家姓」擇要作成的，村上則取自傳教士 Utrecht 的 *Vocabulary of the Formosan Language—Compiled from the Utrecht Manuscripts* 。

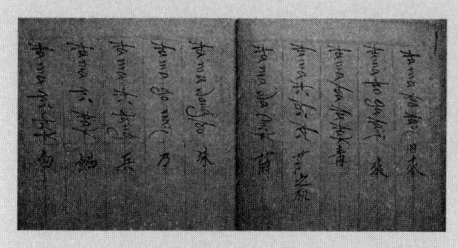

圖 I-9　西拉雅百家姓 ⓒ 國立臺灣博物館提供，《新港社羅馬拼音蕃語簿字》

表 I-1　《新港文書》附錄七「百家姓」擇要

漢（式）姓 A				漢（式）姓 B			
机	tama vannikaki	北	topak	李	tapbari（tavari）	余	tou li（toaij）
穆	Domoak	双	lasang	顏	gana	岳	togak
來	Pogalaij	六	tapalak	王	sougong	溫	toon
乃	gonaij	力	varik	萬	talavan	高	kougik
毒	salatak	月	pagowak	鄭	tidolong	尤	paij Iio
宜	tapagik	標	tapio	朱	dongso	薛	damik
白	ripik	卓	latok	劉	nauwaij		
兵	tiping	北	topak				

資料來源：村上直次郎《新港文書》（臺北：捷幼出版社重印，1995 [臺北：臺北帝國大學理農學部，1933]），頁 148-153，附錄七〈百家姓〉。

臺南縣這一帶的人，有姓「兵」的，當兵的那個「兵」，怎麼會有人姓「兵」？有姓「乃」的，有姓「机」的；怎麼會有人姓乃、姓机？還有不少奇怪的姓。其實《新港文書》可以證明這些姓的人都是平埔族的後代，譬如「机」這個姓，你核對西拉雅文書，就知道他的姓其實是「vannikaki」，南島語多音節，漢語省略後就剩下「ki」這個音，找一個對應的漢字「机」來當姓氏。「兵」這個漢式姓則來自 tama tiping 的末音節 ping；「乃」這個姓，本來是 gonaij，取對應 naij 這個音的「乃」字來當姓氏。

其次，「穆」這個姓也是，新港語作 Domoak，所以用 moak 這個音取一個對應的漢字「穆」，就產生漢式姓「穆」了。「來」姓也一樣，新港語是 Pogalaij，用 laij 這個音對應漢字「來」，於是有姓「來」的人。因為漢語單字是單音節，而南島語是多音節，所以西拉雅族人在被漢化的過程中

要開始使用漢字姓氏,就只取原本西拉雅族「厝姓」的一個音。「厝姓」這個詞見於漢契新港文書,應該是當時漢人的理解;把主要的音節寫成漢字後,便如同漢人的姓氏了。以上舉列的机、穆、來、乃諸姓,不見於漢民族的姓氏,雖然形式上近似漢姓,其實與漢人的姓氏很不一樣,一看就知道是平埔族人,至少是西拉雅人,我稱作「漢(式)姓A」。

但是還有一類,形式上是純漢姓,其實不是漢人,卻帶著一般很常見的漢姓,像「李」、「王」、「顏」、「萬」、「鄭」、「高」、「岳」、「溫」、「郭」、「戴」等等,我歸類為「漢(式)姓B」。譬如「李」,原是tapbari,或拼作tavari,漢文寫作「噍吧李」。第十六號文書漢契的立典契人是「新港社番厝姓礁巴李」,接著列三個人名:沙喃、馬羅臺、夏寧哦;第二十一號文書「新港社番李冬淵、天成,番婦梅雍等,有承祖父母自墾宅地壹段」云云,這三人原契在新港語名字之外,有tapvari(礁巴李),可證「李」即「礁巴李」取一個音來的。同號文書為中人漢契是郭延、戴加來,原契作koijIal和tavaking takaraij,「郭」姓之「郭」應來自koijIal的koij,「戴」姓應取自takaraij後一音節raij。

總而言之,臺灣人要家族溯源,一定要先了解平埔族這段漢化的歷史,尤其是分辨民族之姓氏的來源要先弄明白,以免「數典忘祖」。我再舉兩個活生生的例子給大家參考。

我有一個學長李弘祺教授,著名的歷史學家,原先就讀成大電機系,後來重考考進臺大歷史系,是那年文組的榜首,古代叫做「狀元」,所以在學生時代很出名。後來他到美國留學,獲耶魯大學博士,也在美國和香港的著名大學任教。李教授之姓「李」,可不是李世民之「李」;他是左鎮崗仔林的人,崗仔林在山溝裡,我從事田野調查時,他家的祖厝我去看過,不過他們這一房從祖父時就搬到臺南市區了,都是讀書人,漢化很深,其實他們原是平埔族西拉雅人。

李教授曾引述他父親寫的家族史,說有一個祖先名叫「李文貴」,乾隆晚年時人。我懷疑是否村上第十八號文書漢契的「礁巴李沙喃、李文貴」的文貴,原契名作tapbri daharongo,但契約戳章卻作「新港社業主

李文貴圖記」，則連名帶姓都採漢式姓名了。應該說，他們這一家族，原本厝姓 tapbari，即臺灣話標識的「噍吧李」，但也可以簡稱姓「李」，如圖記戳章的寫法。不只姓名漢化，生活風俗也隨著逐漸變成漢人。

另外一個你們見聞可及的例證，也可以說明新港文書的史料價值。臺南有個萬淑娟，長期致力於西拉雅文化及語言的復興運動，也鼓吹西拉雅族正名，她父親是「西拉雅文化協會」創辦人萬正雄，人稱萬長老。他們都以西拉雅族為榮，但卻姓「萬」。如果要追尋他們的西拉雅族姓，就只能依靠新港文書，據上引「百家姓」，tama talavan，按新港語轉化為漢語的原則，取最主要的音節 Van，照臺語的讀法寫作「萬」。第十八號文書新港語的代書人叫做 taraval 漢契寫作「萬加弄」。

（七）小結語

總之，想知道臺灣社會文化的轉變過程，從原住民為主體變成漢人主體，平埔族群怎麼消失等等問題，在臺南學裡面，我們從新港文書的證據可以看出轉變的軌跡。宏觀而論，臺灣中部、北部也都產生類似的變化，但缺乏足夠的文獻記載，我們難以追溯。但臺南學則可以，不但荷蘭文與漢文的文獻證據比較充分，而獨特的史料新港文書這種直接史料則更具說服力。不過研究還可以再深入，像我剛剛講過的課題，財產繼承從母系轉變為父系，西拉雅族人開始使用漢式姓氏等等，我相信還有其他的課題可以開發。像我剛剛引用村上直次郎的第十八號文書解說厝姓 tapbari 變成漢式姓李，不只是姓，連人的命名這份文書也可看出轉變，因為原契的 daharongo，即漢契的「文貴」，對比同時代及其前的文書，取漢式名似乎還不多。此契約的年代是 1790 年（乾隆 55 年），提供我們平埔社會變化的時間定點，而平埔族人率先採用漢姓以及漢名，恐怕是從番社的上層人士帶頭的吧。

以上是我對新港文書的初步探討，可以證明文書蘊藏有大量的歷史信息，關係臺灣史的理解甚大。文書見於臺南，記臺南的事，當然可以作為臺南學的重要研究面向，但你們要研究，一定要先學好西拉雅語以及臺

語。新港文書的解讀，使臺南學得以符合百餘年來埃及學、亞述學的要求，進入國際學術之列。

眺望國際和體驗傳統

接著我簡略談談臺南學可以開啟我們的國際視野，也使我們體驗臺灣的文化傳統。

嚴格說，歷史時期的臺灣，談世界性或國際性只有在17世紀，18-19世紀前半這一百多年間，臺灣只有兩岸關係，沒有國際關係。1860年代開港後才再開展國際關係，才可能談世界性。即使18世紀以後全臺西半部普遍開發，經濟力量也逐漸北移，但1885年臺灣首府遷離臺南以前，國際人士主要打交道的對象還是在臺南的臺灣府。所以如果我們想從臺灣的歷史裡面去觀察臺灣的世界性，焦點還是要集中在19世紀設省以前的臺南，尤以17世紀為最。

17世紀的臺南可真熱鬧，荷蘭聯合東印度公司（Vereenigde Oost-Indische Compagnie, VOC）在臺灣是大家熟知的歷史，公司不止只有荷蘭人，還有歐洲多國的雇員以及印度、南洋的土著，另外是中國福建來的商人和移民，同時不要忽略比荷蘭人早來的日本人、中國漁人、走私商人和中日海盜。至於西班牙人是到了基隆、淡水，沒到臺南。透過比較的眼光，你們不難發現號稱地大物博的中國，並沒有這麼國際性與多元文化。

當時臺灣的政經核心就在臺南，尤其是安平，有軍政城堡的熱蘭遮城（Zeelander）和貿易市鎮大員構成荷蘭人國際貿易網絡的一環。鄭成功進軍臺灣，鄭、荷之間所爭的也是爭臺南。

你們不要小看荷蘭，認為荷蘭是個西歐小國，她可是17世紀歐洲軍力最強、經貿最盛、文化先進的國家。同樣也不要小看鄭成功，認為他打不下中國才跑來打臺灣，論鄭軍的戰鬥力，也是當時世界數一數二的。實際上鄭、荷戰爭的規模，比二十多年後清俄的雅克薩圍城戰——就是後來訂了《尼布楚條約》的那場戰爭——規模要大得多，也遠為壯烈。清朝的

康熙那時候已經征服臺灣了,雅克薩之戰使用大砲,也用到投降的臺灣兵去打仗。關於熱蘭遮城的建構及長達九個月的圍城戰,是另外一個課題,我就略過不講,這裡只講鄭荷之戰的收場。

他們兩國最後收場是以訂定合約的方式,1662 年 2 月雙方簽訂「鄭荷和約」[7],(圖 I-10)荷蘭人有尊嚴地退出臺灣。這種作法十足具有現代性,若是照中國傳統的做法,打仗打輸的,都得斬首!這在中國文化裡面是很自然的。這個時期,兩位傑出的英雄都聚集在臺南,相互對抗,一個是東方的鄭成功,另外一位是西方的揆一(Frederik Coyett)。我們的知識教養比較認識鄭成功,對揆一幾乎空白,但他事先就判斷鄭成功會攻打臺灣,而在孤立無援的狀況下還能守住城堡九個月,創下抵擋鄭家軍最久的紀錄,以及光榮降下荷蘭旗,收攬全部東印度公司人員揚帆而去,這樣的敗軍之將的確少見。

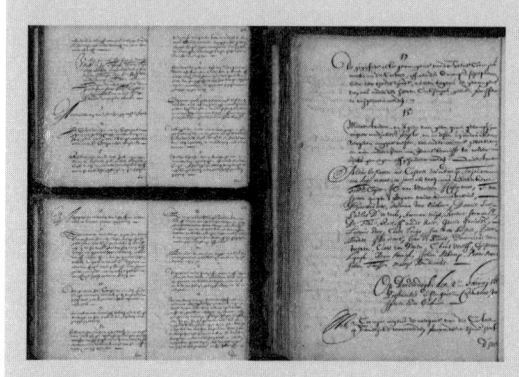

圖 I-10　鄭荷和約抄本(部分)© 荷蘭國家檔案館典藏,VOC 1238, 1663. AAAA. Eerste boek 1663, 876-880(Open Access)

最後我要用幾分鐘跟大家介紹一本書,這本書叫做《安平縣雜記》[8],很能反映清領臺南的地方政治。

---

[7] 可參閱江樹生譯,《鄭成功和荷蘭人在台灣的最後一戰及換文締和》,漢聲雜誌第 45 期(臺北:漢聲雜誌社,1992)。

[8] 不著撰人,周憲文編輯,《安平縣雜記》,臺灣文獻叢刊第 52 種(臺北:臺灣銀行經濟研究室,1959)。內文可參閱中央研究院臺灣史研究所的「臺灣文獻叢刊資料庫」,網址:https://taicool.ith.sinica.edu.tw/browse-ebook.html?id=EB0000000052。

安平縣即原來的臺灣縣，1885年臺灣行政區劃改為一省三府，設在臺南二百年的臺灣府換到臺中，原來的臺灣府改為臺南府，同樣成立二百年的臺灣縣也改為安平縣，《安平縣雜記》是此後不久進行的實地調查報告，一方面呈現清治時期的臺南，但更重要的意義是反映傳統時期的臺灣，甚至也可看到中國傳統地方政府和市鎮的面貌。

　　一般地方志書多先抄舊資料，再把一些新資料加進去，但《安平縣雜記》比較不同，多是當時的採訪，有很多有趣的記述。例如它寫到衙門規費，俗話不是這樣說嗎？「衙門八字開，無錢免進來。」你到衙門辦事，必須「Oose，烏西」（臺語，賄賂也）如果沒有錢「烏西」，事情就難辦，暗的「烏西」且不說，明的「烏西」就是當衙門要的規費。規費不是賦稅，賦稅要解交中央政府，規費則留在地方衙門使用。傳統戲劇常看到縣太爺的角色，縣太爺到底要負責做什麼，從《安平縣雜記》的記載來看，縣太爺是很辛苦的，他一個七品小官，上面有頂頭上司，下面有人民，每天要辦的事情複雜而且繁多，有強盜他去抓，道路壞了他要修復，還要催糧，還要審理案件，考試的事也要管。另外，衙門裡面少不了胥吏，像我們以前看人家唱戲，演到衙門，縣太爺底下就有胥吏。胥吏大分為兩類，一類比較高級，負責文書，另一類地位低賤，如看門的，你想進去衙門就必須打點他們，要給錢，這是賤吏了，在《安平縣雜記》裡面都有相關的記載。

　　關於產業，《安平縣雜記》調查19世紀以前占外貿比重高的製糖業，從種甘蔗開始，到糖的製造、販賣等等過程都有紀錄，可以了解傳統糖廓的營運狀況。另外是傳統社會的「百工」，傳統文獻中我還沒看過有比《安平雜記》更具體的記載。它對府城裡的各種工匠多有簡單的描述，列了100種工匠，可能為符合所謂「百工」這個數字吧。百工中的木匠、水泥匠、石匠、剃頭匠、修補匠等等是我們還熟悉的，《安平縣雜記》有簡單的解釋；其次記載了各種「司阜」，像「鑄犁頭」、「銀店」、「錫店」、「油車」、「染坊」這些，「油車」是負責榨油的，還有「藥店」、「糊紙店」、「香店」、「油燭」店等等的司阜，現代年輕人有的聽過或見過，有的

就不一定了。但連「補鍋」的店都有記載,這就稀罕了,我小時候倒還看過這種手工藝,煮飯燒菜的鍋、鼎破了,現在還有誰去補呢?想了解傳統臺灣的庶民生活,我看《安平縣雜記》是很好的紀錄,這是在其他地方志裡面難得看到的。

關於傳統臺灣社會基層的生活文化,我們要談一下劉嘉謀的《海音詩》。劉家謀是福建侯官人,1849-1853年來臺南,擔任臺灣府學訓導,死在臺南。《海音詩》作於1852年,記載了很多臺灣民俗、文化方面的事,尤其是府城一帶的狀況,也記錄府城庶民的生活。其詩屬於竹枝詞,以文學品評論,不能算優秀的詩詞,但每一首詩的底下他都寫有註解,才是絕好的史料。

我只舉幾種說一下。臺灣的喪葬禮儀,「弄鐃／弄猴」、「父母會」、「糊紙厝」、「倪(藝)旦棚」等,他都做了解釋。如他解釋說:「凡親喪必懺佛,僧於中午飛鈸,謂之『弄鐃鈸』;弄猴者,以猴演雜劇也。諺曰:『有孝後生來弄鐃,有孝查畝仔來弄猴。』」其他你們去研讀,以增長傳統社會禮俗的知識。

對於「班兵」,這個臺灣軍政的大課題,他為我們留下官方不記載的重要信息。班兵是福建綠營兵進駐臺灣的特殊制度,與其他各省不同。他們輪流來臺灣鎮守,是從福建軍鎮調來的士卒,有漳州、金門、興化、海潭、福州、閩安、福寧、延平、邵武和汀州諸鎮,各抽調一小部分士兵到臺灣,重新編組,所以流於散漫,軍紀混亂。他們做過哪些壞事,史書只籠統空洞地說說,但劉家謀告訴我們,他們怎麼放高利貸?高利貸的利率有多高?怎樣開當鋪?當鋪的利息有多重?他都有記載。班兵盤據在鎮北坊、東安坊或寧南坊、西定坊這些地方,開賭場、開鴉片煙館、開娼寮、開典當鋪等等黑的黃的行業全包。他們白晝劫奪財物、擄掠婦女,沒有人敢管,縣官不敢管,長官也不敢管。然而他們卻怕四種人,怕「輿夫」,就是扛轎子的;怕「羅漢腳」,因為羅漢腳都是孤家寡人,敢和他們拚命;怕大西門外五大姓,這五大姓的人都是地方角頭,姓蔡、姓郭、姓黃、姓許、姓盧五大角頭。在大西門外的紅燈區開娼寮的人都是姓蔡的,

所以班兵是怕黑社會。他們也怕「南門邊挑糞人」，寫實而有趣，大概怕被潑糞吧，想不到挑糞的比縣太爺還威風！

　　劉嘉謀在臺南的時間距離現在大概是 170 年前，我們也只有從他的詩作才能看到當時的社會狀況，可以代表傳統都市的通相。所以我一直說，像這些都是只有臺南才有的資料，要了解臺灣傳統社會，就要靠臺南啦！

壹 導讀

國立臺南大學文化與自然資源學系教授暨臺南學研究中心主任

戴文鋒

一、緣起

　　「古都」、「傳統文化」、「臺灣歷史文化的開端」、「臺灣最早發展的城市」等都是臺南這座城市的鮮明、特色標籤。而這樣的標籤圍繞著臺南這座城市豐饒的文化。自荷蘭人在安平登陸後，歷經鄭氏王朝、清領、日治乃至戰後，臺南在臺灣政治、經濟、歷史及文化上一直都扮演重要角色。這樣深厚的歷史沉澱，所展現出的文化，本身即是反映出「臺南」這座城市的久遠歷史與時代精神，以及所保存下來的濃厚文化底蘊，甚至是臺南人獨有的文化自信。

　　日治時期可說是「臺南學」的發軔期，而這樣的研究發軔，則是臺灣人與日本人相互交流、影響下的成果，從歷史（前嶋信次、黃清淵）、考古（國分直一）、地理（內田勳）、語言（連橫）、文史（石暘睢、黃天橫）、民俗（莊松林）、文學（楊逵）等多位前輩的多面向的展開及積累，使得臺南研究，乃至今日的臺南學有著堅實的基礎。臺南市文史協會是戰後臺灣第一個成立的民間文史研究團體，延續日治時期的研究成果與能量，為臺南的歷史文化留下重要紀錄，更為臺南文史，乃至臺灣史研究打下更為穩固的基礎；而社群間的連帶影響，也催生臺南縣、市的文獻委員會及戰後重要刊物《文史薈刊》、《臺南文化》、《南瀛文獻》，為1950年代至1980年代的研究能量。而另一波高潮則是臺南縣政府為發展南瀛學，並在國內外學者的奔走支持下，於2003年成立的「南瀛國際人文會科學研究中心」，可說是學術界對於地方研究的重要投入，同時展現臺南的歷史、宗教、社會、文化、產業等多元研究面向。

　　至今臺南的研究可說是傲視全國，甚至在世界史研究上占有一席之地，除了歷經多個時代的沉澱外，也是不同世代研究者的投入，所累積的成果展現。

二、臺南大學與臺南學

　　國立臺南大學前身為明治32年（1899）成立的「臺南師範學校」，是臺南歷史最悠久的公立高等教育學校，歷經多個階段的轉型，成為今日的「南大」。本校以「立足臺南、在地深根、放眼天下、國際接軌」為校務發展方向，而「扎根在地文化、關懷人文臺灣」則是本校人文社會學院院務發展的主要方向，而臺南學研究便是本校重點業務。匯集本校文學院各有專業的教授、老師共同商議、討論、訂製出屬於臺南大學的臺南學教學內容與內涵。另設置有「臺南學研究中心」，來作為校內跨領域與跨院際的學術研究與推動單位，以大臺南之歷史、宗教、民俗、藝文、文化資產、綠能生態、智慧城市等領域之學術整合研究與推動為主要發展重心。

　　民國106（2017）成立以來已經累積可觀的成果，並有多元面向的活動來推廣臺南學。

1. 學術研討會：定期舉辦「臺南學與區域研究學術研討會」讓臺南研究者有一個交流的場合。並會不定期舉辦主題式研討會，如民國108年（2019）吳三連120年紀念學術研討會，民國111-112年（2022-2023）臺南學與盧嘉興學術研討會。
2. 大師講堂：定期邀請專家學者蒞臨南大，舉行專題式講座，深化師生與不同領域之專家的交流與互動。
3. 臺南學論壇：規劃不同的主題論壇，邀請不同的專家學者與研究者一同參加，增加臺南學研究的交流。
4. 教師增能讀書會：辦理與「臺南學」相關之教師讀生會，以增進師生的新知。
5. 研究計畫：辦理「高等教育深耕計畫」深根臺南學研究在本校的影響力，民國113年（2024）更執行「文化部文化資產學院推廣群組計畫」。另有各教授教師所執行的多元研究計畫。
6. 學生競賽活動：以臺南、臺灣為主體的紀錄片拍攝與散文競賽活動。

型,也是臺南文學的重要類型。

臺南文化資產

臺南的文化資產數量可說是傲視全國,更有許多的文化資產類型是臺南獨有。不同時期的歷史在這座城市所留下的不同面向與雪泥鴻爪,在在展現了臺南身為古都、文化城市的歷史厚度。曾國棟〈從「清乾隆滿漢文御碑」談臺南碑碣古物之意義與價值〉一文凸顯臺南文化資產的重要性與文化性。「清乾隆滿漢文御碑」是乾隆皇帝為表彰將軍福康安平定林爽文之亂,於乾隆52年(1787)下詔刻製的10座頌德碑。林爽文事件是清代臺灣史上三大反清事件之一,起因為官員貪汙、吏治不良、班兵腐敗、族群械鬥等多元因素,且橫跨漳州人、泉州人、客家人、原住民等不同族裔,事件平息後,更讓乾隆帝列入十全武功之一。這一幾乎波及全島的事件,除了促使清廷對臺治理轉趨積極外,更加速啟動臺灣府城擴大修建工事,將木柵莿竹城改建土城,並重作八座城門之城樓,奠定今日所見的臺灣府城城門及城垣殘蹟。

本文爬梳了「清乾隆滿漢文御碑」設置的緣由、御碑設置場域的轉變、與立於嘉義與廈門的同事件御碑,以及衍伸出的石碑信仰文化,最後以御碑深厚的文化內涵(皇權象徵、民眾觀點)與文化資產價值作為註解。

臺南歷史名人

「臺南市歷史名人」指的是臺南市政府文化局根據〈臺南市政府文化局歷史名人紀念作業要點〉(2013設置)進行調查、審議後,予以紀念的歷史人物,一共分成藝術類、文學類、學術教育類、政治類、醫療類、經濟類、宗教類、技術類8種類別;若其故居仍在,且徵得同意,則會由臺南市政府懸掛「名人故居」牌,以彰顯這些歷史名人對於臺南及臺灣的貢獻。本文由張靜宜所撰寫,透過列入原因、歷史名人類型、名人故居立牌等不同角度分析、討論,展現不同時代這些名人的歷史價值,也凸顯人文

薈萃的臺南文化底蘊。

臺南廟宇與刈香

　　此篇章收錄戴文鋒〈臺南：「寺」曾相識、「廟」不可言〉及戴文鋒與楊家祈合著〈蜈蚣、陣頭、大廟：臺南五大香〉等兩篇文章，聚焦於臺南文化最重要的特色——民俗信仰。

　　臺南是臺灣最早的都市，也因經濟、政治條件作為都市發展的後盾，文化發展也較早，信仰更是歷史悠久，可說是傲視全國。府城民間信仰一直有「七寺八廟」之說；七寺分別為開元寺、法華寺、竹溪寺、彌陀寺、龍山寺、重慶寺、黃蘗寺，八廟則是府城隍廟、大關帝廟、大媽祖廟、水仙王廟、藥王廟、嶽帝廟、風神廟、龍王廟。這15間於明末清初建立的寺廟被視為一個群體，來反映悠久的歷史及對於這座城市的重要性，故在〈臺南：「寺」曾相識、「廟」不可言〉文中提出臺南是全臺漢人廟宇群的最早建立地區。為何以廟宇作為臺南文化的特色呢？文末以五項作為註解——臺南寺廟數量全國最多、廟宇歷史久遠且眾多開基祖廟、列入國定或直轄市定文化資產者數量最多、祀神罕見或具獨特性、廟宇相關的無形文化資產最豐富而多元。寺廟不僅是宗教信仰的中心，更承載了深厚的臺南文化。

　　「刈香」在臺南一帶，指的是神明對所轄香境進行大規模、地毯式的遶境行為，應有「徹底綏靖」的深刻意涵。而刈香並非一村莊、一宮廟之事，往往牽動數十聚落，轄境廣闊，信徒弟子更紛紛組織陣頭進行響應。〈蜈蚣、陣頭、大廟：臺南五大香〉由戴文鋒與楊家祈共同撰寫，深入簡出展示臺南「五大刈香」的重要文化內涵。刈香分布於八掌溪下游以南，至曾文溪下游南北兩岸一帶，由北至南有「學甲香（學甲上白礁）」、「麻豆香」、「蕭壠香」、「西港仔香」、「土城仔香」。各自有其舉辦週期，循環不斷；遶境地域廣泛，橫跨多鄉鎮區；文武陣頭眾多，並以蜈蚣陣為前導，可說是陣頭的演藝場；且由地方大廟號召辦理，反映地方歷史與民間信仰特色。五大香中的蕭壠香、西港仔香、土城仔香皆是刈香與王醮結合

為一,規模、場面皆頗盛大。麻豆香與學甲上白礁皆是地方最重要的神祇主導的大型遶境,也具有地域特色。五大香除了麻豆香之外,其餘四香科皆已登錄為臺南市直轄市民俗,其中西港仔香、學甲上白礁更具有國家重要民俗之文資身分,可說刈香文化不僅是臺南重要的民俗文化,也是我國極具指標性的民間信仰活動。

臺南民俗與宗教

臺南市亦有眾神之都之稱,廟宇、教堂數量居全臺之冠。第陸篇便是以臺南的民俗與宗教為主題。本篇收錄由葉春榮老師所撰寫的〈臺南的民俗〉與〈臺南的宗教〉二文,深入簡出介紹臺南民俗及宗教。

民俗文化並非亙古不變,會隨著時間持續改變、調整,甚至消失。而臺南作為文化古都,確實保留了眾多的民俗文化,甚至為世人所知。葉春榮以年中行事為本文主軸,展示臺南地區一年的特色歲時習俗。如春日的過年探墓厝、拜天公、三日節/清明,接著夏日得端午、半年圓、做十六歲、普度、拜溪墘,秋日的插園頭、拜園頭/拜豬稠腳,最後冬日的餉耗、送火王、送神關廟門、送灶神等。而這些民俗文化系統是臺南人生活行事的依據,更蘊含了對於天地萬物的敬仰與地方歷史。

臺南是宗教興盛之地,一般大都認為臺南以民間信仰為主,而跟隨著葉春榮〈臺南的宗教〉一文可以了解更為多元的宗教面貌。在臺南,有原住民西拉雅族的祀壺信仰,雖然已經漢化,但在信仰上仍然保存著自身文化特色。基督宗教最早由荷蘭人引進,而清末蘇格蘭長老教會再次進入臺南佈道行醫,奠基了今日臺南、乃至於臺灣的基督教信仰基礎。天主教一開始雖然不是以臺南作為傳教的根據地,卻在臺南展現出更貼近民間的文化特色。佛教隨著明鄭時期漢人的移入而傳入臺南,更發展出「七寺」之說,另外更有深入民間的齋教,在臺南更有龍華、金幢、先天三派。信奉道教者多為職業者,也就是我們常見的道士,為我們處理紅、黑事。民間信仰則是隨著漢人移民深植於臺南這座古老的城市裡,而民間信仰中的儀式執行為法師,在文中也有深入淺出的介紹。

臺南學與世界史

　　臺南學之於世界史，也是因著從臺南開始，臺灣被納入世界體系之中，而 1624 年熱蘭遮城的建立，可以說是臺灣在有文字的歷史紀錄中，走入世界的起點。杜院士在〈臺南學與世界史〉一文中，引用德國學者蕭婷（Angela Schottenhammer）將東亞到南亞諸群島所圍繞的海域稱為「東亞地中海（East Asian Mediterranean）」，而臺灣便位於這片海域的中心點。且透過海洋，將臺灣連接中國、日本與西方諸國，而行走於這片海域的人有走私商人、海盜、漁人。而臺南作為港灣城市，便吸引了不同國籍的人群進入臺灣，不同國族便帶來不同的文化與刺激，如在臺南安平的熱蘭遮堡與府城普羅民遮堡都是屬於荷蘭人帶來的稜形城堡。而海洋也豐富臺灣的文化內涵，鄭成功的鯨魚傳說與漢布魯克的堅持抵抗等，都是臺南經由海洋與世界的連結。

四、銘謝

　　再次回應杜院士所展示的臺南學之重要性，至今以臺南研究依舊是臺灣研究的主流，成果可說是數之不盡。以上的 8 篇文章，分別觸及文學、文化資產、歷史名人、廟宇、香科、民俗、宗教等多方面議題，皆是各方專家學者的精心著作。加上杜院士〈臺南學與臺灣史〉、〈臺南學與世界史〉頭尾二篇宏觀的論述，讓本書同時深具在地性，更有世界性的史觀。期許無論是生活在臺南或由外地至此求學的莘莘學子，都能透過本書的各篇文章，認識臺南這塊富饒的土地。

　　最後，僅代表國立臺南大學衷心向各篇作者的鼎力支持與共襄盛舉致謝，更要向您們致敬，嚴謹且深入淺出的撰寫，為國立臺南大學的臺南學概論課程，扎下深厚的根基，並長出茂盛的枝芽，兼具地方與國際！

貳
臺南文學

國立臺南大學國語文學系專任教授

王建國

一、前言：「『要有光』，就有了光」——文學的陽光，從臺南升起

「起初，神創造天地。地是空虛混沌，淵面黑暗；神的靈運行在水面上。神說：『要有光』，就有了光。」(《創世紀》一：1-3)。

臺灣歷史上，每道光的出現都代表一個全新世界的到來。

明朝／南明本身即是光的隱喻，這個朝代曾經照亮了17世紀的臺灣。

明萬曆30年（1602），陳第（1541-1617）隨沈有容來臺勦倭寇並寫下〈東番記〉，是明代最早留下親臨、目睹本島——以西南半部為主——情況的文獻紀錄。

明永曆5年（1651），沈光文（1612-1688）因為颶風被吹來臺灣（大員／臺員／大圓／大灣，Tayouan，Tāi-uân），在斯島渡過半生歲月，並且寫下不少詩文作品。

永曆37年（1683），鄭克塽（1670-1707）出降、寧靖王朱術桂（1617-1683）殉國，南明最後一抹夕陽也在臺南落下。

一直以來，對於清代臺灣八景之一的「東溟曉日」心嚮往之，雖然迄今其所在位置迄今仍撲朔迷離、引人遐想，但有可能就在臺南一帶，這道光的出現逐漸讓此地脫離「迺有不日不月、不官不長、裸體結繩之民（中略）至今曆日書契無而不闕」（陳第〈東番記〉語）的自然純樸世界。

隨著這道光在甲午戰爭中殞落，臺灣歷史上再度升起另一道光——日本（號稱「朝陽升起之地」），並以此開啟臺灣近現代文明發展的重要里程。楊熾昌（1908-1994）〈毀壞的城市 Tainan Qui Dort〉第一首〈黎明〉：「為蒼白的驚駭／緋紅的嘴唇發出可怕的叫喊／風裝死而靜下來的清晨／我肉體上滿是血的創傷在發燒」與第四首〈毀壞的城市〉：「簽名在敗北的地表上的人們／吹著口哨，空洞的貝殼／唱著古老的歷史、土地、住家和／樹木，都愛馨香的瞑想／秋蝶飛揚的夕暮喲！／對於唱歌的芝姬／故鄉的哀嘆是蒼白的」（陳千武譯）正揭櫫臺南經此「日本天年」丕變後的故鄉風景。這大抵也是許地山（1893-1941）〈我底童年：延平郡王祠

邊〉的重要時代背景，只不過許地山用散文的形式，追溯更早之前童年時代一段兵荒馬亂與家族／國族離散的記憶……。

臺灣歷經荷蘭、明鄭、清朝、日本、國民政府等不同政權的統治，其中，又因臺南位居重要地理樞紐，早年即曾接受原住民、荷蘭、西班牙、漢、滿、英（蘇格蘭）……多重文化的洗禮，人文薈萃、文風鼎盛，是臺灣文化與文學的重要發源地。

圖 2-1　熱蘭遮城（今安平古堡）與普羅民遮城（今赤崁樓）©Wikimedia Commons

大抵而言，17世紀之前，臺南是西拉雅族（Siraya）的主要活動範圍。1624年，荷蘭東印度公司（VOC）以臺南為大本營：分別以大員與赤崁[1]為其貿易據點與行政中心；1661年，鄭成功來臺，以臺南為其政治中心，設立承天府；1684年，臺灣納入清帝國版圖，設一府三縣，臺南即為臺灣府治及臺灣縣治之所在；1865年，英國長老教會首任駐臺宣教師馬雅各醫師（James Laidlaw Maxwell，1836-1921），千里迢迢遠從蘇格蘭來到臺灣，也選擇臺南作為其醫療傳道生涯的起點。不唯如此，乙未割臺的高潮戲碼與最終平和落幕，也都發生在臺南：臺灣民主國／臺南第二共和根據地在臺南大天后宮，當日軍揮兵南下並準備集結圍攻府城

1　大員後築有熱蘭遮堡（Fort Zeelandia）；赤崁後築有普羅民遮堡（Provintia）為其貿易據點。

時，巴克禮牧師（Thomas Barclay，1849-1935）與宋忠堅牧師（Duncan Ferguson，1860-1923）接受臺南士紳請託，與乃木希典（1849-1912）將軍交涉，才使日軍得以由小南門順利入城，結束政權和平轉換，劃下歷史句點。準此而言，明（明鄭）清臺灣歷史的發展幾乎以臺南為主要舞臺，而「臺灣文學」也幾乎以「臺南文學」為主要基底。

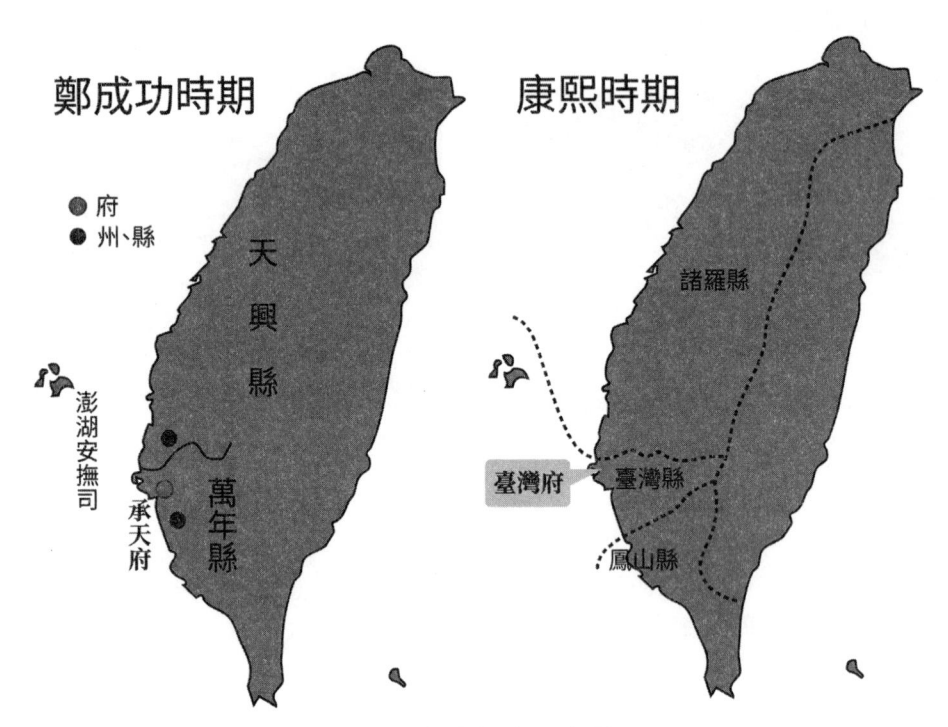

圖 2-2　鄭成功時期與康熙時期之臺灣行政區域圖

再退一步而言，1895 年以降的新舊文學發展，「臺南文學」的表現不遑多讓，如跨越新舊文學的賢喬梓，即有許南英（1855-1917）、許地山（1893-1941）；吳萱草（1889-1960）、吳新榮（1907-1967）；楊宜綠（1877-1934）、楊熾昌（1908-1994）；林芹香（林泮）（1890-1946）、林芳年（1914-1989）；林清文（1919-1987）、林佛兒（1941-2017）等人，倘再以新文學為例，水蔭萍成立「風車詩社」並提倡超現實主義詩風、鹽分地帶文學的崛起……在臺灣文學史上皆極具重要意義。此外，今臺南大學

（及成功大學、臺南高商），[2]不僅培育出許多優秀文學作家，且「振葉以尋根，觀瀾而索源」，往往可見執教者不乏搦管操觚的文學大家，臺南文學是臺灣文學極重要的一環，由此更可見一斑，而這正是本課程的一個重要緣由。

「如何文學，怎樣臺南（大學）」：「一府、二鹿、三艋舺」，正標誌著臺灣歷史文化的發展軌跡，臺南府城的重要性，不言可喻。臺南文學主要以漢文學（書面文學）發展為主，內容涵蓋古典文學與現代文學的範疇，並涉及重要歷史人物、事件、文學（思潮）主題、近現代文學作家與團體等面向。尤其，臺南文學與臺灣文學的發展關係密切，具有臺南文學／臺灣文學雙軌並行與相互辯證的意義，故本課程將以臺南文學史／臺灣文學史為脈絡，介紹臺南文學／臺灣文學的發展。而臺南大學週邊也充滿了明清時期所遺留下來的古蹟，例如五妃廟、孔廟、夢蝶園、竹溪寺等等。當然，臺南大學前身是師範學校，也是一座歷史悠久的古蹟，而且這裡也培育了許多優秀的人才，例如高一生（1908-1954）、陸森寶（1910-1988）、簡吉（1903-1951）、張良澤（1939- ）等，而臺灣文學界的大老——葉老（葉石濤）與老葉（葉笛）也是出身自臺南師範學校。同時，校園一隅也有柏楊文物館，南大第一位名譽博士就是頒給柏楊先生，這大抵就是臺南文學課程的範圍。

二、「東番夷人不知所自始」——陳第〈東番記〉

（一）陳第（1541-1617）生平簡介

陳第字季立，號一齋，晚號溫麻山農，福建連江人。明嘉靖38年（1559）中秀才，萬曆元年（1573）從俞大猷學兵法，性好遊，以為「遊

---

[2] 國立臺南大學（南大）前身為臺南師範學校；國立成功大學前身為臺灣總督府臺南高等工業學校；國立臺南高級商業職業學校（臺南高商）前身為臺南商業專修學校。

有五」：「不懷安」、「不惜費」、「不思家」、「不怯死」、「不立我」。萬曆30年（1602）十二月初八日，隨沈有容來臺／東番討伐倭寇，考察斯島西南半部風土民情。翌年，寫成〈東番記〉，收錄於沈有容《閩海贈言》，是明代親臨與目擊島上生活最早文獻。

（二）陳第〈東番記〉原文

……東番夷人不知所自始，居彭湖外洋海島中，起魍港、加老灣，歷大員、堯港、打狗嶼、小淡水；雙溪口、加哩林、沙巴里、大幫坑，皆其居也，斷續凡千餘里。種類甚蕃，別為社，社或千人，或五六百，無酋長，子女多者眾雄之，聽其號令。性好勇，喜鬥，無事晝夜習走，足蹠皮厚數分，履荊刺如平地，速不後犇馬，能終日不息，縱之，度可數百里。鄰社有隙則興兵，期而後戰，疾力相殺傷，次日即解怨，往來如初，不相 。所斬首，馘肉存骨，懸之門；其門懸骷髏多者，稱壯士！壯士。地暖，冬夏不衣，婦女結草裙，微蔽下體而已。無揖讓拜跪禮，無曆日文字，計月圓為一月，十月為一年，久則忘之，故率不紀歲，耆艾老耄，問之弗知也。交易，結繩以識。無水田，治畬種禾，山花開則耕。禾熟，拔其穗，粒米比中華稍長，且甘香。採苦草，雜米釀，間有佳者，豪飲能一斗。時燕會，則置大罍團坐，各酌以竹筒，不設肴，樂起跳舞，口亦烏烏若歌曲。男子剪髮，留數寸，披垂；女子則否。男子穿耳、女子斷齒，以為飾也。女子年十五、六斷去唇兩旁二齒。地多竹，大數拱，長十丈，伐竹搆屋，茨以茅，廣長數雉。族又共屋，一區稍大，曰公廨少壯未娶者，曹居之，議事必於公廨，調發易也。娶則視女子可室者，遣人遺瑪瑙珠雙，女子不受則已；受，夜造其家，不呼門，彈口琴挑之。口琴薄鐵所製，齧而鼓之，錚錚有聲，女聞，納宿，未明徑去，不見女父母。自是宵來晨去必以星，累歲月不

改。迨產子女,婦始往婿家迎婿,如親迎,婿始見女父母,遂家其家,養女父母終身,其本父母不得子也。故生女喜倍男,為女可繼嗣,男不足著代故也。妻喪復娶;夫喪不復嫁,號為鬼殘,終莫之醮。家有死者,擊鼓哭,置尸於地,環 以烈火,乾,露置屋內,不棺;屋壞重建,坎屋基下,立而埋之,不封,屋又覆其上;屋不建,尸不埋。然竹楹茅茨,多可十餘稔,故終歸之土,不祭。當其耕時,不言不殺,男婦雜作山野,默默如也。道路以目,少者背立,長者過,不問答;即華人侮之,不怒,禾熟復初。謂不如是,則天不祐、神不福,將凶歉,不獲有年也。女子健作,女常勞,男常逸。盜賊之禁嚴,有則戮於社,故夜門不閉,禾積場,無敢竊。器有床,無几案,席地坐。穀有大小豆、有胡麻,又有薏仁,食之已瘴癘,無麥。蔬有蔥、有薑、有番薯、有蹲鴟,無他菜。果有椰、有毛柿、有佛手柑、有甘蔗。畜有貓、有狗、有豕、有雞,無馬、驢、牛、羊、鵝、鴨。獸有虎、有熊、有豹、有鹿。鳥有雉、有鴉、有鳩、有雀。山最宜鹿,儦儦俟俟,千百為群。人精用鏢,鏢竹 鐵鏃,長五尺有咫,鋩甚;出入攜自隨,試鹿鹿斃、試虎虎斃。居常,禁不許私捕鹿;冬,鹿群出,則約百十人即之,窮追既及,合圍衷之,鏢發命中,獲若丘陵,社社無不飽鹿者。取其餘肉,離而臘之,鹿舌、鹿鞭(下註:鹿陽也)、鹿筋亦臘,鹿皮角委積充棟。鹿子善擾,馴之,與人相狎。習篤嗜鹿,剖其腸中新咽草將糞未糞者,名「百草膏」,旨食之不饜;華人見,輒嘔。食豕不食雞,畜雞任自生長,惟拔其尾飾旗。射雉亦只拔其尾。見華人食雞雉輒嘔,夫孰知正味乎!又惡在口有同嗜也?居島中,不能舟;酷畏海,捕魚則於溪澗,故老死不與他夷相往來。永樂初,鄭內監航海諭諸夷,東番獨遠竄不聽約;於是家貽一銅鈴使頸之,蓋狗之也,至今猶傳為寶。始皆聚居濱海,嘉靖末,遭倭焚掠,迺避居山;倭鳥銃長技,東番獨恃鏢,故弗格。居山後,始通中國,

今則日盛,漳、泉之惠民、充龍、烈嶼諸澳,往往譯其語,與貿易;以瑪瑙、磁器、布、鹽、銅、簪環之類,易其鹿脯、皮角;間遺之故衣,喜藏之,或見華人一著,旋復脫去,得布亦藏之。不冠不履,裸以出入,自以為易簡云。

……野史氏曰:異哉東番!從烈嶼諸澳乘北風航海,一晝夜至彭湖,又一晝夜至加老灣,近矣。迺有不日不月、不官不長,裸體結繩之民,不亦異乎!且其在海而不漁,雜居而不鬭,男女易位,居瘞共處。窮年捕鹿,鹿亦不竭。合其諸島,庶幾中國一縣,相生相養,至今曆日書契無而不闕,抑何異也!南倭北虜,皆有文字,類鳥跡古篆,意其初有達人制之耶?而此獨無,何也?然飽食嬉遊,于于衎衎,又惡用達人為?其無懷、葛天之民乎!自通中國,頗有悅好,姦人又以濫惡之物欺之,彼亦漸悟,恐淳朴日散矣!萬曆壬寅冬,倭復據其島,夷及商、漁交病。浯嶼沈將軍往勦,余適有觀海之興,與俱。倭破,收泊大員,夷目大彌勒輩率數十人叩謁,獻鹿餽酒,喜為除害也。予親睹其人與事,歸語溫陵陳志齋先生,謂不可無記,故擬其大略。

(三)題解

17世紀初期,1602-1603年之間,有兩件事情和臺灣密切相關,值得留意。第一是聯合東印度公司VOC成立,臺灣因位居重要貿易的網絡節點上,所以也讓臺灣加速參與大航海時代的行列;另一則是萬曆30年(1602)冬,陳第隨沈有容(1557-1627)來臺剿倭,而於翌年(1603)寫下〈東番記〉——這是明朝中土人士首度親臨臺灣,遠比荷蘭人來臺早了二十多年。文中提到:「東番夷人不知所自始,居彭湖外洋海島中」,且對於臺灣西南沿海地理的考察和原住民生活習俗均詳實記載;文末「野史氏曰」:「異哉東番」,更是對這個地方民風純樸記的稱頌。然而「恐淳朴日散矣」,最後竟一語成讖,不免令人遺憾,而這恐怕與荷蘭社商的贌社制

度脫不了關係。無論如何,臺灣終於在中國掃蕩倭寇和荷蘭重商主義的推波助瀾之下,浮出世界的地表。

陳第〈東番記〉詳細記錄了17世紀初期關於臺灣西南部的見聞:北從雲林、嘉義一帶,南至屏東、恆春一帶的平埔族生活面貌,又,陳第是從大員登陸,故其所見大抵以西拉雅族為主。舉凡生活、性格、風俗、衣著、外貌、曆法、農耕、飲食、宴會等等,可謂歷歷如繪,至於婚姻型態,則與漢人社會大相逕庭。茲節錄一則原住民婚嫁有關的片段加以說明:

> 娶則視女子可室者,遣人遺瑪瑙珠雙,女子不受則已;受,夜造其家,不呼門,彈口琴挑之。口琴薄鐵所製,齧而鼓之,錚錚有聲,女聞,納宿,未明徑去,不見女父母。自是宵來晨去必以星,累歲月不改。迨產子女,婦始往婿家迎婿,如親迎,婿始見女父母,遂家其家,養女父母終身,其本父母不得子也。故生女喜倍男,為女可繼嗣,男不足著代故也。妻喪復娶;夫喪不復嫁,號為鬼殘,終莫之醮。

等女子到了適婚的年齡,便請人贈送瑪瑙珠一對(雙)。若女子不接受,則婚事便告吹;若接受,男子便會利用夜間造訪。不叫門,而是藉由吹奏口琴聲傳達自己的到來。口琴由薄鐵所製,吹奏的方法是以牙齒咬住使其發出錚錚聲響。女子聽聞後,將其迎入,一起過夜。天未亮,男子即行離去,不見女方父母。此後,男子夜晚時前來、黎明前就離開的狀況會持續一段時間,直到生下子女後,女方才會至男方家中將其迎娶回來,就像漢人娶親的場面一樣,而這時夫婿才得看見女方父母,並以女方的家作為自己的家,奉養女方父母終身,而其原本生父母則如失去一位兒子,所以原住民社會喜歡生女兒加倍勝過生兒子,因為女兒可以繼嗣,兒子則無法傳宗接代。丈夫喪妻可再娶,妻子喪夫稱為「鬼殘」,終身不再嫁。

這是原住民極特殊的風俗,同時可見這是一個母系的社會。某種程度

而言，陳第〈東番記〉可視為臺灣版的〈國風・關雎〉，是一則關於「鳳求凰」的精彩描寫：可以想像在漢人社會尚未到來之前，整片大地原野盡屬於原住民，而夜晚琴音此起彼落，可謂越夜越美麗。

〈東番記〉末了，陳第仿《史記》之「太史公曰」撰寫了一段「野史氏曰」，代表其對東番一地的真實感受與想法：

> 野史氏曰：異哉東番！從烈嶼諸澳乘北風航海，一晝夜至彭湖，又一晝夜至加老灣，近矣。迺有不日不月、不官不長，裸體結繩之民，不亦異乎！且其在海而不漁，雜居而不嬲，男女易位，居瘞共處。窮年捕鹿，鹿亦不竭。合其諸島，庶幾中國一縣，相生相養，至今曆日書契無而不闕，抑何異也！南倭北虜，皆有文字，類鳥跡古篆，意其初有達人制之耶？而此獨無，何也？然飽食嬉遊，于于衎衎，又惡用達人為？其無懷、葛天之民乎！自通中國，頗有悅好，奸人又以濫惡之物欺之，彼亦漸悟，恐淳朴日散矣！萬曆壬寅冬，倭復據其島，夷及商、漁交病。浯嶼沈將軍往勦，余適有觀海之興，與俱。倭破，收泊大員，夷目大彌勒輩率數十人叩謁，獻鹿餽酒，喜為除害也。予親睹其人與事，歸語溫陵陳志齋先生，謂不可無記，故掇其大略。

東番這個地方很奇特，從烈嶼（小金門）趁著北風航海，只要一晝夜的時間便能抵達澎湖，再一晝夜的時間，就可抵達加老灣[3]，與中土距離很近。且此地有著沒有曆法、官長的裸體結繩百姓[4]，令人驚異。且此地靠海，卻不捕魚；男女雜居，卻不會相互騷擾；男女社會角色上相反；[5]尤其，習

3　加老灣島，又作咖咾員，台江外圍沙洲，位於北線尾（島）之北，今屬臺南市七股區。

4　此雖稱「民」，唯「番」與「民」的界定，實有不同。

5　如上述所言，臺灣乃母系社會：女子有繼承之權，男性則無。

俗上「居瘞共處」[6]：住所與墓地同在一處；全年捕鹿，但鹿群數量卻不會因此枯竭。而將所有島嶼相加起來，大約是中國的一個縣，彼此相互生養，至今沒有曆法與文字，卻不感到缺乏與不便[7]。東南方的海盜和北方的野蠻民族皆有文字，類似鳥跡古篆，猜測當初應有達人制定之，只是，為什麼這個地方反倒沒有，這到底是為什麼呢？他們飽食遊玩如此快樂，好像上古的人民，難道還需要達人來幫助他們嗎？

而從「自通中國，頗有悅好，姦人又以濫惡之物欺之，彼亦漸悟，恐淳朴日散矣」，可見陳第的擔憂：該群姦人都會以濫惡之物和原住民交易（以物易物），久而久之，原住民也會發現自己飽受（漢人）欺騙。

萬曆 30 年（1602）冬天，倭寇又來占據這個島嶼，原住民、商人與漁民不堪其擾。沈有容將軍來此處剿滅倭寇，而我[8]剛好也有觀海的雅興，所以隨沈有容來臺。完成任務後，船隻在大員集結，原住民的頭目大彌勒輩便率領幾十人前來叩謁、獻鹿餽酒，對於能為民除害感到十分高興。

因自己親眼目睹了東番人事物，回到家鄉和好友溫陵陳志齋先生說起這裡的一切，而對方告訴他此段經歷不能沒有紀錄，所以便將重要的內容加以摘錄。

職是之故，吾人得以在四百多年後的今日，透過〈東番記〉得見當時原住民的生活，而原住民的風俗民情與漢人傳統的生活形態極其不同，正是在這一點上，也可以預見日後多元文化的交融與發展。

---

6 「居」指住所，「瘞」指墳墓。
7 蘇東坡〈石蒼舒醉墨堂〉云：「人生識字憂患始，姓名粗記可以休。」是否就是因其缺乏曆法與文字，才使得他們能如此快樂呢？
8 陳第喜愛到處遊歷。

三、從「旅途宜自惜，慨以當長歌」到「臺灣之山在東」——沈光文其人其作

(一) 沈光文（1612-1688）生平簡介

沈光文字文開，號斯庵，浙江鄞縣人（今浙江省寧波市海曙區石碶街道星光村），年少時以明經貢太學。甲申（1644）之變，明朝亡後，曾追隨福王、魯王及桂王等。

一般而言，沈光文來臺的時間約有三種說法：一、永曆5年（1651）；二、永曆6年（1652）；三、永曆15年（1661）；其中臺灣學界多採認明永曆5年。

圖 2-3　沈光文 ©Wikimedia Commons

臺灣文學史上曾有兩個影響甚鉅的「大風」：第一個颶風將沈光文吹來臺灣：沈光文當年肇因於金門僱船欲赴泉州時，在海口圍頭洋遭遇颶風，遂漂流來臺。第二個颱風則將後來的開澎進士蔡廷蘭（1801-1859）從海上吹到安南（今越南），之後寫就《海南雜著》，名揚中外。沈光文來到臺灣時，正當荷治時期；後來，鄭成功（1624-1662）入臺／復臺，驅逐荷蘭人，得知沈光文竟在臺灣，還非常高興：「亦得以見公為喜，握手勞苦」，然而等到鄭經（1642-1681）主政時，沈光文作賦譏諷之，幾遭不測，後變服為僧，避居目加溜灣社（今臺南市善化區），設帳教學，並且以醫藥活人。

康熙24年（1685），沈光文與清朝首任諸羅縣令季麒光（1634-1702）共同組成「福臺閒詠」／「東吟社」，是臺灣有史以來第一個詩社，又，審視相關文獻記載，可以發現沈光文與季麒光二人交情不同凡響：季麒光稱：「從來臺灣無人也，斯菴來而始有人矣；臺灣無文也，斯菴來而又始有文矣」；沈光文則稱：「余素承先生以余為海外一人，余亦以先生為海外知己」。後世浙東史學家全祖望（1705-1755）〈沈太僕傳〉則稱沈光文

「海東文獻，推為初祖」。

後人為紀念沈光文之事跡，建有紀念碑、亭、館[9]等，甚至也出現以其為名之道路及橋樑。

圖 2-4 （左）沈光文紀念碑，位於臺南市善化區光文路北側，1987 年修建；（右）沈光文紀念亭，位於臺南市善化車站前，2012 年 9 月落成啟用
©Feng-Chou Teng - 鄧豐洲的作品，CC BY 1.0（Wikimedia Commons）；由 SSR2000 - 自己的作品，CC BY-SA 3.0（Wikimedia Commons）

（二）作品暨講解

1.〈釋迦果〉

稱名頗似足誇人，不是中原大谷珍。端為上林栽未得，只應海島供安身。

表面上這是一首詠物詩，但仔細對照沈光文人生遭遇，則不難得知此亦沈光文之自況。開始即說「釋迦果」形似佛陀之頭足以向人誇耀，但隨即以連續否定：「不是」、「未得」，說明其非中原土產，無法種植於（漢代）上林苑，故只好棲居於海島。

---

[9] 如在臺南市善化區及寧波市海曙區。

2.〈感憶〉

暫將一葦向南溟,來往隨波總未寧。忽見游雲歸別塢,又看飛雁落前汀。夢中尚有嬌兒女,燈下惟餘瘦影形。苦趣不堪重記憶,臨晨獨眺遠山青。

這首詩是沈光文感慨個人之遭遇。上半部著重對於海景的動態敘述,而下半部則可見其對於山景之靜態描寫。開頭「暫將一葦向東溟」,「暫」有無奈、姑且之意;「一葦」則借指船;唯沈光文由浙江一路南下,臺灣在其南方,故稱「南溟」;當然也可進一步聯想,將其延伸至莊子〈逍遙遊〉:「北冥有魚,其名為鯤。鯤之大,不知其幾千里也。化而為鳥,其名為鵬。鵬之背,不知其幾千里也;怒而飛,其翼若垂天之雲。是鳥也,海運則將徙於南冥。南冥者,天池也」之典故。然而亦有作「東溟」云云,如:連橫《臺灣詩乘》——此亦符合〈思歸〉中「待看塞雁南飛至,問訊還應過越東」(詳下):因浙江古稱「越」,故「東溟」云云,亦屬的當。而「來往隨波總未寧」,則表達其生活的不安及顛簸的遭遇,甚至是南明動盪不安的局勢,而這也不禁讓人想到,雖然沈光文是寧波人,但一生卻總是波瀾不斷。

「忽見游雲歸別塢,又看飛雁落前汀」之浮雲可以聯想至李白〈送友人〉之「浮雲遊子意,落日故人情」,抑或陶淵明〈歸去來辭〉之「雲無心以出岫,鳥倦飛而知還」等等,只是目睹游雲有歸所[10],且北方飛來的大雁也有駐足歇腳的地方,但反觀自身,卻一生顛簸、流離,不免寄寓感慨、傷感夢見孤燈底下瘦弱、漂泊離散的兒女。

第三聯出現轉折,可將其視為一組前後虛(夢見)實(忽見、又看)對照,「夢中尚有驕兒女,燈下唯餘瘦影形」,為虛寫,甚或,「夢中尚有嬌兒女」是虛寫,而「燈下惟餘瘦影形」則回歸現實,以孤單枯瘦身影對

10「塢」指四面高而中間低的谷地。

照夢裡兒女雙全的幻境。

末聯，則表達過去歡樂時光與現在思念之苦所形成的強烈對比。「苦趣不堪重記憶」，則約略可以窺知沈光文在夜半驚醒後，便不再入眠，而為了緩解當下憂愁，只好舉目向山：「獨眺遠山青」。唯此可再進一步思索，雖然由看海轉為看山，但當向東望盡層層疊疊的山巒後，是否又會令其想起故國的山河呢？

3.〈思歸六首〉（選二）

歲歲思歸思不窮，泣歧無路更誰同。蟬鳴吸露高難飽，鶴趣凌霄路自空。青海濤奔花浪雪，商飆夜動葉梢風。待看塞雁南飛至，問訊還應過越東。

首句「歲歲思歸思不窮」可見沈光文身在臺灣，但對家鄉思念卻有增無減。次句「泣歧無路更誰同」則是援用《淮南子‧說林訓》中「楊子見逵路而哭之，為其可以南，可以北」的典故：楊朱見四通八達之大道，但卻因不知該往哪走，而在原地哭泣。沈光文以此說明個人的處境：沒有人和他一樣，故只能踽踽獨行。

「蟬鳴吸露高難飽」中，「蟬」在古代一直都是高潔的象徵，也不禁讓人想到李商隱的詠蟬詩：「本以高難飽，徒勞恨費聲」，沈光文以蟬高掛枝頭、食不果腹卻仍高聲鳴叫[11]來表達自身兩難的處境；「鶴去凌霄路自空」則引用《世說新語‧言語》關於支道林的故事：「支公好鶴，住剡東岇山。有人遺其雙鶴，少時，翅長欲飛，支意惜之，乃鎩其翮。鶴軒翥不能復起，乃舒翼反頭視之，如有懊喪意。林曰：『既有凌霄之姿，何肯為人作耳目近玩？』養令翮成，置使飛去。」[12]但回到現實情況，沈光文即使

---

11 若對照沈光文個人語境，蟬在此處就像伯夷不食周粟一樣。
12 白話譯文：支道林喜愛鶴，住剡東岇山時，有人送他一對鶴。一段時間後，鶴的羽翼漸豐，有飛翔的意圖，但支道林卻捨不得讓牠們飛走，便剪去牠們的羽

能夠高飛遠逝，但他卻已無路可走了，這是其心境上的為難之處。

頸聯「青海濤奔花浪雪，商飆夜動葉梢風」，則由空間上的波瀾壯闊寫到時間上的隱微之處。前句表達了空間上的阻隔：臺灣和中土隔著大海，無法相通；而後句的「商飆」則點出時間在秋季：眼見秋風吹過葉梢，幽微地表達出中秋無法與家人團圓的悲傷之情（甚或蘊含風木之思），一定程度上，類似於俗諺所謂：「紅柿若出頭，羅漢腳目屎流」。末聯「待看塞雁南飛至，問訊還應過越東。」可知沈光文仍抱著一定的期待，希望北方的大雁向南飛時，能夠飛越阻隔兩岸的洶湧波濤，捎來故鄉的消息。

山空客睡欲厭厭，可奈愁思夢裡添。竹和風聲幽戛籟，桐篩月影靜穿簾。暫言放浪樵漁共，久作棲遲貧病兼。故國霜華渾不見，海秋已過十年淹。

若上一首〈思歸〉著墨的是思鄉心境，則此詩無疑是寫繾綣故國。首聯可以發現其心境較為頹靡，即使是夢中依然無法減損其愁思[13]。雖無法得知其夢境為何，但極可能是增添其煩惱者。

頷聯，先以聽覺做了一個較為平面的描寫：風吹過竹林發出嗚摩的聲音。繼而對視覺做俯瞰的角度的書寫，描寫月影的部分，也可以視作影射明朝，因「月」為「明」之半，且若是與最後的「故國」合觀，則益加凸顯此處的暗示作用。頸聯再次出現了前作〈感憶〉之姑且心態，心想放下身為遺民（遺臣）的執念，暫且就和此處的樵夫漁人一起生活，無奈這段漫長的生活竟是貧病交迫。末聯則表達自己對故國的思念，有增無減：

毛。當這兩隻鶴試著展開翅膀，則發現自己已無法飛翔，而呈現顧影自憐的懊喪情態。支道林看著便領悟了：「鶴既然有凌霄之姿，又怎麼肯留在人類身邊，供人賞玩呢？」於是支道林便將牠們餵養到翅膀再長出來，讓牠們飛走了。

13 相較於現實情況，夢帶有補償作用。

一直在心中默默記數,而時間竟已過了十年之久。若對照其來臺時間為1651年,則此詩約在1661年左右(鄭成功來臺前後)完成。

4.〈東吟社序〉

　　昔孟嘉落帽龍山,因作〈解嘲〉;文詞超卓,四座歎服。恨今世不見此文,蘇長公戲為補之,嘲答並臻絕妙。若夫金谷一序,人亦惜其不傳;至明時,楊升菴云得宋人舊石刻,有〈金谷序〉在焉,實為〈蘭亭〉之所祖,錄以示人,刊於集內,雖莫辨真贗,而文亦典雅古茂。乃知古人當勝會雅集,必著之詞章,以垂不朽;誌其地、記其人、錄其詩文、載其年月,不使埋沒當時、失傳後世。王右軍之茂林修竹、石季倫之流水長堤,良有以也;而〈春夜宴桃李園序〉,尤盛稱於千古。

　　閩之海外有臺灣,即《名山藏》中興地圖之東港也。自開闢來,不通中國。初為顏思齊問津,繼為荷蘭人竊據。歲在辛丑,鄭延平視同田島,志效扶餘;傳嗣及孫,歸于聖代,入版圖而輸賦稅。向所云八閩者,今九閩矣。名公奉命來蒞止者多,內地高賢亦渡海來觀異境。余自壬寅,將應李部臺之召,舟至圍頭洋遇颶,飄流至斯。海山阻隔,慮長為異域之人,今二十有四年矣。雖流覽怡情、詠歌寄意,而同志乏儔、才人罕遇,徒寂處於荒楚窮鄉之中,混跡於雕題黑齒之社。

　　何期癸、甲之年,頓通聲氣;至止者人盡蕭騷,落紙者文皆佳妙。使余四十餘年拂抑未舒之氣、欝(鬱)結欲發之胷(胸),勃勃焉不能自已。爰訂同心,聯為詩社。人喜多而不嫌少長,月有會而不辭風雨;分題拈韻,擇勝尋幽。金陵趙蒼直乃欲地以人傳,名之曰「福臺閒詠」,合省郡而為言也。初會,余以此間東山為首題。蓋臺灣之山在東,極高峻;不特人跡罕到,且從古至今絕無有題詠之者。今願與諸社翁,共創始之。次,陳

雲卿即以〈賦得春夜宴桃李園〉命題。余嘗惜李青蓮當年僅留序而眾詩不傳，雖不若金谷園並序失之，似獨幸〈蘭亭序〉與詩迄今傳誦也。鴻溪季蓉洲任諸羅令，公餘亦取社題相率倡和，扶掖後進；乃更名曰「東吟社」。囊謝太傅山以東重，茲社寧不以東著乎？會中並無絲竹，亦省儀文，飲不卜夜，詩成次晨。各攄性靈，不拘體格。今已閱第四會矣，人俱如數，詩亦無缺。雖已遍傳展閱，尚當彙付殺青，使傳聞之。隔江薦紳先生，亦必羨此蠻方得此詩社，幾幾乎漸振風雅矣。

夫龍山〈解嘲〉可補，金谷失序又傳；茲社友當前，詩篇盈篋，使無一序以記之，大為不韻。華蒼崖以余馬齒長，強屬操觚；因不揣才竭，乃僭擬焉。頹然白髮混入於名賢英畏中，而且妄為舉筆，亦多不知量已。爰列社中諸公姓名、籍貫，而不紀其官號、庚甲云。

季蓉洲（名麒光），無錫；華蒼崖（名袞），無錫；韓震西（名又琦），宛陵；陳易佩（名元圖），會稽；趙蒼直（名龍旋），金陵；林貞一（名起元），金陵；陳克瑄（名鴻猷），福州；屠仲美（名士彥），上虞；鄭紫山（名廷桂），無錫；何明卿（名士鳳），福州；韋念南（名渡），武林；陳雲卿（名雄略），泉州；翁輔生（名德昌），福州；沈斯菴（名光文），寧波。

康熙二十四年乙丑歲梅月，甬上流寓臺灣野老沈光文斯菴氏題。時年七十有四。

相較於沈光文前述詩作多表現其個人遺民心志，此〈東吟社序〉乃與當時宦臺文人共同組成臺灣第一個詩社「福臺閒詠」／「東吟社」經過的詳細說明，從中也不難得見沈光文之自剖心跡。早期學者或認為此序有問題，因內容中出現：「歸於聖代」、「余自壬寅，將應李部臺之召」及「康熙二十四年乙丑歲梅月」等字句，與其所具有遺民形象格格不入。雖不排除其因刊載於清代臺灣方志上，故內容可能經過一些潤飾、修改，但基本

上是沈光文撰寫，殆無疑議。尤其，對照後來出土面世之季麒光〈《東吟詩》序〉，二序一前一後，若合一契，更加證明沈光文〈東吟社序〉之可信度。

「何期癸甲之年」以降，對沈光文入清後心境及東吟社成立均有詳細描寫：沒有料到癸亥（康熙22年）、甲子（康熙23年），從中土來了許多文人墨客，而這些人都雅好詩文，使其壓抑了四十餘年的鬱悶之氣，得到一定的抒發，而緣於彼此「志同道合」，因此籌組了詩社，聚會但求人多，沒有年齡限制；每月聚會，風雨無阻，分題拈韻，擇勝尋幽[14]。因趙蒼直希望藉由文藝聚會讓此地流傳後世，所以一開始便「合省郡而為言也」將詩社命名為「福臺閒詠」，省指福建省（取其「福」字）；而郡則指臺灣府（取其「臺」字）。

第一次聚會，沈光文便提議以「東山」作為課題，因為臺灣之山位處東邊，地勢高聳、人跡罕至，且從古至今都沒有人題詠過，故願意和詩社同仁共創新篇。第二次聚會時，陳雲卿以「春夜宴桃李園」命題，沈光文因此感慨〈春夜宴桃李園序〉傳於後世，但眾詩卻亡佚，覺得非常可惜，[15]而這也讓我們進一步認識與理解：當時臺灣刊刻條件著實有限，今日得以留存之作品，多賴當初將手稿帶回中土始得付梓刊刻。

季麒光作為當時諸羅縣令，因有公務在身，無法時時與其唱和，但在公餘則取其社題相率唱和，[16]同時提攜後進，而大抵在第三次雅集後，將詩社名稱由「福臺閒詠」改為「東吟社」——此大抵可見季麒光與沈光文對「東山」具有不同之表述：季麒光係對沈光文首倡「東山」課題之致敬；沈光文則以謝安「東山再起」典故，期許東吟諸子未來仕途騰達（以下因限於篇幅，譯文及介紹從略）。末了羅列14位名氏便是東吟社早期之

---

14 筆者按：當可進一步思索究竟會去何處尋幽訪勝？

15 筆者按：〈東吟社序〉因收錄於范咸《重修臺灣府志》才有幸得以流傳，其他詩文則多已不見；近年因季麒光《蓉洲詩稿》與《蓉洲文稿》出土，始可稍窺雅集內容。

16 筆者按：沈光文每每於雅集之後，攜稿至衙署索和。

成員，今較為人熟知的有季麒光、沈光文、華袞、韓又琦、陳元圖、林起元、鄭廷桂、翁德昌等人，其中陳元圖有〈明寧靖王傳〉傳世，下一單元將有專文介紹，同時，也大抵可見來臺文人與臺灣具有深厚地緣關係。

另值得一提的是：季麒光在〈跋沈斯菴《襍紀詩》〉說：「從來臺灣無人也，斯菴來而始有人矣。臺灣無文也，斯菴來而又始有文矣。」乍看之下，不免稍顯突兀：為何臺灣都沒有「人」呢？當時臺灣豈不有荷蘭人及原住民嗎？這一方面雖凸顯了中原士大夫的漢文化中心心理，另一方面，季麒光欲極力透過修辭手段，強調沈光文是來臺傳播、推廣漢文化的第一人。

四、「艱辛避海外，總為幾根髮」——陳元圖〈明寧靖王傳〉：朱術桂及其二妾三媵故事

（一）陳元圖（生卒不詳）暨寧靖王朱術桂（1617-1683）生平簡介

陳元圖號易佩，浙江會稽人，清初來臺宦遊文人，或擔任臺灣首任知府蔣毓英幕僚，曾參與「福臺閒詠」／「東吟社」的雅集活動：沈光文〈東吟社序〉與季麒光〈《東吟詩》敘〉均位列第四。寧靖王，名術桂，字天球，別號一元子。明太祖九世孫遼王後，長陽郡王次支，為明鄭時期來臺宗室之代表，其府邸為今大天后宮。

寧靖王的故事在歷來史書上備受推崇。如記載鄭氏四世五主——鄭芝龍、鄭成功、鄭經、鄭克塽、鄭克——家族發展史之江日昇《臺灣外紀》，其〈自序〉即表明：「況有故明之裔寧靖王從容就義，五姬亦從之死；是臺灣成功之踞，實為寧靖王而踞。」將寧靖王自盡殉國且其妾媵亦殉夫殉主之壯烈行誼，推崇至極高的境地。

圖 2-5 寧靖王手書「威靈赫奕」之匾額，今存於臺南市民權路二段89號北極殿 © 作者 Mrmarkertw 直接於現場進行拍攝先前釋出，CC BY-SA 4.0（Wikimedia Commons）

（二）〈明寧靖王傳〉

　　寧靖王，名術桂，字天球，別號一元子。明太祖九世孫遼王後，長陽郡王次支也。始授輔國將軍。配公安羅氏女。

　　崇禎壬午，流寇破荊州，王偕惠王暨藩封宗堂避湖中。甲申京城陷，崇禎帝殉社稷。福王嗣立於建業，王與長陽王入朝，晉鎮國將軍，令同長陽守浙之寧海縣。乙酉夏，浙西郡邑盡歸我大清，長陽率眷屬至閩中，王尚留寧海。而鄭遵謙從紹興迎魯王監國。時傳長陽入閩存亡莫測，監國封王為長陽王。

　　鄭芝龍據閩，又尊唐王為帝，建號隆武；王奉表稱賀，隆武亦如監國所封。後聞其兄尚存，已襲遼王；王具疏，請以長陽之號讓兄次子承之；隆武不允，改封寧靖，仍依監國督方國安軍。

　　丙戌五月，我師渡錢塘，王乃涉曹娥江奔避寧海，覓海艇出石浦；監國亦由海門來會，同至舟山。十一月，鄭彩率舟師北來，因芝龍與隆武未洽，知越州不守、監國出奔，故遣迎之。王與監國乘舟南下，歲杪抵廈門；而芝龍已先歸命北行矣。是時，鄭鴻逵迎淮王於軍中，請寧靖監其師；合芝龍子大木兵攻圍泉州，經月不下。鴻逵乃載淮王、寧靖同至南澳。值粵東故將李承棟奉桂王之子稱帝肇慶，改元永曆；王因入揭陽，永曆令居鴻逵師中，月就所在地方支膳銀五十兩。戊子春，命督鴻逵、成功師。庚寅冬，粵事又潰。辛卯春，王仍與鴻逵旋閩，處金門。

　　及成功取臺灣，王輒東渡。成功事王，禮意猶有可觀。成功

眾人把寧靖王扶下，見其容貌一如生前。過了十日，便與元妃羅氏合葬於竹滬，不聚土為墳、不栽種樹木（或說不立碑）；而五位媵妾則葬於文賢里大林邊[20]，距離王墓三十里，清朝當下有意表彰為「五烈墓」。因寧靖王沒有後裔[21]，所以過繼益王裔宗位之子儼珍作為其後嗣，當時7歲，並將其安置於河南開封府杞縣。寧靖王的一生事蹟也得到臺灣在地耆老的傳頌。

(三)〈輓寧靖王詩〉

匿跡文身學楚狂，飄零故國望斜陽。東平百世思風度，北地千秋有耿光。
遺恨難消銀海怒，幽魂悽切玉蟾涼。荒墳草綠眠狐兔，寒雨清明堪斷腸。

陳元圖除了〈明寧靖王傳〉一文外，另有一首〈輓寧靖王〉詩作。首聯寫來到斷髮文身的地方仿效楚狂[22]行徑。

頷聯之「東平」則指東平王，即文天祥〈正氣歌〉所稱：「為張睢陽齒」之張巡。張巡在安史之亂堅守睢陽，援絕糧盡，城陷被殺，唐玄宗時受封為東平王；而「北地」則指北地王劉諶[23]一門5人壯烈殉死。頸聯之「銀海」可與「玉蟾」相互對讀，「玉蟾」表面指月，但其實也有暗示大明消亡之意。而末聯則可見清明時節於寧靖王墓前弔祭之景象。

值得一提的是：揆諸該傳記故事無疑以寧靖王為主角，其兩妾三媵充

---

20 今臺南市中西區五妃街五妃廟。

21 按：早夭。

22 楚狂，春秋時隱士陸通，字接輿。因見楚昭王時代政治混亂，佯狂不仕，時人謂之「楚狂」。《論語·微子》記載：「楚狂接輿，歌而過孔子」，後乃泛稱佯狂者或狂放不拘的人，如李白〈廬山謠寄盧侍御虛舟〉便有：「我本楚狂人，鳳歌笑孔丘」之句。

23 劉禪之五子。

其量只是配角。唯在後來清代文人的題詠中，逐漸轉變成以「五妃」為主要描寫對象，其中一個重要的轉捩點是康熙 60 年（1721）爆發清代首宗大規模反清復明民變：朱一貴事件，而在乾隆之後，滿漢同官的巡臺御史：六十七與范咸更為五妃立了「五妃墓」道碑[24] 並率僚屬致祭。碑上有六十七的一首古詩及范咸的 10 首絕句[25]。

圖 2-6 （左）大南門碑林；（右）存於其中的「五妃墓道」© 由 Pbdragonwang 拍攝，CC BY-SA 3.0,（左）https://commons.wikimedia.org/w/index.php?curid=12663146；（右）https://commons.wikimedia.org/w/index.php?curid=18233299

茲錄幾首詩作如下：

1. 六十七〈弔五妃墓〉

東風駘蕩天氣清，載馳駸馬春巡行。刺桐花底林投畔，森然古墓何崢嶸。路旁老人為余泣，當年一線存前明。天兵既克澎湖島，維時臺海五烈皆捐生。至今坏土都無恙，誰為守護勞山精。雲封馬鬣連衰草，四圍怪石爭縱橫。時聞鬼母悲啼苦，想見仙娥笑語聲。歲歲里民寒食節，椒漿頻奠陳香羹。滿目荒涼已感歎，更聽

---

24 現存於大南門碑林。
25 唯在方志上共有 12 首絕句。

此語尤傷情。有明歲晚多節義,樵夫漁父甘遭烹。島嶼最後昭英烈,頑廉懦立蠻婦貞。田橫從死五百皆壯士,吁嗟乎。五妃巾幗真堪旌。

在春天舒放的景緻裡,御史騎馬巡視,終於在花叢林深之處:刺桐花與林投樹間,看見崢嶸古墓。一般的里民,在寒食節[26]來此奠祭。詩中並運用田橫五百壯士的典故,將「五妃」形塑為巾幗英雄形象,可謂推崇備至。

2. 范咸〈弔五妃墓十二絕句〉(選錄三首)

十二首之一
明亡已歷四十載,死節猶然為故明。荒塚有人頻下馬,真令千古氣如生。

十二首之十一
又逢上巳北邙來,宿草新澆酒一杯。[27]自古宮人斜畔土,清明可有紙錢灰。

十二首之十二
十姨廟已傳訛久,參昴還應問水濱。今日官僚為表墓,五妃直可比三仁。

從上述擇錄三首詩中可見明亡四十年後,大清官員帶著部屬來到五妃墓前,為其修墓並且進行奠祭,實乃高度肯定「五妃」節烈,甚至以「三仁」——微子、箕子、比干——相比。

---

26 冬至過後的105天,約為清明節前兩天。
27 作者自註:「又三月三日,率僚屬致祭。」

五、「山橫海嶠，沙曲水匯」——高拱乾〈臺灣八景〉之濫觴

（一）高拱乾（生卒不詳）生平簡介

　　高拱乾，陝西榆林人，蔭生。康熙 21 年（1682）任戶部郎中，康熙 29 年（1690）任泉州知府，康熙 30 年（1691）冬經督撫兩院會薦，奉特旨陞補分巡臺灣廈門兵備道。康熙 31 年任，34 年奉滿陞浙江按察使。

　　以下依序將臺灣八景詩和臺灣八景圖（版畫）並列，並稍加解說、介紹。高拱乾對臺灣文學及文化貢獻卓著：首創臺灣八景詩的書寫[28]；因撰有〈澄臺記〉，從中可以得知「斐亭」與「澄臺」為其所修建，故連雅堂《臺灣詩乘》指出：「臺灣八景之詩，作者甚多，而少佳構。余讀舊誌，有臺廈道高拱乾之作，推為最古」。又以季麒光《臺灣郡志稿》為基礎，編纂《臺灣府志》，為歷來方家所好評，素稱高《志》。

（二）高拱乾〈澄臺記〉（節錄）

　　臺灣之名，豈以山橫海嶠，望之若臺；而官民市廛之居，又在沙曲水匯之處耶？然厥土斥鹵，草昧初闢，監司廳事之堂，去山遠甚。匪特風雨晦明，起居宴息之所，耳目常慮壅蔽、心智每多鬱陶。四顧隱然，無以宣洩其懷抱；並所謂四省藩屏、諸島往來之要會，海色峰光，亦無由見。於是捐奉鳩工，略庀小亭於署後，以為對客之地，環繞以竹，遂以「斐亭」名之。更築臺於亭之左隅，覺蒼渤海島嶼之勝，盡在登臨襟帶之間；復名之曰「澄」。

　　高拱乾一開始便對「臺灣」進行釋名，唯將「臺」、「灣」分開解釋：

28　同一時期有許多人也撰寫了〈臺灣八景〉。

2. 沙鯤漁火

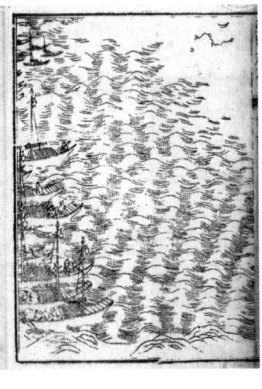

圖 2-8 《臺灣府志》內所附之〈臺灣郡治八景圖・沙鯤漁火〉© 國立臺灣圖書館・臺灣學數位圖書館

海岸沙如雪，漁燈夜若星。依稀明月浦，隱躍白蘋汀。
鮫室寒猶織，龍宮照欲醒。得魚烹醉後，何處曉峰青。

詩題「沙鯤」是指圍繞於台江內海中的沙洲[35]。「鯤」使人聯想到莊子〈逍遙遊〉：「北冥有魚，其名為鯤。鯤之大，不知其幾千里也。化而為鳥，其名為鵬。鵬之背，不知其幾千里也。」而沙鯤之名，緣於遠望沙洲，其形宛如鯨魚隆起的背脊；當時臺南外海排列有七鯤鯓，乍看之下，猶如台江上有 7 隻鯨魚守護。

該圖所繪製的沙鯤漁火，是由安平晚渡畫作中延伸的沙洲，而漁火的出現及靠岸的船隻，也表現出所繪之情景應晚於安平晚渡。職是之故，「安平晚渡」與「沙鯤漁火」二景（詩）具有風景的連續性與時間的遞嬗變化。

---

35 潟湖地形。

3. 鹿耳春潮

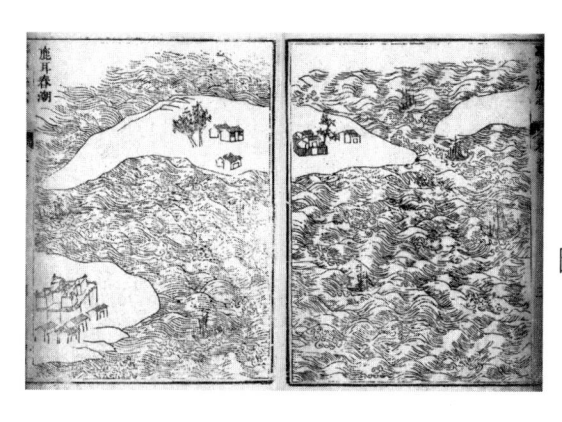

圖 2-9 《臺灣府志》內所附之〈臺灣郡治八景圖・鹿耳春潮〉© 國立臺灣圖書館・臺灣學數位圖書館

海門雄鹿耳，春色共潮來。二月青郊外，千盤白雪堆。
線看沙欲斷，射擬弩齊開。獨喜西歸舶，爭隨落處回。

　　〈鹿耳春潮〉之圖版可見由安平望向鹿耳門的台江內海風景。「海門」指的是海口[36]。首聯第二句與頷聯第一句點出春天時節，同時帶出鹿耳門以震耳欲聾的「海吼」為特色。「線看沙欲斷，射擬弩齊開」指沙汕勝景，但由前一句「千盤白雪堆」卻也暗示了在美麗的景象之下，洶湧的浪濤及其潛藏的危機。「獨喜西歸舶」則欣喜漁船的平安歸來，「爭隨落處回」之「落處」指「落漈」，乃海水深陷處，《元史・卷二一〇・外夷列傳三・瑠求》稱：「漈者，水趨下而不回也。」即今日所稱「漩渦」。因此，整首詩寫鹿耳海門的滔天氣勢，而船舶能夠經歷諸般險象平安歸來，對於守官而言，無疑是一件值得暗自慶幸的事情。

36　江、海交會處。

貳　臺南文學

4. 雞籠積雪

圖 2-10 《臺灣府志》內所附之〈臺灣郡治八景圖‧雞籠積雪〉© 國立臺灣圖書館‧臺灣學數位圖書館

北去二千里，寒峰天外橫。長年紺雪在，半夜碧雞鳴。
翠共峨眉積，炎消瘴海清。丹爐和石煉，漫擬玉梯行。

雖實際地點仍有待考證，但可能指基隆和平島一帶[37]。詩句聚焦勾勒雞籠遠處北地且長年積雪的情景，彷若仙人居所。

5. 東溟曉日

圖 2-11 《臺灣府志》內所附之〈臺灣郡治八景圖‧東溟曉日〉© 國立臺灣圖書館‧臺灣學數位圖書館

---

37 今臺船造船廠。

海上看朝日，山間尚曉鐘。天開無際色，人在最高峰。
紫閣催粧鏡，咸池駭浴龍。風流靈運句，灼灼照芙蓉。

目前學界對東溟曉日的地點，雖未有明確討論結果，但仍可藉由圖版及詩作，得見此應係佇立島嶼及船上所見海上朝日之景象。

6. 西嶼落霞

圖2-12 《臺灣府志》內所附之〈臺灣郡治八景圖・西嶼落霞〉©國立臺灣圖書館・臺灣學數位圖書館

孤嶼澎湖近，晴霞返照時。秋高移絳樹，海晏捲朱旗。
孫楚城頭賦，劉郎江上詩。淋漓五色筆，直欲補天虧。

此指澎湖西嶼的落日景色。雖然身處軍事要地，但當下卻是太平盛世，加上眼前黃昏晚霞的美好景緻，不禁觸動詩人書寫的雅興[38]。

---

38 頸聯並以孫楚與劉禹錫相比。

7. 澄臺觀海

圖 2-13 《臺灣府志》內所附之〈臺灣郡治八景圖・澄臺觀海〉© 國立臺灣圖書館 臺灣學數位圖書館

有懷同海闊，無事得臺高；瓜憶安期棗，山驅太白鰲。
鴻濛歸紫貝，腥穢滌紅毛；濟涉平生意，何辭舟楫勞！

　　圖版中可見「澄臺觀海」指由高臺遠眺安平所見之疏闊景緻。從首聯與末聯也可以發現高拱乾官場得意的神情。「安期棗」典出《史記・封禪書》中記載的神話：「（海上）安期生食巨棗如瓜」，「太白鰲」則位於陝西，加上登高望遠，可以窺見詩人幽微的思鄉之感。而末聯則進一步反用孟浩然〈望洞庭湖贈張丞相〉之典故：「八月湖水平，涵虛混太清。氣蒸雲夢澤，波撼岳陽城。欲濟無舟楫，端居恥聖明。坐觀垂釣者，徒有羨魚情。」平步青雲與意氣風發，可謂溢於言表。

8. 斐亭聽濤

圖 2-14 《臺灣府志》內所附之〈臺灣郡治八景圖‧斐亭聽濤〉© 國立臺灣圖書館 臺灣學數位圖書館

島居多異籟，大半是濤鳴。試向竹亭聽，全非松閣聲。
人傳滄海嘯，客訝不周傾。消夏清談倦，如驅百萬兵。

此詩集中聽覺的描寫：「異籟」、「濤鳴」、「非松閣聲」、「海嘯」、「驅百萬兵」，而藉由此聽覺的描寫，進一步形塑臺灣在大海之中。首聯之「異籟」為海濤所發出之奇異聲響；頸聯之「不周」則引自古代神話典故：共工與顓頊爭為帝，共工怒觸不周山。其實，早在高拱乾撰寫〈臺灣八景〉之前，季麒光早已寫就〈書齋八景〉，當為此〈臺灣八景〉之濫觴。唯自高拱乾寫就〈臺灣八景〉（府八景）詩，各地亦出現縣／廳八景詩作，諸如：鳳山八景、彰化八景、淡水八景；後來更有以個人園林所創作之八景詩作，如開臺進士鄭用錫（1788-1858）之〈北郭園八景〉。

六、「我生於延平郡王祠邊底窺園裏」──許地山〈我底童年在延平郡王祠邊〉

(一) 許地山（1894-1941）生平簡介

　　許地山本名許贊堃，字地山，筆名落華生。出生於臺南府城延平郡王祠邊之窺園（馬公廟許厝）。父許南英為前清進士，曾參與創設臺灣民主國。3 歲時臺灣淪為日本殖民地，舉家前往廣東汕頭。燕京大學畢業後，留學美國哥倫比亞大學、英國牛津大學。返國後，歷任燕京、北京、清華及香港等大學教職。中國新文學運動初期，曾加入「文學研究會」。著有《空山靈雨》（散文）、《綴網勞蛛》（小說）⋯⋯。楊牧先生稱其為「臺灣新文學的先驅人物」。

圖 2-15　許地山 ©Wikimedia Commons

(二) 許地山散文選讀：〈我底童年在延平郡王祠邊〉

　　小時候底事情是很值得自己回想底。父母底愛固然是一件永遠不能再得底寶貝，但自己的幼年的幻想與情緒也像靉靆的孤雲隨著旭日昇起以後，飛到天頂，便漸次地消失了。現在所留底不過是強烈的後像，以相反的色調在心頭映射著。

　　出世後幾年間是無知的時期，所能記底只是從家長們聽得關於自己底零碎事情，雖然沒什麼趣味，卻不妨紀紀實。在公元一八九四年，二月四日，正當光緒十九年十二月二十八底上午丑時，我生於臺灣臺南府城延平郡王祠邊底窺園裏。這園是我祖父置底，出門不遠，有一座馬伏波祠，本地人稱為馬公廟，稱我們底家，為馬公廟許厝。我底乳母求官是一個佃戶底妻子，她很小

心地照顧我。據母親說，她老不肯放我下地，一直到我會在床上走兩步的時候，她才驚訝地嚷出來：「丑官會走了！」叔丑是我底小名，因為我是丑生底。母親姓吳，兄弟們都稱她叫「嫗」，是我們幾弟兄跟著大哥這樣叫底，鄉人稱母親為「阿姐」，「阿姨」，「乃孃」，卻沒有稱「嫗」底，家裏叔伯兄弟們稱呼他們底母親，也不是這樣，所以「嫗」是我們幾兄弟對母親所用底專名。

　　嫗生我底時候是三十多歲，她說我小的時候，皮膚白得像那剛退皮底小螳螂一般。這也許不是讚我，或者是由乳母不讓我出外晒太陽底原故。老家底光景，我一點印象也沒有。在我還不到一週年底時候，中日戰爭便起來了。臺灣底割讓，迫著我全家在一八九六年□日離開鄉里。嫗在我幼年時常對我說當時出走底情形，我現在只記得幾件有點意思底。一件是她在要平安上船以前，到關帝廟去求籤，問問臺灣要到幾時才歸中國。籤詩大意回答她底大意說：中國是像一株枯楊，要等到它底根上再發新芽底時候才有希望。深信著臺灣若不歸還中國，她定是不能再見到家門底。但她永遠不了解枯樹上發新枝是指什麼，這謎到她去世時還在猜著。她自逃出來以後就沒有回去過。第二件可紀念底事，是她在豬圈裏養了一隻「天公豬」，臨出門底時候，她到欄外去看牠，流著淚對牠說：「公豬，你沒有福分上天公壇了，再見罷。」那豬也像流著淚，用那斷藕般底鼻子嗅著她底手，低聲嗚嗚地叫著。臺灣底風俗男子生到十三四歲底年紀，家人必得為他抱一隻小公豬來養著，等到十六歲上元日，把牠宰來祭上帝。所以管牠叫「天公豬」簡稱為「公豬」。公豬由主婦親自豢養底，三四年之中，不能叫牠生氣，吃驚，害病等。食料得用好的，絕不能把污穢的東西給牠吃，也不能放牠出去遊蕩像平常的豬一般。更不能容牠與母豬在一起。換句話，牠是一隻預備做犧牲底聖畜。我們家那隻公豬是為大哥養的。他那年已過了十三

歲，她每天親自養牠，已快到一年了。公豬看見她到欄外格外顯出親切的情誼。她說的話，也許牠能理會幾分。我們到汕頭三個月以後，得著看家的來信說那公豬自從她去後，就不大肯吃東西，漸漸地瘦了，不到半年公豬竟然死了。她到十年以後還在想念著牠。她嘆息公豬沒福分上天公壇，大哥沒福分用一隻自豢的聖畜。故鄉的風俗男子生後三日剃胎髮必在囟門上留一撮，名叫「囟鬃」，長了許剪不許剃，必得到了十六歲底上元日設壇敬禮玉皇上帝及天宮，在神前剃下來。用紅線包起，放在香爐前和公豬一起供著，這是古代冠禮底遺意。

還有一件是嫗養的一雙絨毛雞，廣東叫作竹絲雞，很能下蛋。她打了一雙金耳環帶在牠底碧色的小耳朵上。臨出門底時候，她叫看家好好地保護牠。到了汕頭之後，又聽見家裏出來的人說，父親常騎的那匹馬叫日本人牽去了。日本人把牠上了鐵蹄。牠受不了，不久也死了。父親沒與我們同走。他帶著國防兵在山裏，劉永福又要他去守安平，那時民主國的大勢已去，在臺南的劉永福，也沒有甚麼辦法，只好預備走。但他又不許人多帶金銀，在城門口有他的兵搜查「走反」的人民。鄉人對於任何變化都叫做「反」。反朱一貴，反戴萬生，反法蘭西，都曾大規模逃走到別處去。乙未年底「走日本反」恐怕是最大的「走」了。嫗說我們出城時也受過嚴密的檢查。因為走得太倉卒，現銀預備不出來。所帶的只是十幾條紋銀，那還是到大姑媽的金鋪現兌的。全家人到城門口，已是擁擠得很。當日出城的有大伯父一支五口，四嬸一支四口，還有楊表哥一家，和我們幾兄弟的乳母及家丁等七八口，一共二十多人。先坐牛車到南門外自己的田莊裏過一宿，第二天才出安平乘竹筏上輪船到汕頭去。嫗說當時我只穿一套夏布衣服；家裏的人穿的都是夏天衣服，所以一到汕頭不久，很費了些事為大家做衣服。我到現在還髣髴地記憶著我是被人抱著在街上走。看見滿街上人擁擠得很，這是我最初印在我腦

子裏的經驗,自然當時不知道是什麼,依通常計算雖叫做三歲,其實只有十八個月左右。一切都是很模糊的。

我家原是從揭陽移居於臺灣的。因為年代遠久,族譜裏的世系對不上,一時不能歸宗,爹的行止還沒一定,所以暫時寄住在本家的祠堂裏。主人是許子榮先生與子明先生二位昆季,我們稱呼子榮為太公,子明為三爺。他們二位是爹早年的盟兄弟。祠堂在桃都底的圍村,地方很宏敞。我們一家都住得很舒適。太公的二少爺是個秀才,我們稱他為杞南兄,大少爺在廣州經商,我們稱他做梅坡哥。祠堂的右邊是杞南兄住著,我們住在左邊的一段。嫗與我們幾兄弟住在一間房。對面是四嬸和她的子女住。隔一個天井,是大伯父一家住。大哥與伯父的兒子們辛哥住伯父的對面房。當中各隔著一間廳。大伯的姨太清姨和遜姨住左廂房,楊表哥住外廂房,其餘乳母工人都在廳上打鋪睡。這樣算是在一個小小的地方安頓了一家子。

祠堂前頭有一條溪,溪邊有蔗園一大區,我們幾個小弟兄常常跑到園裏去捉迷藏,可是大人們怕裏頭有蛇,常常不許我們去。離蔗園不遠的地方還有一區果園,我還記得柚子樹很多。到開花的時候,一陣陣的清香教人聞到覺得非常愉快;這氣味好在現在還有留著。那也許是我第一次自覺在樹林裏遨遊,在花香與蜂鬧的樹下,在地上玩泥土,玩了大半天才被人叫回家去。

嫗是不喜歡我們到祠堂外去的,她不許我們到水邊玩,怕掉在水裏;不許到果園裏去,怕糟蹋人家的花果;又不許到蔗園去,怕被蛇咬了。離祠堂不遠通到村市的那道橋,非有人領著,是絕對不許去的,若犯了她的命令,除掉打一頓之外,就得受締佛的刑罰。締佛是從鄉人迎神賽會時把偶像締結在神輿上以防傾倒的意義得來的,我與叔庚被「締」的時候次數最多,幾乎沒有一天不「締」整個下午。

（三）題解

　　這是許地山個人的童年往事，也是一段家國離散的記事。許地山誕生於臺南府城延平郡王祠邊的窺園，出生不久後，臺灣即遭逢甲午戰爭與乙未戰爭，而在乙未年底「走日本反」[39]過程中，舉家（族）離開故里，前往廣東汕頭。以往在歷史或文學中讀到丘逢甲〈離臺詩〉：「宰相有權能割地，孤臣無力可迴天。扁舟去作鴟夷子，回首河山意黯然。」在這樣的過程中，百姓的生活究竟是何種面貌？許地山透過童年時代的回憶書寫，令我們得以窺見1894、1895年間的臺灣景況。

七、「黑暗！汙濁！這是很大的監獄」──楊華《黑潮集》

（一）楊華（1906-1936）生平簡介

　　楊華出生於屏東，本名為楊顯達，另有筆名楊花、楊器人，青年時

圖 2-16　楊華 ©Wikimedia Commons　　圖 2-17　臺南刑務所 ©《臺南市大觀》，頁 16，國立臺灣大學數位典藏，編號 pb20141470162

39　臺灣民主國大勢已去後。

代曾以私塾教師為業。1927年2月，楊華因違反治安維持法被捕下獄，於臺南刑務所[40]撰寫其代表作《黑潮集》組詩共53首，一直到楊華逝世後，文學同志於住處發現此遺稿，始替其整理刊印。

(二) 楊華繫獄始末及其〈黑潮集〉之出土

〈黑潮集・自序〉云：

> 這五十餘篇小詩，是我在一九二七年二月五日因為治安維持法違犯被疑事件，被捕監禁在臺南刑務所（監獄）裏時所作的。我臺的新詩集，出版的雖然不多，其實像我這些在獄中偷閒，憑一時的直覺而沒曾潤色寫下來的作品，當然是沒有什麼價值的。不過藉此機會，作一種「拋磚引玉」的工具，並做我對這回被檢舉的「紀念品」，算是不得有新詩的資格，只希望在將來的文學的園地裏，有更豐富成熟的收穫！

其中的文字透露出幾個訊息：〈黑潮集〉（原53篇）小詩係1927年2月5日至24日共20日，寫於臺南監獄；且係憑一時的直覺而乏潤色地創作——一時的直覺云云，正印證前述楊華詩一貫受到俳句影響而獨有的特色，修潤之闕如，一方面表其一任本真不事雕琢[41]只希望能藉由此番練習裨益將來之創作，一方面亦道出此間作品敝帚自珍之可能性，故無鑿飾之必要——相較其他作品皆係主動發表於1927年間至1932年間，獨此創作於1927年初之作品[42]，遲至1936年5月30日因肺病無法就醫而投環自盡前，皆無發表意圖；因此，除非楊華有意逕行單獨出版——唯其前之文壇又無如此先例與風氣[43]，否則不妨視其所云為的論。

---

40 臺南監獄；現址為新光三越臺南新天地、臺南晶英酒店、大億麗緻酒店。
41 此符合俳句風格。
42 另五首小詩發表於《臺灣民報》141號，1927年1月23日。
43 其雖提及詩集出版問題卻語焉不詳。

《臺灣新文學》[44]刊出其作時之一段說明文字：

> 薄命的楊華君，總算已經盡了生的使命了。當渠死後，有同志到他家裏去，搜出這一集未經發表的詩，讀得自序，曉得是在獄中寫成的。那時候當然有另一種心境，所以集中有幾節在小生看來，於表現上很覺銳利，怕把紙面戳破。故特抽起，這一點敢希諸同好者寬諒。對於永不會有異議的楊華君，只有俯伏默禱，願勿加以呵責。
>
> 　　　　　　　　　　　　　　　　　　新生付白

且《臺灣新文學》之編者或有感於時代氛圍而先進行自我檢查，將其中：26、27、29、34、36、38、41等七節抽起，藉以換取其作之刊登及傳世機會——雖不免有所遺憾，然用心可謂良苦。

（三）臺南舊監獄

> 鐵窗呀！
> 遇見得太晚了！
> 初見時幾分鐘的岑寂
> 充滿了無限的悲哀。
>
> 　　　　　　　——楊華《黑潮集》（九）
>
> 黑暗！
> 污濁！
> 這是很大的監獄。
>
> 　　　　　　　——楊華《黑潮集》（一〇）

44　第二卷第二號及三號，1937年1月31、3月6日出版。

(四)「黑潮」之語境及其含蘊

「黑潮」係發源於赤道之太平洋洋流,從菲律賓群島流經臺灣(東部為主)、日本列島東岸,與親潮相遇後再流向太平洋中部(匯入北太平洋之流)而形成亞熱帶之一部分之藍黑色潮流,是世界上僅次於墨西哥灣流之後的第二大暖流。若從臺灣臺東向太平洋極目遠眺,可見海面上有較深黑色的海域即是黑潮流經之處;一方面臺灣受此潮流包覆環繞而不乏有迫促抑制之感,唯另方面卻也凸顯臺灣所在地理位置面向海洋世界之開闊性,故黑潮本身即兼具環壓與衝撞之辯證性;且在其實際充滿「沒有標題的自由體小詩」中(葉笛語),亦將發現其處處充斥著禁錮與衝決之對立,並且,其主題或內涵皆一致趨向同心圓之所在——監獄,故更易由此思考囚禁與自由之關係。

(五)楊華詩作選讀:《黑潮集》

翻開《黑潮集》,立馬湧現的便是氣勢滂沱、震天價響的三道湧流。連續驚濤裂岸的三節詩作,表面皆以黑潮為題,但仔細閱讀可以知道其各自對於書寫黑潮的層次稍有變化;黑潮所流經之處,不僅使一切氾濫潰堤,而在流經個人的方寸之心時,卻也可以滌盪心靈,使其獲得新生。

> 黑潮!
> 掀起浪濤,顛簸氾濫,
> 搖撼著宇宙。(一)
>
> 洶湧的黑潮有時把長堤沖潰。
> 點滴的流泉有時把磐石滴穿。(二)
>
> 時想引黑潮之洪濤,環流全球!
> 把人們利己的心洗滌得乾淨。
> 唉!洪濤何日發漫流?
> 唉!世人何日回頭?(三)

八、「拿著這把光禿鋤頭，試著在貧脊的鹽分地帶綻開文化花朵」──吳新榮・郭水潭・鹽分地帶文學

（一）背景介紹

圖 2-18　北門郡 © 臺灣總督府公文類纂，《臺南州佳里街公學校營繕費其ノ他資金》（Wikimedia Commons）

　　鹽分地帶為臺南州北門郡（今臺南市佳里區、學甲區、西港區、七股區、將軍區及北門區一帶）。

　　「鹽分地帶文學」的七位代表作家，素有「北門七子」之稱，分別是：吳新榮（1907-1967）、徐清吉（1907-1982）、郭水潭（1908-1995）、王登山（1913-1982）、林芳年（原名林精鏐，1914-1989）、莊培初（1916-2009）及林清文（1919-1987）。

（二）吳新榮（1907-1967）生平簡介

吳新榮字史民，號震瀛、兆行，晚號琑琅山房主人，臺灣鹽水港廳[45]人。早年曾負笈東瀛學醫，返臺後定居佳里，懸壺濟世。日治時期曾參與「佳里青風會」及「臺灣文藝聯盟佳里支部」，為鹽分地帶重要文學家之一。戰後投身地方文史工作，曾任臺南縣文獻委員會編纂組組長，並主編《南瀛文獻》（季刊），完成《臺南縣誌稿》。

圖 2-19　吳新榮 ©Wikimedia Commons

（三）吳新榮散文選讀：〈憶亡妹〉

　　暑假又近了，懷念故人之情切切。妹去世已三年。我接報返鄉正是暑假。因此每近暑假，我就想起妹。尤其最近常於夢中見到妹的姿影。啊，吾妹呀，我邊寫此文邊流淚追憶妳。

　　正是我進東京醫專那年，暑假前半個月，我和兩三同學興高采烈地返臺，以「衣錦還鄉」的心情抵達叔父開業的鎮上。父親也在那鎮上經營事業，但住家卻在離鎮上徒步一小時光景的村落。通常我都當天趕回家與母親及弟妹們團聚。但那時叔父和父親因翌日要同家，要我等明天一齊同去。第二天，父親因事忙無法回家。第三天又忙。我急著想要見高興等我回家的母親。但那天過午，我和一個親戚談話中，他突然提及妹的噩耗。啊，真是意外的噩耗。那親戚又說我母親為此而悲傷至極，妹入院臺南醫院不治，於臺南的宗祠舉行盛大的葬儀等等。我忍悲問了妹的病名，便跑進暗黑的後房。我哭了，想抑住哭聲也不可能。我第一次體驗到真正的悲傷。過去雖有祖母、祖父等親人的死別，但那

---

[45] 今臺南市將軍區。

時並不怎麼悲傷。獨對妹妹的感情則不同，她才十五歲的少女，而為了我和弟弟，她犧牲了一生。她沒有上學校，留在母親身邊供差使，成為母親唯一的助手。為了照顧幼弟幼妹，弄壞了弱體。我不住地哭著，深感愧對母親與妹妹。且恨家人為什麼要對我隱瞞這事呢？我大聲哭了。叔母聞聲進來對我講了些話。後來想家人不通知我，是為了怕影響我的入學考試；而要我同父親一齊回家，也是顧慮到我的心情。

翌日和父親回去了。母親帶兩歲的么弟在後院的竹林下納涼。一見到我，就兩眼淚滾滾。我強作鎮靜說：「媽，不要耽心。」周圍一陣可怖的沉默。父親忍受不住而走開。母親邊拭淚邊說：「你已知道了嗎？媽只等你早一天回來。你有沒有帶相簿回來？」相簿上貼有妹妹的照片。「相簿放在臺南。」我說。「心想你會帶回來的呢。」母親說著又拭淚。在旁邊的么弟也哭了。可能是因為忘了我的臉孔而怕生，加上這悲哀的場面而哭了吧。我想起從門司帶同來的水蜜桃與枇杷，便拿給么弟，但他連看也不看一眼。

母親又繼續說：我去東京的翌日，妹妹的病情突然惡化，送到叔父診所治療，但高燒一點也不退。沒法子，再送臺南去入院。母親抱看生病的孩子，第一次坐汽車進臺南城。眩眼的電燈叫母親第一次知道有城市，以後這又成為母親傷心的回憶。

雖是設備與技術皆完備的大醫院，雖有父母與叔父的獻身看護，但妹的病情仍然日日惡化。妹妹常常夢語：「哥哥是我的……」末日終於來臨了。那天正是我什麼都不知而揚帆基隆之日。妹妹繼續叫著「媽媽！媽媽」而斷氣。母親一直盯住她的臉，直到最後一刻。全身起紅斑，臉上留下至為痛苦的表情。

母親說完了。啊，那就是妹妹的一生嗎？由於家庭環境與上學的不便，妹妹終於超齡而無法入學。自從村莊裏設了學校之後，母親才讓她帶小她五歲的弟弟去上學。一向被限制自由的

她，去學校才發現了天堂，成績也很好。她是弟妹的唯一遊伴，而今幼小的弟妹失去了遊伴。臨終前，妹竟未忘她幼年時代的遊伴，連叫著：「哥哥！哥哥！」

　　想起來，失志一年的我，曾徬徨於舊山河之前。決心東山再起之後，便從臺南返鄉，向父母及弟妹們告假。那一天，母親與小弟妹們上蔗田去工作，留下大妹一人。患了惡性瘧疾的她，竟沒有一人來看護她；在寬敞的房屋的一角，她獨自昏迷入睡。幾年前，祖母曾因腹膜炎而病逝於這房間。我握了妹的手，熱度甚高。我向她提醒注意要項，給了兩個十錢的銅幣，就告別而去。啊，那竟成了哥哥向妹妹所表示的最後的愛情。而遠去的足音，竟成了她聽我的最後的聲音。我在臺北停留數日之後，於三月十一日出帆基隆。船開出時，我把紅布的小片投入海中。那小片是臺南的某一伯母親切地祝我成功的「護身符」。想起那一天妹妹忍恨望我離去，我就恨起這「護身符」。

　　每逢初一、十五，母親就在小屋裏上香安慰妹妹的亡靈。我看了兩三次那種無可言喻的場面之後，便獨往臺南。不管酷夏炎天，我常常彳亍於南門城外的墓地。妹妹就睡在這廣漠荒原的一角。無數的墓碑不規則地屹立著。鄭代開山以來三百年間，創造臺灣文化的無數的亡靈紀念碑林立著。我於其間試圖找尋新墓，但怎麼可能確認呢？以後返家，問父親正確的地點；但父親說太難找了，要陪我一道兒去。然因忙碌，我又一個人來到廣漠的墓地找尋。我照父親所講的方位慢慢尋去。牧童成羣在嬉戲。問他們這一帶有沒有新墓，都說不知道。登上小崗，安平海岸浮現眼前。啊，妹妹的墳墓在何處呀？

　　我又耐心地找了兩三個小時，終於在林投林的南端發現了它。小墳碑明確地刻著妹妹的名字。墓上雜草叢生。啊妹呀！離別不到三個月，怎麼就變成這個樣子呢？離別時那妳怎麼什麼都不說呢？啊妹呀！做夢也沒有想到此時此地我竟淚濕汝墓。安息

吧，妹妹！爸媽和弟妹都健壯，家莊也平安。

我含淚做詩一首，別墓而去。

大南門外廣茫茫
師爺公塚茂蒼蒼
白碑重重千萬基
細路條條都不通
妹妳尚少去太急
使我丈夫難禁泣
我母雖念弟已忘
英靈可歸西寺邑

一九三〇年六月二十三日作。

——收錄於《吳新榮全集一：亡妻記》，頁 85-89

（四）題解

　　這是一篇悼念亡妹早逝的散文，寫來真摯深情。日治時期負笈東瀛幾乎是殖民地臺灣青年的夢想與出路，作者也毅然決然走上前往日本東京留學之路。

　　這原來應該是一樁美事，但一趟東京來回，竟與家人天人永隔，不禁令人唏噓：當初與病榻上的妹妹匆匆握別後即行北上，不料後來妹妹病情急轉直下，當初與其執手話別的場景，竟成了「一別千古」，令作者心生懊悔、愧疚。此外，作者對其前往南門城外尋覓亡妹墳墓的描寫：墓塚林立、牧童嬉戲、登上小崗即可遠眺安平……，今日讀來，也格外讓人深刻感受滄海桑田的地景變化。

（五）郭水潭（1908-1995）生平簡介

郭水潭筆名郭千尺，鹽水港廳佳里興人，是日治時期鹽分地帶文學重要文學家之一。曾加入「新珠短歌會」（あらたま）、「南溟樂園」[46]、「佳里青風會」、「臺灣文藝聯盟」[47]……，作品含括短歌、俳句、詩、小說與隨筆等。

圖 2-20　郭水潭 © 國立臺灣文學館典藏，郭昇平提供

（六）郭水潭散文選讀：〈穿文官服的那一天〉

在 M 戲院觀賞名片《告祖國》當兒，劇場擴音機突然播出喊我大名電話，當劇情將進入高潮時分，懷著幾分不愉快心情去接電話，出乎意料之外，卻是從 H 主管官邸打來的。自忖，必然事關自身榮辱禍福，匆忙立刻馳車往訪。

H 主管是位從小郡役所爬上大州廳，位居掌握人事要津人物。如今已不大好親近的身份了，不過在鄉下郡役所曾受他相當幫忙，有段期間也一起去賭競馬呢，堪稱和藹可親的老交情了。雖然，事情發生得太突然，使人摸不著腦袋。只是可以斷言的是

46　後改名為「南溟藝園」。
47　並籌組「臺灣文藝聯盟佳里支部」。

該不至於凶多吉少之理，以此引以自慰。會晤結果，果然是追溯提前封官。我被任官事情，被接進客廳，賓主寒喧畢。H主管改變以往磊落態度，嚴肅地告訴我一些官場事情之後，接著鄭重其事地道：「你將披上官袍了，千萬可不能像以往任性胡鬧，逞威風」。以天下父母心般叮嚀吩咐著。

著實，太榮幸了。深切感受人家好意關懷。我意識著一股熱血往上流，像個相親的少女般，逐漸滿面通紅起來，頓時，砰然心動的是，曾經列入黑名單，對犯錯又多的男人照顧過的主管，曾經如何備受辛勞對上級鼎力舉薦那份恩德厚愛的感激。

對封官的話題，已經有了好幾次了。為了各種因素，一直擱置無法實現。我自己也認為當官不如做老百姓來得自由自在。雖然還年輕，仍擁有二三個頭銜。在狹隘鄉下只要出了亂子，挺身出來調停，打圓場的往往非我莫屬。

有時，和紳士為伍。有時擺出一副仗義執言，為村民請命，打抱不平姿態。由於，這個市井老大，居然搖身一變而成為「朝廷命官」，不僅使我很難為情，連眾多親朋也會嚇得目瞪口呆吧。

蓋封官事實，雖然不致把我沖昏了頭，但將給人家刮目相看乙項，就足以使我惶恐得忸怩不安了，又出乎意外地被上級提拔乙項，更是使我受寵若驚，一時不曉得如何向人家道謝感激才好。

據H主管透露，關於這次我的任命是唯一破格採用，聞訊之餘，使我更加感激涕零才對。我卻一時怔住了，無法表達寸心，弄得尷尬不已，卻之不恭，受之有愧，我只有默然接受而已。因此，儘管聽到天大喜事，我並沒有得意忘形，格外表示阿諛之意，仍然擺出一副無動於衷神情。所以，當告別H主管長官，走出官邸之後，才大大地鬆了一口氣。

向來，膽子還算不小。卻是在受寵若驚之下，竟然無端忸怩難堪起來。真是令人扼腕的，畢竟被封官了。明天起要擺起什麼

架子才適當呢,坐在搖擺不定的公共汽車,一直胡思亂想起來,心潮起伏不已。說來說去,都是事先沒有作心理準備。如今,夢想終於達成了,是憂是喜,反而搞不清楚。真是愚不可及的心態,然而,舉凡被封官這樁事,感受憑各人體驗自不能彼此相同。比如,不論高興,和不高興,至少獲得人家承認了,多少身價也提高了,如果碰上朋友時,要如何打招呼才相稱,自我庸人自擾。由主觀上我有這麼感受,並非探索人家心態,只是我跟人家立場稍有不同。當穿起官袍那天起,我惹出廣大朋友和家父的不悅。圍繞著我為中心的眼光,全都反映著,斷乎沒有封官的我較為和藹可親,把披著官袍的我反認為無端受罪呢。只因披上官袍,把昨天的我和今天的我判若兩人,只是人家的一種錯覺而已,我自身並無兩樣呢。還不是依然故我?我很想理直氣壯的辯白一番,無奈,被周遭良知壓迫,使得我畏縮不敢面對現實。

　　他們絕非藐視那襲燦爛耀眼官抱本身。只是擔心我未做官兒說千般,做了官兒是一般。掉進做官的泥淖之中,不能自拔。也許,縈根於這個傳統成見,種田的老子回顧官員的兒子說:「這小子少不得要作威作福一番了。將來斷乎不能繼承種田家業呢。」他沮喪地預言著。

　　連所有朋友都多少抱著輕蔑官吏成風:「看那個傢伙老是喝得爛醉如泥,忘掉帽子啦,漫不經心走起路來,七顛八倒的,連人帶官袍掉進下水溝裡那該多痛快。」反映這些夥伴論調,G君曾在《臺灣文學》創刊號提筆為文撰寫一篇「街上和夥伴」,經常涉及此事。從他那富於冷諷熱嘲字裡行間隱約透出:「往日曾經領導夥伴那股英氣已經蕩然無存,如今把經濟統制取代抒情詩,以算盤代替羅曼。甚至讓蕃藷簽代替蓬萊米。也許他挺聰明,不,也許他的辦法很正確,然而,過去的夥伴正渴望著友情,被忘掉的友情和被遺棄的女人愛情,你已經沒有區別的餘地了吧。」為我喟嘆不已。

這是值得洗耳恭聽傾訴，我只有首肯接受摯友的指摘。同時，自我陷於寂寞悵然深淵，默然忍受著。

　　曾經披荊斬棘，幾經挫折歷盡滄桑，跌倒了又爬起來，彼此稱兄道弟，同志們，一直共患難，廝守一道難能可貴的純情不渝。

　　曾經不容於世，屢次和暴風雨搏鬥，仍然百折不撓地，勇敢活下去。在窮困中，互相照顧關懷鼓勵著。我們承先啟後，從祖先繼承的唯一遺產是跟貧困、苦難奮鬥到底的一把鋤頭。拿著這把光禿鋤頭，試圖在貧瘠的鹽分地帶綻開文化花朵，就是夥伴們愚不可及的妄想，也是由於這種愚蠢之故，雖然遭遇一番又一番乖戾命運纏綿，仍然為了一縷希望而挺住了。而且，深切品嚐著美麗友情。

　　在一片無垠的荒地上，當一些樹木苗壯，枝葉扶疏時，拓荒者更進一步描繪著一幅美麗遠景，鼓起嶄新勇氣來，期待著更豐碩收穫，堆肥的金字塔高築了。在那堆肥金字塔上，夢想建立神秘抒因克斯也是由於夥伴們的無比寂寞而發起的。可惜，神秘的抒因克斯終於落空了。代之悲憤慷慨的抒情詩人雕刻著幾座墓誌銘並排著，只要一讀為尚未撒手人寰的顯貴夥伴預備的碑文，雖無知亦可知，多麼備受讚美呢。

　　我不知不覺地脫掉官袍，返回往昔童年。和夥伴一塊兒沈迷於往日那段消遙自在日子。為什麼各種各樣的回憶會令人反璞歸真，甜蜜忘返。因為這段日子太久了。我的官袍只要日子一久，也會成為超凡脫俗的形象吧。那襲官袍對我將來是禍是福，固然不得而知。而且，儘管敬愛夥伴藐視這件束西，無如我已騎虎難下，不能輕言摒棄它了。

　　本來這件官袍可有可無，也不是我主動去爭取的。同時也不是可以垂手可得的。自不能棄如敝屣，而不該格外珍惜得來不易嗎？

儘管如此，使我宦海浮沈，又不值得把我視為奇才存在。唯一願望是讓我擁有一段冷靜日子，好好自省一番。

無論周遭眼光，一再對我如何陰陽怪氣，我將決心忠於欽賜官袍，盡其職守，服務桑梓，絕不退縮。

為做好一個當前效求的所謂新體制官員，我雖然沒有能力，自認不敢當。但只要改變百無一用是書生觀念，盡力以赴也就問心無愧了。硬著頭皮，在短時間應付一番，恐怕難免畫虎不成反類犬呢。

反正，明知我對「等因奉此」公務員生活壓根兒不適合，不過，又想圖報一心一意鼎力提拔我的恩人，不致使他丟臉，下不了臺起見，我將誓言鞠躬盡瘁而為。只要日子一久，青紅皂白便見分曉。到時候，才來重新握手吧。倘若這個市井老大，仍舊非我莫屬，我將毅然摒棄官袍吧。而且，一如往昔，被充滿溫情夥伴圍繞著，高談闊論羅曼，嚮往藝術，過著快樂自在生活，和享受著美滿友情。

返回住在相安無事，與世無爭的故里，奉侍慈愛雙親膝下，我將重作馮婦，握起那把鋤頭的日子，在那一天呢？

被相處融洽的夥伴們歡迎回歸故里的日子在那一天呢。這個日子恐怕遙遙無期。我可不能只管埋頭數著那一天來臨。因為我必須完成我應做的任務。

我不該道出，兒女情長，英雄氣短的洩氣話，我要振作起來，面對現實。勇往直前。我只是為誤會聊表辯白罷了。我將沒齒不忘從前夥伴的那份難能可貴友誼，再來珍重我那件官袍。

──原載《臺灣文學》第一卷第二號，1941年出版，月中泉譯

(七)題解

　　這是臺灣人在日本天年底下,力爭上游,好不容易獲得日本當局的賞識而受到提拔的個案。據呂興昌先生編〈郭水潭生平著作年表初稿〉載:「一九四一年,三十四歲,四月(?),任北門郡勸業課技手,為工商係主任,月薪六十三元。這是正式『封官』,必須身穿官服上班。」顯見這是其親身經驗,而面對這突如其來的官袍加身,作者顯然有點忐忑、忸怩,內心也不免有些「小劇場」,這不禁也令人想起宋隱士楊朴(?-1354)受真宗召見時,楊妻之贈詩,云:「更休落魄貪杯酒,且莫猖狂愛詠詩。今日捉將官裡去,這回斷送老頭皮。」

九、「我們把在現實的傾斜上摩擦的極光叫做詩」——楊熾昌・林修二・Le Moulin／風車詩社

圖 2-21　風車與友人合影 ⓒ 國立臺灣文學館典藏
說明:李張瑞(左前)、福井敬一(中)、大田利一(右前)、張良典(左後)、楊熾昌(右後)。

（一）超現實主義源流暨風車詩社簡介

　　超現實主義發源於 1924 年的法國巴黎，1928 年傳至日本，當時提倡超現實主義的日本作家百田宗治（1893-1955）、西脇順三郎（1894-1982）等人，在日本文壇造成轟動。1930 年至 1931 年，楊熾昌在大東文化學院就讀，回臺後，將超現實主義之思潮帶回臺灣。

　　1933 年 10 月由楊熾昌於臺南主導成立，集合李張瑞、林修二、張良典、戶田房子、岸麗子、島元鐵平共同組成，並發行同人雜誌《風車》，為日治時期提倡超現實主義的文學社團。其名稱由來有三種說法，其一是受到法國名劇場「風車」之影響；其二是嚮往鹽分地帶（七股、北門）特有的風車景象；其三則是認為臺灣詩壇已走投無路，需要像風車般，吹送新的風氣。

　　1933 年 10 月，《風車詩誌》第一輯發刊，由楊熾昌主編，刊名為《Le Moulin》，僅發行 75 份，其後的三輯均依此形式發刊。1934 年 3 月，《風車詩誌》第三輯發刊，由楊熾昌主編，封面為橘紅色，鋼板刻印，共有 38 頁。1934 年 4 月，《風車詩誌》第四輯發刊，由李張瑞主編，此後便廢刊。

　　風車詩社為一超現實主義文學社團，其信奉之超現實主義寫作手法，為現代主義流派之一，主張拋棄傳統詩的音樂性及形式，並創造一種新的形象，呈現出人類潛意識中的精神活動；打破語言文字的慣性，扭曲語言，不依靠理性邏輯的思考，反而以朦朧、夢幻、超越時空的手法，透過隱喻、象徵，將意象形塑地非常繁複，用以表現潛在的意識或內心深處的真實。風車詩社之作品時常浮現殖民地知識份子對現實的無力感，具有頹廢之態，卻努力把握著超現實主義抵抗和批判的基本精神。

（二）楊熾昌（1908-1994）生平簡介

　　楊熾昌筆名為水蔭萍、南潤，臺南人。日治時期重要詩人，曾與林修二、李張瑞、張良典等創立風車詩社，提倡超現實主義詩觀，為臺灣現代

派詩運動的開山祖。發刊《風車詩誌》。著有《熱帶魚》、《樹蘭》、《燃燒的臉頰》詩集；《貿易風》、《薔薇的皮膚》小說集；《洋燈的思惟》評論集；《紙魚》隨筆集。

圖 2-22　楊熾昌 © 文訊雜誌社（文藝資料研究及服務中心）提供

（三）楊熾昌詩作選讀：〈燃燒的臉頰〉

　　這亞麻色日落下
　　落葉的手套在舞
　　胸上、臉頰上
　　風在口袋中溫暖著

　　秋霧
　　把街燈用柔軟的花瓣包住
　　連同恨和悔
　　流動的微笑裡
　　臉頰為高峻的孤獨燃燒

　　名字都忘掉的小蔓草花紋
　　耳朵傾聆貝殼的響聲
　　砂丘咫尺

獨憐荒涼

——〈燃燒的臉頰〉，葉笛譯

　　此詩描寫黃昏的海邊景象。詩中日落與落葉併寫，且日落與秋日在時間及季節上也具有異質同構的意義。詩末「耳朵傾聆貝殼的響聲」，令人聯想到詩人高克多（Jean Cocteat, 1889-1963）之詩句：「我的耳朵是貝殼」。整首詩或以為係表達殖民地的孤獨與荒涼，唯亦可將作者在創作時個人感受之孤寂與整個（殖民地社會）作對位性的閱讀。

（四）林修二（1914-1944）生平簡介

　　林修二原名為林永修，另一筆名為南山修。臺南州立一中[48]畢業後，赴日就讀慶應義塾大學英文科。於大學期間師事西脇順三郎，廣泛接觸超現實主義文學，並深受其影響。1933年3、4月間投稿《臺南新報》，與楊熾昌結識，後獲邀加入超現實主義詩社「風車詩社」。

圖 2-23　林修二 ©Wikimedia Commons

48　今臺南二中。

（五）林修二詩作選讀：〈帆〉、〈穿著豪華晚禮服〉、〈海〉

帆呼喚海風呼喚海鷗
帆孕育水手的藍色夢
黃昏擁來
就在豐盈的胸脯悄悄點亮了紅花

——〈帆〉，陳千武譯

此詩在閱讀時可以有兩種解讀，其一以帆為主體，同時呼喚海風及海鷗；其二先以帆為主體呼喚海風，再以海風為主體，呼喚海鷗。唯不論是何種讀法，加上類疊的修辭，均已造成迭起層遞之修辭效果。而後作者又將飽滿的帆視為孕育水手藍色的夢，頗有束裝遠航之味道。詩末夕陽的紅映照著漲滿風的帆，也映照著水手的躊躇滿志，深具意象與張力。唯此若與〈（穿著豪華晚禮服）〉對位性閱讀，則可以發現此並非單寫風景而已。

穿著豪華晚禮服的
巨大紳士啊
叼著大雪茄煙
往回外國
我的肚子是── A・K・A・I（紅色的）

——〈（穿著豪華晚禮服）〉，陳千武譯

在林修二詩中時常出現：「叼著菸、身穿豪華晚禮服的巨大紳士」之意象，故極可能是詩人的自我／理想形象。而〈海〉似乎又是以上兩首詩作之新綜合。

海是翠綠色的手帕
白色海鷗縫上邊緣

頑皮的海風把它吹皺了
誰能用熨斗熨平它？
海是無邊際的藍色曠野
穿燕尾服的巨大紳士
抽著香煙在散步

可愛的風箏飄浮在海的天空／
夕陽照紅丘上男孩們的背脊
海染成的蒼白時間
融化了我的無聊

——〈海〉，陳千武譯

　　海風掀起了激問的波瀾，最終海被譬喻化為一片藍色的曠野，供身著燕尾服的巨大紳士悠閒地吞雲吐霧與漫步。當中可見一望無際的海面上，筆直立起一巨大燕尾服紳士，特別的是：透過他的視角瞥見了沙丘上遠曳的風箏及男孩們陽光的身影。當中，可以看見空間迅速變化，海洋、陸地、天空之後又回到海洋。最後，一個冷不防，又化成了蒼白的時間，完全解消了我的無聊。

十、「枝葉蔭人」——文壇長青樹：葉老／葉石濤與老葉／葉笛

（一）葉石濤（1925-2008）生平簡介

　　葉石濤生於臺南市白金町（打銀街），臺南州立第二中學校（今臺南一中）畢業，戰後就讀省立臺南師範專科學校（今臺南大學）特別師範科，並透過閱讀《紅樓夢》學習中文，陸續以中文寫出〈葫蘆巷春夢〉、〈獄中記〉、〈紅鞋子〉、〈西拉雅末裔潘銀花〉……作品，同時致力於文學評論與臺灣文學史相關論述，1987年完成《臺灣文學史綱》。今有彭瑞金

主編《葉石濤全集》傳世。

圖 2-24　葉石濤（1998）ⓒ 林柏樑拍攝、提供

（二）葉石濤散文選讀：〈府城瑣憶〉

　　我是民國十四年生於臺南府城四平境打銀街的葉厝的。臺南府城是開化最早的地方，遠在一六六〇年代荷蘭占據臺灣的時候，在臺南附近已有漢人移民約十萬人之譜。明鄭時代它叫做東寧，是臺灣的首都，所以陳永華所建的孔廟就在正門上面高高地懸掛著「全臺首學」的木質區額。由於府城開化早，所以工商業發達，每一條街都是屬於同行業的手工業者或商賈群居，猶如中世紀歐洲的基爾特（guild）組織一樣。我所誕生的地方之所以叫做打銀街，可能是這一條街在滿清時代是打銀飾的匠人所居住的地方。從幼我叫慣了歷史悠久的古街名，所以雖然日據時期改名為白金町，光復後取名為民生路，我若遇到鄉親，仍沿用打銀街稱呼的時候居多。臺南府城此外有好多此類的街名，可惜一時也記不起來，不過如草花街、大銃街等，我仍記得很清楚。草花街顧名思義乃是賣花人群居的地方，大銃街是兵營所在，我所服務過的立人國小就是位在大銃街的。我在府城一共住過三個地方，老家在打銀街，後來在戰爭中被日本人強迫拆掉，所以不得

不搬到「萬福庵」附近居住。光復後有一段時期住在延平戲院後頭的嶺後街；我那時候在永福國小任教，所以早上學校的鐘聲一響，我立刻起床，匆匆洗個臉，還可以趕得上早會，正是方便得很。

我說，我老家葉厝在一九四〇年代被日本人拆掉，其實只拆掉了我家住的這一部分祠堂而已。過了一條馬路那邊的樓閣還完整如昔，所以有一部分族人還住在那擁有廣大天井、走馬樓圍繞的樓房。

我家居住在這葉厝，到我父親這一代已過了七代。我算是第八代府城人，所以夠資格叫做老臺南了。那麼第一代佛生公遷到臺南府城以前，住在那裡呢？佛生公並不是從大陸原鄉龍溪縣直接渡海來臺南卜居的。佛生公的祖先原來是定居在臺南縣龍崎鄉苦苓湖的山上，那是龍眼和芒果等果樹蓊蘢的山鄉。在那海拔兩百公尺的山腹，還有葉家的老祠堂存在；所以我的遠祖來臺的日期也許遠溯到明鄭時代也說不定。

我家是屬於葉家的大房，所以一向居住在祠堂兩側的廂房。那奉祀公媽的正廳大得可以容納幾十個人集合起來議事開會，我們幼少時常常在正廳開小型的運動會。我底祖父金泉公（六世），本是前清武舉人，年方二十歲即患急病去世。我底祖母許氏乘涼，年紀輕輕的就守寡，又沒有後嗣，所以從娘家許家討來我底父親過繼；所以我底父親也就是祖母的外甥。許家本是前清文秀才，所以家裡就設塾授徒，過那清貧的日子。清末臺南進士許南英（他的四子便是許地山），也許和我祖母的父親許秀才有血緣關係。這一層，我還沒有時間好好地考證一番。

我家從滿清時代到日據時期一直是鐘鳴鼎食之家，算得上是府城著名老家之一。光復後雖然家道衰落，可是在一九五〇年代初期，我叔公還做過臺南市議會議長呢！

我生下的民國十四年，正是國父去世的一年。當時的臺灣雖

然不像大陸原鄉的民眾那樣過著兵荒馬亂的日子，可是在「日本天年」的巨大陰影下，臺灣的昇平日子也並不好過。從民國八年第一次世界大戰過後已逝去了六個年頭，可是戰後經濟恐慌的後遺症還沒有完全消退，臺灣農村普遍凋敝，占全省農民百分之八十的佃農都徘徊在饑餓線上。這只要看臺灣新文學運動中傑出小說家楊守愚在民國十八年發表的「凶年不免於死亡」，或者蔡愁洞等人的農民小說就不難了解了。同時我出生前四年林獻堂先生組織了「臺灣文化協會」，簡吉在鳳山成立了「農民組合」等，臺灣的反日民族解放運動也正在發軔，時代的情勢正是險惡，似乎孕育著時代蛻變的種籽。

　　當然，還在襁褓中的我是不懂這些事情的。我依稀記得母親餵我母奶之後，好像有時也以荷蘭製造的黏黏甜甜的煉乳來沖奶水給我喝，我最喜歡喝這種鷹標的煉乳，不過，這記憶也未必可靠，也許是後來稍大之後看見弟妹喝這種牌子的煉乳而聯想到的。我特別提起這喝煉乳的事，是要說明當時我家生活的富裕罷了。普通人家的嬰兒哪有牛奶可喝？最好也不過是餵以糕仔泡水的濃湯而已。

　　我父親唸過師範學校的附屬公學校又在家裡唸了幾年漢文，粗通文墨，所以有一個時期在臺南州廳做過官，又擔任次於保正的甲長，在地方上頗有名望。我的母親現時已八十五歲，但她也唸過公學校，所以中、日文都有一點基礎。她年輕時常因家產問題跑日本衙門，也沒聽說過出過紕漏，可見她的日文的讀、寫程度相當高明。可是很怪的，我們家的孩子有時在家裡做功課用日語討論各種課本上的疑難問題，他們好像聽得津津有味，但從不用日本話來糾正我們的錯誤，每次都一定用臺灣話來指摘我們的問題癥結。我這一輩子從沒有聽父母講過一句半句日本話。我的長輩不用說沒有一個會講日本話的，他們大多數在廈門的集美學校完成了中等教育。當然屬於我這輩分的年輕一代堂兄姐已

經有人渡海到日本深造，唸過大學的也頗不乏人。我的長輩大多數是庸庸碌碌的俗人，所以也從沒有人參加過反日民族運動這一類「造反」的事，但也沒人在日據時期跟日本人勾結。我的族人在日據時期只是安分的守著傳統生活，不拋頭露面地在社會上活動；這可能是有足夠的家產可以安適地過日子不必仰賴日本人的慈悲張羅三餐飯的關係吧！

我幼小到少年的這一段日期，過的是大家族制度下的生活，族人和男僕、丫鬟等集合起來少說也有三十多個。除靠幾十甲田地的田租過活之外，好像在府城各處各開了幾個店舖，有做米、糖買賣的，賣綢緞的，甚至也有當舖。每個月總有一、二次祖先做忌，就必須拜拜。所以熱熱鬧鬧地打牙祭的機會很多；這是我們小孩最喜歡的，有吃有喝，兼之來來往往的三姑六婆，親戚故友也特多，真教人心花怒放。我常躲在眾堂兄弟之後仔細觀看亭亭玉立的親戚家許多姐妹，有些端莊秀麗，有些雍容華貴，有些弱不禁風，但都帶有靈秀之氣，那嫵媚柔和的體態打動了我的心弦。

長大之後，我看到了松枝茂夫根據有正本翻譯的岩波文庫版《紅樓夢》。那時候正是太平洋戰爭打得如火如荼的時候，我卻在那戰鼓笳聲中忘我地重溫了我的美夢；因為那《紅樓夢》的世界正是我孩提時所過的世界，一點兒也不覺得陌生。我常常憶起「女人是水做的骨肉」這一句話，容易把所有的女人當作冰清玉潔的聖母；我可以說是地道的崇拜女性主義者（feminist）吧？不過，我當時年紀太小，只覺得眾姐妹有說不出的美，當她們之中的一個人用她那纖纖玉手摸摸我的頭，說我「胖嘟嘟」，笨得很可愛時，我也照樣裂嘴報以感激的一笑。

我不太懂得臺灣都市裡的大家庭制度是什麼時候才開始瓦解的。我知道到了一九七〇年代的臺灣鄉村，譬如說最保守的客家人村莊美濃吧，此地還有幾戶人家一直維持著大家庭制度，嚴格

的規定家庭成員生活起居、勞動的細節，以及金錢出入的一套家規；但是現代化的浪潮，重視個體權益的觀念已滲透到每一個人心靈深處，價值觀念激變的八十年代，這些農村裡的大家族制度恐怕不久也會成為明日黃花了。

正如臺灣俚言所說一樣，「好額無過三代」（有錢人傳不過三代），「臺灣無三日好光景」，我家的黃金時代似乎已過去。從一九三七年七七事變發生以後，昇平的社會已被殖民地政府的一連串的暴虐措施所破壞；如禁止漢文，推動皇民化運動，加強言論彈壓，繼而有一九四〇年的「寺廟昇天」，改姓名運動等；臺灣社會愈來愈呈現不寧之貌。隨著日本擴大侵華戰爭，挑起太平洋戰爭以來它在島內以鐵腕政策推行新的經濟體制，所以我家所經營的多種店舖也不得不關門大吉。

本來大家庭制度在慾望較收斂的農業社會，弱點較少，優點較多；雖然大家庭制度也在表面性的和諧裡面藏著激盪的險惡暗流，諸如某種歧視和迫害，營私結黨互相攻訐等人性弱點，但族長精明能幹，經濟還可以自給自足的時候這些弱點還可勉強抑壓下去，不至於搖動根本。然而，當族長的權威隨著經濟的衰微一直走下坡時，這些暗流也就洶湧的沖破皮相的風平浪靜。

我的曾祖母是維持這假相團結的核心人物，她象徵著過去的榮華富貴的優雅生活，可惜，她去世了。本來在她還沒有去世以前，各房已分產，各自分爨了很久，但礙於曾祖母的存在，不敢明目張膽地拆夥，各房自尋生路去。但曾祖母一死，再也沒有什麼忌憚，各房也就另覓棲處，天天有人搬出去。我家本來就是大房，所以一直賴著祠堂沒搬離，但昔日熱鬧的景觀已隨風飄去，一天比一天冷清起來。最後只剩下了外面新樓房還沒蓋好，無法搬離的族人稀稀疏疏的還住在對面。

那年黯淡的冬天，不到五點天就暗下來。原來在日據時期由於供電能力不夠，所以除非是公家機關，大戶人家以外，大多數

人家都是限電供應的；這就是說，不到下午六點，電就不來，所以家家戶戶都是漆黑一片的。早上六時一到，電就自動熄滅，所以在供電時間之外，扭開了電燈，也是無濟於事，屋子裡仍如黑夜。我那時好像是考入了州立臺南二中，放學後的這一段尷尬的掌燈時分，由於沒有電，所以也做不得功課。幸好對面的族伯家除電燈之外還備齊了洋燈，一看天黑下來，就點亮了洋燈。這族伯家剛好也有一位堂姐正在唸臺南第二高等女學校，所以我就順理成章的同伊一起做功課。在那柔和的燈光下，跟堂姐做功課的那段時間，我並沒有學到什麼，我一直瞪著伊白淨的脖子以及微微隆起的胸膛發呆，夢想著我跟伊有一天同去日本留學的光景，暗自出神。可惜不久，這族伯家也匆匆忙忙的搬出去，信息全無，我一直不曉得伊後來嫁到哪一家，生活過得幸福與否等諸如此類的消息。

　　最後，我這偌大的葉厝，只剩下一位叔公家和我家以外並沒有人居住了。同時，我也不常到對面去；因為那兒已變成只有空殼的樓閣，寂靜和幽怨吞噬了它。

　　在戰爭末期的一九四五年，我家居住的這邊葉厝祠堂被殖民地政府拆毀夷為平地做「防空空地」，所以我們不得不搬離這祖厝，在「萬福庵」附近租下木造的樓房居住。光復後我當兵回來時也是居住在那裡。我心裡時常有憂傷的念頭在，哎哎！世家到頭來都難逃一劫，好像都沒有例外地變成「破落戶」了。只是舊時榮華富貴的回憶，縈繞腦裡，徒增加些凋零的哀愁罷了。

　　　　　——〈府城瑣憶〉，刊於《府城瑣憶》（1996）

（三）題解

　　葉石濤世居府城，為府城世家。葉石濤本人以「文起八代之衰」（第八代府城人）之姿，一方面追溯府城的歷史，一方面也記錄其個人成長歷

程與大家

族興衰起落、遷徙離散的過程，具有家族史書寫的意義。雖然世居街道的名稱不斷改換：「打銀街」、「白金町」與「民生路」（今仍沿用），可見歷來統治者重置人民生活的記憶，然而字裡行間，總是交織著異族的統治與異性魅惑的記憶。倘再閱讀其〈府城的過年〉與〈搬家記〉，作為老臺南的葉石濤的名言：「臺南，一個適於作夢、幹活、戀愛、結婚、悠然過日子的好地方」，實其來有自。

圖 2-25　葉笛在家中彈吉他獨照 ©陳文發拍攝、葉臻臻提供

（四）葉笛（1931-2006）生平簡介

葉笛本名葉寄民，出生於屏東市，1944 年隨父親遷居臺南灣裡，臺南師範學校畢業，擔任國小教職十八年。1956 年與好友郭楓等創辦《新地》文藝月刊，擔任發行人。1969 年赴日留學，並任東京學藝大學、跡見女子大學……教職。1993 年回臺定居於府城，專事臺灣文學研究與翻譯。曾獲府城文學特殊貢獻獎、臺南師範學院（今臺南大學）學術類傑出校友獎、《創世紀》詩社五十週年榮譽詩獎、巫永福評論獎等。今有戴文鋒主編《葉笛全集》十八卷（國立臺灣文學館出版）傳世。

(五)葉笛散文選讀：〈米糕粥〉

　　夜市是平民化的地方。那裏，有各色各樣的小吃攤，物美價廉，對於沒資格上菜館酒樓的升斗小民來說，委實是個可親的地方。

　　閒暇時，我時常拖著木屐，泡在那地方。當然囉！我的口袋不是富裕的。但，我能用五角的銅板（這是夜市上最便宜的價錢），去享受那裏的氣氛。說來，我去那地方，除吃之外，還可以從食客各自不同的臉譜上，滿足一點忖度生活秘密的癖好。

　　譬如說：我曾在夜市上，吃二塊錢一碗的四神湯，我可以一邊啜著清湯，細嚼豬肚子；一邊眺望著其他的客人。我不知道你曾否發現：人在吃東西時的神態和表現，是和微妙的精神狀態有著密切的關係？對這，我是滿感興趣的。例如：在我對面有一對年輕的男女在在吃鱔魚麵。當他們吃完，那男的，即從口袋裏摸出鈔票並付錢，從那大方的行為，可以推想他的慷慨，和一種男性在女人面前的微妙自尊心和騎士精神。但，那女的，卻止住他，然後，請他坐下，然後，叫跑堂的過來算帳，細心地，低著頭，從手提包中拿錢付帳。從那些動作，我想像到那女人也許是初戀中的情人；同時，由她點數帳目和找錢的神情，又可以忖度女人確是精於經濟的。自然啦！這些想像、感觸，並無多大價值，也很容易忘記掉。但，有時要忘掉它，卻也很難。

　　那是隆冬的某個星期天。朔風在陰霾而向低沉的天幕下，獸一般地嚎叫，行人縮瑟地走著。我拉攏外衣和K君並肩走進夜市，想給肚子一點熱東西。

　　「喂！口袋裏還有多少？」K君說。

　　「兩張郵票；一張拾塊的。」

　　「噢！還可以來瓶太白酒。」

　　我知道K君在盤算著如何慷慨我口袋中僅有的綠鈔票。我

們在賣米糕粥隔壁的尤魚攤坐下。要了一盤尤魚，一瓶太白酒。

「一瓶酒，一盤魷魚……」K君說：「喂，還剩兩塊錢，先叫兩碗米糕粥填肚子怎樣？」

「好吧。」我一面看著那位格特格特地、揮動熟練的手法切魷魚的老頭兒，回答他。

這裏，升騰著炒菜與煮東西的油膩氣味和蒸氣……

吃完米糕粥，我們喝起辣味的太白酒。

「喂，你剛才說波特萊爾去頹唐的逸樂中，滲透著淚水，是什麼意思？」K君啜一口酒：「對於一個惡魔主義的人，你似乎有過分的袒護。」

「這有什麼袒護，你是個迂儒！你不要忘記：人除掉一層表皮，還有淚腺、內分泌腺；有一顆看不見，摸不著的心。」我淡淡的說。

「哼！這就是辯護波特萊爾的理由嗎？」

「不是，我說得是事實。我們所能想像的是一些現象和經驗而已。但，世界太大，太微妙，我們不能感覺的，不能經驗的卻太多。你能體會到：聖母瑪麗亞生下耶穌，除她感受聖靈的光榮外，她為了撫育生下的孩子，而在人間受的苦痛和悲哀，是怎樣在她心中蹂躪著光榮和聖潔的喜悅嗎？」我說。

K君沉默著像在尋找反駁的語言，一方面不斷地啜飲著酒。

在沉默裏酒在我心中燃燒著。一種解放寒意和憂鬱的微暈是舒服的。我又呷一大口酒。看著K君滲泌在鼻尖的汗珠，感到它有一種奇異的美。

「喂，你的鼻尖很美。」

K君抬起頭，哭笑著說：「我不願在酒中攪進你的鬼思想……」

這時，我聽聽見孩子的哭泣。我轉頭一看：一個中年農婦背著二、三歲左右的小孩，走進米糕粥攤子裏來。從那農婦的衣

飾，很明顯的，任何人都可看出貧窮就是她唯一的財產，也可以想像她的生活是一潭泥濘。在這冬天的黃昏，她僅穿一件千釘百補的袷衣，她那臉上的神情，與其說是憔悴，不如說是空虛，迷漠。我在心中試著用一句最簡賅的句子形容她。「疲憊的空虛」？「迷惘的陰影？」一連串字眼走過我的心上……。「聖潔的哀鬱籠罩著她」，嗯！我滿意這句含有嘲謔，但，不禁笑起來，心想：假如叫福樓拜來形容，他將會笑我太幼稚的。

　　她把孩子放下來，摟在懷中。用一隻手輕拍著孩子的背，小聲地說：「乖，乖，不要哭；媽給你米糕粥吃。」我想不出那樣憔悴，疲倦形於色的人，竟有如此溫柔，充滿慈愛，歡愉的聲音。那聲音含有一種燃燒的情感，深厚而又熾烈……。

　　她用湯匙勺起米糕粥，將它吹涼，一口一口地餵著小孩。偶而，自己也吃幾口。那孩子在留著淚痕的臉上，閃耀著稚氣的笑。她注視著孩子，也微笑著，是怎樣容易滿足的母親的心哪！在這陰沉的黃昏，在這夜市的雜沓和騷動中，那微笑是如此靜謐，如此動人。在這灰鬱的人生中，永不為寒冷和勢利扭曲的是什麼呢？我發見了它。我的腦際浮起畢卡索在青色時代所畫的「母子」像，眼前感到在那塗抹著寒冷的青色的畫面下。有一種情感的力量，要衝破陰晴、寒冷而向所有的人襲來。那是永恆的火，燃燒在母親心中。我發覺自己所鄙視的生活，仍有一絲渺小的真實，值得人去追求，不計代價的為它受苦。

　　「喂！你發什麼呆？」K君說。

　　「嗯，我看見瑪麗亞……」

　　「什麼？」K君用發紅的眼睛，困惑地搜索著我的臉孔。

　　我沒有答腔。我目送著她背著孩子，又走向陰晴，寒冷，朔風呼嘯，人潮波動的天空下。

　　我將半碗酒，一飲而盡。

　　我分不清是情感的衝勁，還是烈酒使然，我底心燃燒著……

清醒地。而一碗五毛錢的熱騰騰的米糕粥，和母子倆的身影，卻鮮活地烙印在我心上。

——發表於《筆匯》革新第 1 卷 3 期，1959 年 7 月 15 日

（六）題解

　　夜市，無疑是最能體現一般庶民日常生活的地方。在「我」和「K君」這對文藝青年不斷論辯著相關議題時，一旁孩子的哭泣聲立刻引起了「我」的注意，隨後，這位中年衣衫襤褸的農婦背著兩、三歲左右的小孩也闖進了「我」的世界：「她把孩子放下來，摟在懷中。用一隻手輕拍著孩子的背，小聲地說：『乖，乖，不要哭；媽給你米糕吃。』（中略）她用湯匙勺起米糕粥，將它吹涼，一口一口地餵著小孩。偶而，自己也吃幾口……」儼然一幅「夜市人生」的浮世繪中，我終於看到了瑪麗亞，而這一碗米糕粥也著實溫暖了讀者的胃與心。

十一、「在那個時代，有多少母親，為她們囚禁在這個島上的孩子，長夜哭泣」——柏楊囚室場域書寫

（一）柏楊（1920-2008）生平簡介

　　柏楊本名郭定生，曾改名郭立邦、郭衣洞，筆名柏楊、鄧克保，河南輝縣人。曾任中國反共青年救國團總團部副組長（1952-1958）、國際特赦組織中華民國總會會長（1994-1996），並國立臺南大學頒贈「名譽教育學博士」學位（2006.12.12）。著有《異域》（筆名：鄧克保）、《醜陋的中國人》、《柏楊版資治通鑑》，另有獄中著作《中國歷史年表》、《中國帝王皇后親王公主世系錄》、《中國人史綱》及《柏楊詩》等。

　　臺南大學是柏楊在南部的另外一個家園——臺南大學校園一隅有一個柏楊文物館，2006 年，臺南大學將名譽教育學博士頒給柏楊，又，向來

圖 2-26　柏楊個人照 © 國立臺灣文學館典藏

文學史上有所謂「十年牢獄」，源於柏楊身後將一部分的骨灰撒向綠島外海，可知綠島的監獄歲月對其一生的重要意義，故內容將聚焦其監獄文學面貌並且以柏楊的囚室場域書寫之監獄創傷、監獄書寫作為關注。

（二）柏楊繫獄原因

1. 遠因：批判「醬缸」

「醬缸」釋義：夫醬缸者，腐蝕力和凝固力極強的渾沌社會也。也就是一種被奴才政治、畸形道德、個體人生觀和勢力眼主義長期斲喪，使人類特有的靈性僵化和泯滅的渾沌社會也。

此一詞彙直指當時臺灣社會之景況。

「醬缸」舉隅：曰「權勢崇拜狂」，曰「牢不可破的自私」，曰「文字魔術和詐欺」，曰「殭屍迷戀」，曰「窩裡鬥，和稀泥」，曰「淡漠冷酷忌猜殘忍」，曰「虛驕恍惚」……。這只不過是臨時心血來潮，順手拈出來幾條，如果仔細而又努力的想上一想，可能想出一兩百條，那就更不好意思。

某種程度來說，強烈批判了當時的臺灣社會及體制。

2. 近因：〈大力水手〉連環漫畫

全國同胞書

小卜派：老頭，你要寫文章投稿呀！

卜派：我要寫一篇告全國同胞書。

小卜派：全國只有我們兩個人，你知道吧！

卜派：但我還是要講演。

全國同胞們⋯

卜派：等我先發表競選演說。

小卜派：好吧！

卜派：全國同胞們

小卜派：開頭不錯！

卜派：千萬不要投小娃的票⋯⋯

小卜派：這算幹啥？

文中的「全國同胞們」為當時蔣介石之專用語，加上影射現實政治之劇情內容，便觸怒了當局，於是遭到逮捕、判刑。

（三）柏楊繫獄經過及其囚室場域書寫

柏楊原被判處 12 年有期徒刑，但因為當時蔣總統過世，全國大赦，刑期減為 8 年[49]。原來應該在 1976 年 3 月 7 日獲釋，卻仍持續被軟禁於警備司令部所屬之綠島指揮部新生大隊第六隊，進行思想改造。最後在美國總統卡特（James Earl Jimmy Carter, Jr., 1924-）推動人權外交及國際特赦組織（Amnesty International）從世界各國發動關懷信件的攻勢下，加上孫觀漢（1914-2005）也在美國發動請願運動，加上當時美國眾議院的

---

49 當時之政治犯可減三分之一刑期。

議長沃爾夫來臺訪問時的施壓等因素影響下，最後在 1977 年 4 月 1 日獲釋出獄，總計其有判決書的刑期為 8 年，沒有判決書的軟禁為 1 年又 26 天，共經歷了 9 年又 26 天的牢獄之災。其後，柏楊也常自我解嘲，認為此段人生經歷為「最貴的稿費」。

柏楊在判刑確定後，仍然被羈押於軍法處的看守所，又因其於看守所之圖書室充當外役，故能暫時脫離狹仄的囚房場域，並借閱圖書室中之《資治通鑑》，因此得以著手第一部獄中著作《中國歷史年表》。而後，其又將監獄歲月全都付諸寫作：每日將早上吃剩的稀飯和在報紙上，黏成堅硬的寫字板，並席地倚牆，將紙板置於雙膝之上寫作，陸續完成《中國帝王皇后親王公主世系錄》、《中國人史綱》和《柏楊詩》──以古典詩形式，描繪身處監獄所見所思及所感。

故不論是三部歷史著作或《柏楊詩》，均是經歷了獄中寫作的熬煉。除此之外，該作在出獄面世的過程也幾經波折：因為在監獄所書寫之文字，均會受到嚴厲的檢查（其三部歷史著作在出獄時全部被送往警備司令部政戰部審查）故《中國人史綱》一開始書寫時，便託人抄寫成兩份，出獄一個月後再拜託獄中友人冒著家破人亡、加重刑期的風險，輾轉從獄中攜帶出來。

而《柏楊詩》中曾經提及其在經歷物資匱乏的窘境，他說：「第一首的〈冤氣歌〉和第二首〈林氏有女〉是在調查局的監獄內，沒有紙筆，用指甲刻在已經剝落的石灰牆上，甲盡血出，和灰成字」，俟內容完成後，同樣面臨挾帶的問題：「這樣的內容是走不出政治監獄的大門的」，所以便將內容分別抄進《辭海》和《領袖訓詞》的字裡行間，以防被檢查。然而，雖挾帶成功，卻在交給打字行打字時遭警察局查獲、沒收，導致後來有 10 首左右，被抄錄在紙屑上的詩作因此石沉大海。目前可見監獄之作，計有五、七言詩 40 首，詞作 12 首，共 52 首。

> 陰風習習火熊熊，髮焦膚裂見性靈。塵沙一入成灰燼，斷金千錘色益紅。也有精鋼變鐵屑，更多鐵屑化鋼城。是非真假難預

說，丹心百煉才分明。

——〈煉〉，頁 76

此詩可見柏楊有意將監獄形塑為丹爐，並以此來考驗及煉盡一個人的心性。

（四）柏楊獄中作品——監獄創傷／創作

許席圖（1945-）原為政大學生會主席，白色恐怖時期被捕入獄，在警總偵查期間飽受殘酷的刑求，而於景美看守所發瘋。當時位於隔壁獄房的柏楊曾說，自己曾聽見許席圖淒厲地喊叫著：「我要出去！」其後，當局因照看問題將其送往玉里療養院。[50]

而這樣的淒慘故事也令人聯想到另一位進入監獄才開始其寫作生涯的詩人曹開（筆名小數點，1929-1997）〈開釋〉之作：

當他們得到了開釋
便轉入一家瘋人院
幾個相識的伙伴
都是堅守節操的思想犯

據法醫診斷
老張患了精神分裂症
老李染了狂熱病
老江是個夢遊者

當他們得到了釋放
隨即被送入神經病院

---

[50] 2004 年 1 月 17 日，《中國時報》a12 政治新聞版，曾經報導柏楊前去探望許席圖的消息。

這首詩呈現了大時代底下所造成的各種創傷及悲劇。

抬臂覺肘痛，著襪撫膝傷。試步雙足軟，合唇齒半場。
——〈我離綠島〉，頁 96

此詩則描寫即便最後得以離開監獄，仍不免遍體鱗傷；監獄對於肉體及人性上的摧殘，一覽無遺。

雖然柏楊在監獄中經歷了殘酷的刑求及長期的關禁，但他並沒有被這樣惡劣的環境打倒，反而在監獄中進行創作。故其「創傷」和「創作」可以並列思考，甚至可以說以監獄創作挑戰或療癒監獄創傷。

重鎖密封日夜長，矇矓四季對燈光。天低降火類爐灶，板浮積水似蒸湯。起居坐臥皆委地，呻吟宛轉都骨殭。臭溢馬桶堆屎尿，擁擠並肩揮汗漿。身如殘屍爬黃蟻，人同俎肉聚蟑螂，群蚊叮後掌染血，巨鼠噬罷指留傷。暮聽狂徒肆苦叫，晨驚死囚號曲廊。欲求一剎展眉際，相與扶持背倚牆。
——〈囚房〉，頁 47

此詩描寫獄中環境，可見當下寫作環境之惡劣。「重鎖密封日夜長，矇矓四季對燈光」，對照張香華老師的文章，則知當時獄中僅有一只高懸於天花板上的四十燭光日光燈。雖然如此，柏楊卻也在此等簡陋環境下寫出了許多監獄之作，唯出獄之後，乃飽受眼疾之苦。「天低降火類爐灶，板浮積水似蒸湯」，則凸顯夏季時的監獄環境的悶熱難耐。「起居坐臥皆委地，呻吟宛轉都骨殭」，說明受刑人若是集體關監的狀態，則環境將會更加逼仄，且在生活起居及寫作上也會受到更多的打擾。「臭溢馬桶堆屎尿，擁擠並肩揮汗漿」，當時衛生條件極差，加上悶熱環境，臭氣沖天，置身其中，可謂飽受煎熬。又，「身如殘屍爬黃蟻，人同俎肉聚蟑螂，群蚊叮後掌染血，巨鼠噬罷指留傷」，當中黃蟻、蚊蟲、蟑螂、老鼠，令人

怵目驚心。「暮聽狂徒肆苦叫，晨驚死囚號曲廊」，描繪囚犯、政治犯晨昏的哭喊嚎叫，尤其，死囚臨行前的呼號：「號天拍地」，定當牽動當下獄友敏感神經。「欲求一剎展眉際，相與扶持背倚牆」，則是柏楊於監獄囚室的寫照。

政治犯監獄，是出懦夫的地方，也是出勇士的地方；是出呆子的地方，也是出智者的地方；是出瘋人的地方，也是出英雄的地方；是出廢鐵的地方，也是出金鋼的地方。一個人的內在品質和基本教養，坐牢的時候，會毫無遮攔的呈現出來。

——《柏楊回憶錄》，頁 295

此段文字為柏楊先生模仿狄更斯《雙城記》所寫的內容，可謂總結其獄中 9 年又 26 天的深刻經歷。

引用文獻

傳統文獻

（明）沈有容輯（1994）《閩海贈言》，南投：臺灣省文獻委員會。

（清）蔣毓英修（1985）《臺灣府志》，收入（清）蔣毓英等撰，《臺灣府志三種》，北京：中華書局。

（清）高拱乾等修（1985）《臺灣府志》，收入（清）蔣毓英等撰，《臺灣府志三種》，北京：中華書局。

（清）范咸等修（1985）《重修臺灣府志》，收入（清）蔣毓英等撰，《臺灣府志三種》，北京：中華書局。

今人專著

王建國主編（2018）《臺南青少年文學讀本　散文卷》，臺北：蔚藍文化；臺南市政府文化局共同出版。

王德威編選、導讀（2005）《臺灣：從文學看歷史》，臺北：麥田出版。

吳新榮著，張良澤主編（1981）《吳新榮全集一：亡妻記》，臺北：遠景出版。

林修二原著，呂興昌編訂，陳千武翻譯（2000）《南瀛文學家：林修二集》，新營：臺南縣文化局。

柏楊口述，周碧瑟執筆（1996）《柏楊回憶錄》，臺北：遠流出版。

施懿琳編（2004）《國民文選・傳統漢文卷》，臺北：玉山社。

施懿琳編（2004）《國民文選・傳統漢詩卷》，臺北：玉山社。

郭水潭著，羊子喬編（1994）《郭水潭集》，臺南：臺南縣立文化中心。

陳昭瑛（1996）《臺灣詩選注》，臺北：正中書局。

曹開著，呂興昌編（1997）《獄中幻思錄：曹開新詩作品集》，彰化：彰化縣文化中心。

葉笛著，戴文鋒主編（2007）《葉笛全集・三散文卷》，臺南：國家臺灣文學館籌備處（初版）。

楊熾昌著（1995）《水蔭萍作品集》，臺南：臺南市立文化中心。

期刊論文

王建國（2011）〈風景與心境的鏡像：日據時期新詩中的海洋書寫——以林修二之詩為例〉，《文與哲》第 18 期，頁 655-693。

周婉窈（2003）〈陳第〈東番記〉——十七世紀初臺灣西南地區的實地調查報告〉，《故宮文物月刊》第 241 期，頁 22-45。

學位論文

王建國（2006），〈百年牢騷：台灣政治監獄文學研究〉，臺南：國立成功大學中國文學系碩博士論文。

參
臺南文化資產

臺南市文化資產保護協會理事長暨國立臺南大學人文學院兼任講師
曾國棟

從「清乾隆滿漢文御碑」談臺南碑碣古物之意義與價值

一、前言

　　碑碣既收錄於方志中的藝文志，自有其文采豐美、文學價值的考量；並經汰蕪存精，自有各時代肯定、後世流傳的意義。碑碣為文字刻石，早期的碑與碣在外形有明顯的區別；碑方而碣圓，碑有額而碣無額，碑有座而碣無座；經後世碑刻流行，立碑未依規制，各行其事，對於碑、碣的形制未加嚴格區分，碑碣有別的形制於是日漸廢弛。其實碑、碣雖然在形制上有所區別，但其用途則不外乎紀念其人其事，刻石紀文以昭示後人並傳諸久遠，因此後人往往將碑、碣、墓誌銘、磨崖石刻、造像題銘等各種形式的文字刻石，統稱為「碑」或「碑碣」。

　　立碑題文，鐫石紀事，以昭示垂後，素為古今重視。上溯周代石鼓文、秦始皇刻石、東漢熹平石經與武梁祠石刻，以至歷代遺留數目豐碩的碑記，其作用不外乎述德、崇聖、嘉賢、表忠、旌孝、銘功、紀事等。後世的碑記一方面日益考究碑文的內容與文采，一方面對碑身、碑座加以美化修飾，集合文學、書法、雕刻的藝術，成為兼俱史料與藝術價值的研究題材。

　　近年石碑研究逐漸成為地方學研究的重要史料與文物普查對象，臺灣地區的碑碣數量眾多，件件的碑碣史料皆是臺灣歷史的見證，詳實記錄民眾的生活風貌，或記錄社會檔案、宗教民俗，或反映功勳事蹟、文教薪傳，而具有文化資產價值潛力。截至民國113年（2024）止，臺澎金馬地區目前具有文化資產身分的碑碣，計有200案，數量豐碩。指定為「古物」之碑碣有137案，當中，存立今國定古蹟澎湖天后宮之「沈有容諭退紅毛番韋麻郎等」殘碑，為紀念明萬曆年間沈有容與荷蘭外交折衝的成就，特立碑記其事；就立碑時間推論，臺灣及澎湖地區傳世碑碣並未發現年代更早石碑，本碑堪稱是臺澎第一古碑；又，碑文反映當時東亞世界的

時代變遷,更是揭開臺灣與國際接軌的關鍵序幕;民國111年(2022)3月8日文化部公告指定為「國寶」級古物,[1]彰顯其重大歷史意義與文化資產價值。指定為「古蹟」之碑碣有25案,登錄為「歷史建築」之碑碣有38案;碑碣經指定或登錄為文化資產的類型雖不同,但對於碑碣文化資產價值的肯定是相同的。

圖 3-1　澎湖天后宮「沈有容諭退紅毛番韋麻郎等」殘碑 ⓒ 曾國棟攝

表 3-1　臺澎金馬地區碑碣種類文化資產統計表

縣市	類型	古蹟	歷史建築	古物	合計
臺北市		0	0	6	6
基隆市		0	3	0	3
新北市		10	8	3	21
宜蘭縣		2	2	1	5
桃園市		0	1	0	1
新竹市		0	0	2	2
新竹縣		0	2	5	7
苗栗縣		0	4	4	8
臺中市		0	3	19	22
彰化縣		0	2	1	3

---

[1] 國家文化資產網,網址 https://nchdb.boch.gov.tw/assets/advanceSearch/antiquity/20220316000001/2024.02.25。

縣市	數量			
類型	古蹟	歷史建築	古物	合計
南投縣	4	0	4	8
雲林縣	1	0	5	6
嘉義市	1	1	5	7
嘉義縣	0	1	8	9
臺南市	0	0	43	43
高雄市	0	0	20	20
屏東縣	0	6	7	13
澎湖縣	2	2	3	7
臺東縣	0	1	2	3
花蓮縣	3	2	2	7
金門縣	3	0	0	3
連江縣	1	0	2	3
合計	25	38	137	200
總數	200			

資料來源：國家文化資產網，曾國棟整理。

　　臺南市歷史悠久，擁有豐富的歷史風采、地方風情與深度文化；自荷蘭治臺到清末，近三百期間更是臺灣行政的「首善之都」，素有「古都」、「府城」之稱。數量眾多的傳世文物，舉凡化石、石器、陶器、木雕、石刻、印契、錢幣、家具、服飾、碑碣、匾額與對聯等文物，皆具有文化資產的潛力，碑碣文物尤為其大宗。根據成功大學歷史系已故何培夫教授編著《臺灣地區現存碑碣圖誌》、《金門馬祖地區現存碑碣圖誌》之紀錄，臺灣與金門、馬祖地區的傳世碑碣共有 2,221 件，臺南市計有 524 件，為碑碣總數的 24%；經指定具有文化資產身分者有 43 案，是 200 案總數的 21%；臺南市傳世碑碣總量，以及具文化資產身分的數量，皆位居全國之冠，得見「文化首都」美名其來有自。

　　臺南市的 43 案具文化資產身分的碑碣，皆屬文化資產「古物」類「圖書文獻」，目前的古物級別皆為「一般古物」。43 案碑碣古物中，乾隆 16 年（1751）「重脩府學碑記暨捐資監督姓氏碑」1 組 2 件、乾隆 30

年（1765）「臺灣知府蔣允焄鴻指園碑碣」1組3件、乾隆42年（1777）「恭修萬壽宮碑記暨圖碑」1組2件、乾隆42年（1777）「重脩臺灣府孔子廟學碑記暨府學全圖碑」1組2件、乾隆42年（1777）「鼎建臺澎軍工廠碑記暨圖碑」1組2件、乾隆53年（1788）「清乾隆漢滿文御碑」1組9件、嘉慶8年（1803）「重脩府學文廟暨捐題碑記」1組3件、道光15至16年（1835-1836）「臺灣府城門額」1組6件、同治3年（1864）「修造臺澎提學道署碑記」1組2件，所以就碑碣的個別量而言，總共有70件石碑。截至民國113年（2024）止，臺南市政府指定公告的古物有104案，碑碣古物的數量居臺南市古物總數量的40%，多達四成，充分反映碑碣古物在臺南歷史上的意義；就其年代分布而言，康熙時期的碑碣有10案，雍正時期1案，乾隆時期19案，嘉慶時期3案，道光時期3案，同治時期3案、光緒時期1案，日治時期1案、民國時期2案，串聯清代到當代的歷史脈絡。

表3-2　臺南市碑碣古物一覽表

名稱	級別	年代	公告日期	存放地點
下馬碑	一般古物	康熙26年（1687）	2014/11/5	臺南孔子廟
重脩臺灣府學文廟新建明倫堂記碑	一般古物	康熙41年（1702）	2014/11/5	臺南孔子廟
臺灣府學學田知照碑	一般古物	康熙52年（1713）	2014/11/5	臺南孔子廟
請建朱文公專祠碑	一般古物	康熙52年（1713）	2014/11/5	臺南孔子廟
新建朱文公祠記碑	一般古物	康熙52年（1713）	2014/11/5	臺南孔子廟
朱文公祠門額	一般古物	康熙52年（1714）	2014/11/5	臺南孔子廟
新建文昌閣碑記	一般古物	康熙52年（1715）	2014/11/5	臺南孔子廟
重修臺灣孔子廟碑	一般古物	康熙54年（1715）	2014/11/5	臺南孔子廟

名稱	級別	年代	公告日期	存放地點
重建府學大成殿記碑	一般古物	康熙59年（1720）	2014/11/5	臺南孔子廟
重脩櫺星門泮池碑記	一般古物	康熙59年（1720）	2014/11/5	臺南孔子廟
諭封孔子五代王爵並合祀碑記	一般古物	雍正2年（1724）	2014/11/5	臺南孔子廟
重脩文廟碑記	一般古物	乾隆10年（1745）	2014/11/5	臺南孔子廟
五妃墓道碑	一般古物	乾隆11年（1746）	2015/5/11	大南門碑林
重脩府學碑記暨捐資監督姓氏碑	一般古物	乾隆16年（1751）	2014/11/5	臺南孔子廟
乾隆乙亥年水堀頭橋石碑	一般古物	乾隆20年（1755）	2008/6/5	倒風內海故事館
臺灣知府蔣允焄鴻指園碑碣	一般古物	乾隆30年（1765）	2019/3/28	臺南市立博物館
萬壽宮下馬碑	一般古物	乾隆30年（1765）或乾隆42年（1777）	2023/9/5	臺南市立博物館
蔣公堤功德碑	一般古物	乾隆36年（1771）	2010/12/24	南良集團五榕園
恭修萬壽宮碑記暨圖碑	一般古物	乾隆42年（1777）	2019/3/28	大南門碑林
高陳二公遺像碑記	一般古物	乾隆42年（1777）	2014/11/5	臺南孔子廟
重脩臺灣府孔子廟學碑記暨府學全圖碑	一般古物	乾隆42年（1777）	2014/11/5	臺南孔子廟
鼎建臺澎軍工廠碑記暨圖碑	一般古物	乾隆42年（1777）	2015/11/11	赤崁樓
風神廟接官亭暨石坊圖碑	一般古物	乾隆42年（1777）	2015/11/11	大南門碑林
護理臺澎兵備道臺灣府正堂蔣德政碑	一般古物	乾隆42年（1777）	2015/11/11	大南門碑林
重修臺灣府學明倫堂碑記	一般古物	乾隆45年（1780）	2014/11/5	臺南孔子廟
清乾隆漢滿文御碑	一般古物	乾隆53年（1788）	2010/8/12	赤崁樓

名稱	級別	年代	公告日期	存放地點
義民祠記碑	一般古物	乾隆55年（1790）	2015/11/11	赤崁樓
改建臺灣府城碑記	一般古物	乾隆55年（1790）	2015/5/11	大南門碑林
重新文廟碑記	一般古物	乾隆56年（1791）	2014/11/5	臺南孔子廟
葫蘆埤湖中島石碑、石座	一般古物	乾隆58年（1793）	2008/6/5	鄭成功文物館
重脩府學文廟暨捐題碑記	一般古物	嘉慶8年（1803）	2014/11/5	臺南孔子廟
嚴禁佛頭港貨物分界獨挑碑記	一般古物	嘉慶21年（1816）	2015/5/11	大南門碑林
重修文廟碑記	一般古物	嘉慶23年（1818）	2014/11/5	臺南孔子廟
臺灣府學重修夫子廟並祭器樂器記碑	一般古物	道光16年（1836）	2014/11/5	臺南孔子廟
臺灣府城門額	一般古物	道光16年（1836）	2019/3/28	臺南市立博物館
修造臺澎提學道署碑記	一般古物	同治3年（1864）	2023/9/5	臺南市立博物館
至聖先師石刻像碑記	一般古物	道光28年（1848）	2014/11/5	臺南孔子廟
臥碑	一般古物	同治7年（1868）	2014/11/5	臺南孔子廟
臺灣水師軍裝局門額	一般古物	同治12年（1873）	2014/6/9	安平古堡
臺灣海關地界碑	一般古物	疑似清代	2014/6/9	東興洋行
嚴禁錮婢不嫁碑記	一般古物	光緒15年（1889）	2015/5/11	大南門碑林
臺南孔子廟重修碑記	一般古物	大正7年（1918）	2014/11/5	臺南孔子廟
重修臺南孔廟碑記暨捐戶芳名碑	一般古物	民國37年（1948）	2014/11/5	臺南孔子廟
臺南孔子廟三百週年紀念碑記	一般古物	民國54年（1965）	2014/11/5	臺南孔子廟

資料來源：國家文化資產網，曾國棟整理。

圖 3-2　臺南大南門碑林陳列 62 面古碑
Ⓒ 曾國棟攝

二、清乾隆滿漢文御碑探源

〈古物分級指定及廢止審查辦法〉古物指定基準之一「具有地方重要人物或歷史事件之深厚淵源者」[2]。臺南的碑碣古物中,「清乾隆滿漢文御碑」尤能彰顯該項基準的內涵；係清乾隆 53 年（1788）林爽文事件平定後，乾隆特立御製碑，以表示對平亂有功人員之獎勵，御製碑分別採用漢、滿文對照與合刻的形式，為臺灣碑碣所僅見，極具歷史價值。碑原立福康安生祠舊址，日治時期移立臺灣府城大南門，民國 50 年（1961）遷移到臺南市赤崁樓南側。臺灣傳世清乾隆滿漢文御碑計有 10 件，9 件存立臺南市赤崁樓，1 件存立嘉義市嘉義公園。

圖 3-3　赤崁樓之清乾隆漢滿文御碑 Ⓒ 曾國棟攝

2　文化部文化資產局編《文化資產法規彙編》（臺中：文化部文化資產局，2018），頁 106。

（一）御碑歷史背景

　　清乾隆 51 年（1786）11 月，臺灣發生清朝統治以來規模最大的民變，北路林爽文為首起事；南路莊大田響應之。林爽文祖籍閩漳州平和，徙居臺郡彰化大里杙（今臺中市大里區），年輕時曾當縣捕，後加入天地會；而南路莊大田等先後加入天地會，莊大田也是平和人，隨父渡臺，寄籍諸羅，父歿遷鳳山縣篤加港（今屏東縣里港鄉三廍村），既入天地會，與林爽文互通訊息。雙雙因不滿地方官吏貪汙瀆職，於乾隆 51 年（1786）7 月偶有滋事，但官府敷衍了事；到 11 月，林爽文眾聚集在大里杙起事，陷彰化城，總鎮游擊耿世文、北路副將赫生額、彰化縣知縣俞峻、攝理彰化縣知縣劉亨基、臺灣知府孫景燧、臺灣海防同知長庚等官員皆遇害。12 月，陷淡水，署同知臺灣知縣程峻、竹塹巡檢張芝馨戰死。眾人推舉林爽文為盟主，號順天，任命王作為大元帥，王芬為將軍。隨陷諸羅，殺諸羅縣知縣董啟埏、原諸羅縣令唐鎰、典史鍾燕超、南投縣丞周大綸、羅漢門縣丞陳聖傳、貓霧束巡檢渠永湜、左營游擊李中揚。臺灣府城因而加強防備，臺防同知楊廷理兼理臺灣府事，葺城木柵禦敵；其後彰化、淡水失而復得。但南路莊大田攻陷鳳山，知縣湯大奎、典史史謙殉難。南北路遂合謀於大武壠（今臺南市玉井區），該地為南北要衝，幸同知楊廷理、澎湖游擊蔡攀龍、武舉人葉顯名等力守府城，得免蹂躪。

　　乾隆 52 年（1787）正月清廷增派援兵，水師提督黃仕簡至府城，遣海壇鎮總兵郝壯猷征南路，游擊蔡攀龍副之；臺灣鎮總兵柴大紀征北路，安平協副將林光玉副之；陸路提督任承恩至鹿港；然皆無功。2 月，李侍堯為閩粵總督，總督常青為將軍，節制臺灣；以江南提督藍元枚為參贊，令急速渡海從鹿港登陸。當時府城猶能堅守自保，而諸羅圍困日久，民眾甘於死守，乾隆帝深感諸羅軍民義勇，褒賜改名嘉義；但全臺動亂弗靖，藍元枚陣亡。10 月，以大學士陝甘總督嘉勇侯福康安為將軍，超勇侯海蘭察為參贊，統領巴圖魯侍衛赴臺；解除諸羅被圍之危，並收復斗六門，

攻克大里杙。[3]

乾隆53年（1788）正月擒獲北路林爽文，克南路鳳山；2月獲南路莊大田，臺灣南北路悉平，結束歷經年餘的民變。

（二）御製文與御碑

乾隆53年（1788）3月，乾隆帝接獲福康安捷報，御筆親撰〈剿滅臺灣逆賊生擒林爽文紀事語〉、〈福康安奏報生擒莊大田紀事語〉及〈平定臺灣二十功臣像贊序〉三篇，繪福康安（智超謀深）、海蘭察（勇敢獨任）圖像入京師紫光閣。6月，乾隆帝往熱河承德行宮避暑。8月萬壽節，以近八旬之天子，藏八事之武功，於古誠希，示後有述，又撰〈平定臺灣告成熱河文廟〉、〈命於臺灣建福康安等功臣祠詩以誌事〉兩篇，囑於廈門、臺灣兩地鐫石立碑，並建生祠，用以「明示武威，使之怵目儆心，望而生惕」。前四篇滿漢文各一，後一篇滿漢文合刻，計1組10座，每座以龍生九子之贔屭為碑座，其中「命於臺灣建福康安等功臣祠詩以誌事」一座立於嘉義，以紀念官民同心協力守城之功。

御碑與贔屭碑座材質均為花崗石，取自於福建省同安縣、龍溪縣山區，在廈門雕刻打造後於臺灣府城及廈門南普陀寺建碑亭安置。御碑製作及運輸過程共動用採石工396名，原石加工工人364名，搬運、運輸、組裝工合計2,996名，呈報耗銀2萬9千9百84餘兩，經工部官員實際核銷2萬5千2百98餘兩。[4]

3　不著撰者《欽定平定臺灣紀略》（臺北：臺灣銀行經濟研究室，1961），頁8。
4　不著撰者《明清臺灣檔案彙編》第40冊（臺北：臺灣史料集成編輯委員會，2007），頁493-499。

表 3-3　清乾隆漢滿文御碑一覽表

碑題	尺寸（公分）	年款	概述
剿滅臺灣逆賊生擒林爽文紀事語	315×140.5	乾隆 53 年（1788）3 月	滿漢文各一；記述福康安平亂功蹟與生擒林爽文始末
福康安奏報生擒莊大田紀事語	314×142	乾隆 53 年（1788）8 月	滿漢文各一；記述福康安平亂功蹟與生擒莊大田始末
平定臺灣二十功臣像贊序	321×144	乾隆 53 年（1788）8 月	滿漢文各一；乾隆禮遇平臺有功大臣，圖其像、紀其勳於紫光閣，親製二十功臣像贊，並談用兵情形
平定臺灣告成熱河文廟	380×143.5	乾隆 53 年（1788）8 月	滿漢文各一；乾隆曾舉兵平定伊犁、定回部、收金川，視為大事而撰文勒石於太學，因思臺灣孤懸海外，平定林爽文、莊大田茲事體大，不可以不記；乃告成熱河文廟，撰文詳述平定臺灣的經過，並頌揚福康安等人事功
命於臺灣建福康安等功臣祠詩以誌事	317×142.7	乾隆 53 年（1788）8 月	滿漢文合刻；乾隆以福康安等大臣平定林爽文事件有功，因命臺灣興建福康安等生祠，並賦詩以誌在臺灣建功一事，以滿漢文字合刻一碑

資料來源：曾國棟整理。

1.「御製剿滅臺灣逆賊生擒林爽文紀事語碑漢文碑」釋文

　　平伊犁、定回部、收金川，是三事皆關大政，各有專文勒太學；誅王倫、翦蘇四十三、洗田五，是三事雖屬武功，然以內地，懷慚弗蕆其說。至於今之勤滅臺灣逆賊、生擒林爽文，則有不得不詳紀顛末以示後人者。

　　向之三，予惟深感天恩，蒙厚貺。次之三，予實資眾臣之力，得有所成。若茲臺灣逆賊之煽亂，乃卒然而起，兵出於不得已，而又不料其成功若是之易也。

　　蓋自康熙二十二年平定臺灣之後，歷雍正迨今乾隆戊申，百餘年之間，率鮮周歲寧靜無事；而其甚者惟朱一貴及茲林爽文。朱一貴已據府城，僭年號；林爽文雖未據府城，然亦僭年號矣。朱一貴雖據府城，藍廷珍率兵七日復之，不一年遂平定全郡。林爽文雖未據府城，亦將一年始獲

首渠,平定全郡,則以領兵之人有賢否之殊。故曰:人在人為,不可不慎也。林爽文始事之際,一總兵率千餘兵,滅之而有餘。及其蔓延猖獗,全郡騷動,不得不發勁兵、命重臣,則予「遲速論」所云「未能速而失於遲」,予之過也。然而果遲乎,則何以成功?蓋遲在任事之外臣,而速在籌策之予心。故始雖遲,而終能以速。非誇言也,蓋紀其實而已。若黃仕簡、任承恩初遲矣,而予於去年正月即命李侍堯速往代常青為總督,辦軍儲;常青往代黃仕簡、藍元枚往代任承恩,司勦賊之事。而郡城與仕簡弗致失於賊手,是幸也,是未遲也(黃仕簡、任承恩既至臺灣,南北互相觀望兩月餘,遂至與賊以暇,日以滋蔓。幸予於正月初旬,值李侍堯入覲,即命往代常青為總督,而命常青代黃仕簡,又隨命藍元枚代任承恩。是以郝壯猷於三月初八日自鳳山棄城敗歸,立即置之於法。常青適於初九日到郡,整頓兵威,屢挫賊鋒,郡城得以無失。使常青不即到,則郡城必失守,仕簡或被賊獲,皆未可知。是始雖遲而實未遲也)。既而常青袛能守郡城,藍元枚忽以病亡,是又遲矣。而天啟予衷,於六月即自甘省召福康安來熱河,授之方略。八月初,即命福康安、海蘭察率百巴圖魯及各省精兵近萬,往救諸羅,是又未遲也(常青雖固守郡城,未能親統大兵往救諸羅。藍元枚正籌會勦,旋以病亡。又幸予六月內,早令福康安來觀熱河。即命於八月初二日同海蘭察率百巴圖魯、侍衛、章京百餘人馳赴閩省,並預調川、湖、黔、粵精兵近萬人分路赴閩。惟時諸羅被圍日久,糧餉火藥道梗不能運送;若非天啟予衷,及早命重臣統勁旅前往,幾至緩不濟事。是常青等救諸羅雖遲,而予所料亦未遲也)。福康安等至大擔門,開舟阻風。風略定而啟行,又以風迄至崇武澳不能進,是又遲矣。然而候風之際,後調之兵畢至,風平浪靜,一日千

圖 3-4 御製剿滅臺灣逆賊生擒林爽文紀事語碑漢文碑 ©曾國棟攝

里，齊至鹿仔港。是仍未遲也（福康安到廈門，於十月十一日自大擔門開船，被風打回。十四日，得風駛行半日，又以風遮至崇武澳停泊，似覺遲滯。然當此候風之際，四川屯練二千、廣西兵三千俱至，而風亦適利，遂於二十八日申時放洋。至二十九日申時兵船齊抵鹿仔港，千里洋面，一帆直達。其餘之兵亦陸續配渡。福康安率此生力之兵，旬日內頓解諸羅之圍。繼克賊巢，生擒逆首。是未渡以前若遲，而計其成功，又未可為遲也）。夫遲之在人，而天地福明護佑，每以遲而成速，視若危而獲安，有如昔年「開惑論」所云者。予何修而得此於天地神明之錫祉哉！如是而不益深敬畏，勤政愛民，明慎用兵，則予為無良心者矣！予何取，抑又何忍乎？夫用兵豈易言哉？必也凜天命、屏己私、見先幾、懷永圖；方寸之間日日如在三軍前，而又戒掣肘、念眾勞。

且予老矣，老而精神尚健，不肯圖逸以遺難於子孫、臣庶，藉以屢成大勳。

此非天地神明之佑乎，亦豈非弗失良心得蒙天鑒乎？

福康安等解圍殲賊以及生擒賊渠諸功績，已見聯句之詩、之序，茲不贅言；獨申予之不得不用武、又深懼用武之意如是，以戒後世。占驗家以正月朔旦值剝蝕為兵戈之象。遠者舊考，自漢至明屢逢其事；然亦有驗有弗驗（元旦日食自漢迄明有四十七，其本係正治廢弛及僭竊偽朝無論已，如唐之太宗、宣宗元旦日食，其年俱寧靜無事。至宋仁宗四十餘年之中，元旦日食者四，最後嘉祐四年亦無事：此其弗驗者也。惟寶元元年元昊及康定元年元昊寇延州，皇祐元年廣源州蠻儂智高寇邕州；又元代世祖至元二十九年元旦日食，是年廣西上司州土官黃聖許結交趾為援，寇陷忠州、江州及華陽諸縣：此其有驗者也）。若昨丙午，可謂有驗矣。以予論之，千歲日至，可坐而致；剝蝕亦可笲而定也。即定矣，其適逢與不逢，原在依稀惝怳之間；且亦乏計預使之必無也。若使之無，是為詐也，不惟不能避災，或且召災。故史載宋仁宗朝第二次康定元年春正月朔當日食，司天楊惟德請移閏於庚辰歲，則日蝕在正月之晦。帝曰：『閏所以正天時而授民事，其可曲避乎』？不許。夫日食必當在朔可知，古稱月晦日食者，見

移閩曲避之術耳。至於不得已而用兵,惟在見幾而作、先事以圖,遲不失於應機,速不失於不達。惟敬與明,秉公無私,信賞必罰,用兵之道其庶幾乎!夫行此數端,甚不易矣。知不易而慎用兵,又其本乎!

凡軍旅事,必當有方略之書;書成,即以此語冠首篇,亦不更為之序矣。乾隆五十三年歲次戊申春三月吉日立。

2.「御製平定臺灣二十功臣像贊序漢文碑」釋文

近著「勦滅臺灣逆賊生擒林爽文紀事語」,以為伊犁、回部、金川三大事各有崇文,王倫、蘇四十三、田五次三事不足簫其功。若茲林爽文之勦滅,介於六者間,雖弗種大事,而亦不為小矣。故其次三,訖未紀勳圖像;而茲福康安、海蘭察等,渡海搜山,竟成偉勳,靖海疆。吁!亦勞矣,不可湮其功而弗識。故於紫光閣紀勳圖像,一如向三事之為;然究以一區海濱,數月底績,故減其百者為五十。而朕親製贊五十者為二十,餘命文臣擬撰,一如上次之式。

夫用兵豈易事哉?昔漢光武有云:『每一發兵,頭鬚為白』。況予古稀望八之年,鬚鬢早半白;而拓土開疆過光武遠甚,更有何冀而為佳兵之舉?誠以海疆民命,不得不發師安靖,所為乃應兵,非佳兵也。然亦因應兵、非佳兵,幸邀天助順而成功速。此予所以感謝鴻貺,不可以言語形容,而又不能已於言者也。昔人有言:『滿洲兵至萬,橫行天下無敵』。今朕所發巴圖魯侍衛章京等纔百人,已足以當數千人之勇。綠營兵雖多,怯而無用,茲精選屯練及貴州、廣東、湖廣兵,得近萬人,統而用之,遂以掃巢穴、縛逆首。是綠營果無用哉?亦在率而行之者為之埋根倡首,有以鼓勵之耳。若福康安未渡海以前,臺灣綠營已

圖3-5 御製平定臺灣二十功臣像贊序漢文碑
© 曾國棟攝

共有四萬餘兵，何以不能成功？則以無率而行之者，豈不然哉！且臺灣一歲三收，蔗薯更富。朕若微有「量田加賦」之意，以致民變，天必罪之，不能如是成功速也。後世子孫當知此意，毋信浮論富國之言！愛民薄斂，明慎用矣，庶其恆承天眷耳！

　　近日以宮商三百，逐章饜飫其義，竟如幼年書室學詩之時。然彼時但知讀其章句，而今則竟其義味。因思「采薇」、「出車」、諸章乃上之勞下，其義正，斯為「正雅」；「祈父」、「北山」諸什乃下之怨上，其義變，斯為「變雅」。夫上勞下可也，下怨上不可也。何則？下之怨上，固在下者不知忠義；然亦必在上者有以致之，斯則大不可也。我滿洲舊風，以不得捐軀國事、死於牖下為恥。其抱忠知義，較「祈父」、「北山」之怨上為何如？是則綠營之多恇怯思家，伊古有之，無足多怪矣。然為上者不可不存「采薇」、「出車」之意，更不可不知「祈父」、「北山」之苦。如其一概不知，而但欲開疆擴土，是誠佳兵黷武之為，望其有成，豈非北轅而適越乎？故因為「功臣圖贊」，而申其說如此，以戒奕葉子孫，並戒萬世之用兵者。

　　乾隆五十三年歲在戊申春三月上澣立。

3.「御製福康安奏報生擒莊大田紀事語漢文碑」釋文

　　昨生擒林爽文，則勦滅逆賊事可稱蕆大端；茲生擒莊大田，則肅清臺灣事方稱臻盡善。二逆狼狽為奸，得一而不得二，餘孽尚存，慮其萌芽；且彼即閩首禍被獲，則所以謀自全而倖逃生，入山固易追，赴海則難捕矣。是以先事周防，屢申敕諭（莊大田在南路，距海甚近，不慮其入山，而慮其入海，則追捕甚難。因屢次降旨，令福康安等慎防其入海之路，思慮所及，隨時預勒）。茲福康安盡心畫策，凡港口可以入海者，無不移舟設卡。因聞莊大田帶同匪眾俱在柴城，初二日欲往蚊率社，經番眾極力抵禦，復行退回。初五日黎明，官軍由風港發兵，越箐穿林，遂有賊匪突出拒敵。我兵迎擊，海蘭察率領巴圖魯、侍衛奮勇齊攻，殺賊三百餘，生擒一百餘；追至柴城，賊愈眾多。然恐攻撲過急，莊大田或臨陣被殺，或乘

間竄逸，轉不能悉數成擒。福康安分兵數隊，以徐合攻，自山梁布陣抵海岸。適烏什哈達所率水師得順風檣齊至，沿海進圍，水陸合勦，自辰直至午刻，殺賊二千餘。群賊奔潰投水，屍浮水如雁鶩，而獨莊大田伏匿山溝，以致生擒。是豈人力哉？天也！

二逆以么麻□骨小民，敢興大亂，殺害生靈，無慮數萬，使獲一而逃一，未為全美。斯皆生致闕下，正國法而快人心。反側潛消，循良樂業。福康安、海蘭察等畫謀奮勇，不負任使，固不待言；然非天佑我師，俾獲萬全，豈易致此耶？

更查康熙六十年四月，朱一貴於臺灣起事，提督施世驃、總兵藍廷珍於五月由澎湖進兵，至六月收復臺灣府城，計閱七日；於閏六月始擒獲朱一貴，計閱一月餘。至雍正元年四月，而餘黨悉勦盡。自朱一貴起事，至臺灣全郡平定，始末閱兩年。茲林爽文於五十一年十一月起事，其黃仕簡等前後誤事一年。福康安等於上年十一月，由鹿仔港進兵。其間解諸羅之圍、克斗六門、攻破大里杙賊巢，至本年正月獲林爽文，計越四十二日。繼獲莊大田，計閱三十二日。自林爽文起事至臺灣全郡平定，始末共越一年三月。是較之藍廷珍等，成功更為迅速矣！

夫逆賊入內山，生番非我臣僕，性情不同，語言不通，其遵我軍令與否，未可知也。福康安示之以兵威，使知畏；給之以賞項，使知懷。其經畫周密，賢於施世驃、藍廷珍遠甚。又得海蘭察率百巴圖魯攻堅陷銳，遂得前後生獲二囚。且李侍堯忍心董理軍儲，毋誤行陣。使不以李侍堯易常青之總督，則軍儲必誤；不以福康安易常青之將軍，則成功必遲。茲盡美盡善以成功於三月之間，則上天之所以啟佑藐躬，俾以望八之年而獲三捷之速，則予所以深感昊慈，豈言語之所能形容也哉！

圖 3-6　御製福康安奏報生擒莊大田紀事語漢文碑 © 曾國棟攝

自斯以後，所願洗兵韜甲，與民休息，保泰持盈，日慎一日，以待歸政之年，庶不遠矣。雖然，仔肩未卸，必不敢以娛老自息所為；猶日孜孜，仍初志耳。

乾隆五十三年歲在戊申春三月上澣立。

4.「御製平定臺灣告成熱河文廟碑漢文碑」釋文

昨記平定臺灣生擒二兇之事，亦既舉平伊犁、定回部、收金川為三大事，崇文勒太學；其次三為誅王倫、翦蘇四十三、洗田五，以在內地，懷慚弗籲其事；而平定臺灣介其間，固弗稱勒太學，然較之內地之次三，則以孤懸海外，事經一年，命重臣、發勁兵，三月之間擒二兇，定全郡，斯事體大，詎不可以不紀。

因思熱河文廟雖承德府學耶，而予每至山莊，必先展拜廟貌；秋仲丁祭，常遣大學士行禮，則亦天子之庠序矣。且予去歲籌臺灣之事，日於斯，天佑予衷，命福康安、海蘭察率百巴圖魯以行，及簡精兵近萬，亦發於斯。而諸臣涉重洋、冒艱險、屢戰屢勝，不數月而生擒二兇，且無一人受傷者。是非上蒼默佑、海神助順，曷克臻斯？則予感謝之誠、兢業之懍，亦實有不能已於言者。籌於斯，發於斯，臻於斯，文廟咫尺，我先師所以鑒而呵護者，亦必在斯。記所謂「受成」、「告成」正合於是地也。則平定臺灣，告成熱河文廟，所以禮以義起，非創實因。且予更有深幸於衷而滋懼於懷者：予以古希望八之歲，五十三年之間，舉武功者凡八，七胥善成；其一惟征緬之事，以其地卑濕瘴癘，我軍染病者多，因其謝罪求罷兵，遂以振旅。是其事究未成也。近據雲南總督富綱奏報緬甸謝罪稱臣奉貢之事，命送

圖 3-7 御製平定臺灣告成熱河文廟碑漢文碑
ⓒ 曾國棟攝

其使至熱河,將以賜宴施惠。是則此事又以善成於斯矣。夫奉天治民,百王誰不為天子?而予以涼薄,仰賴祖宗德施,受天地恩眷獨厚,近八旬之天子,蕆八事之武功,於古誠希,示後有述。使一事尚留闕欠,予之懷慚,終不釋也。自今以後,益維虔翼持盈,與民休息,敢更懷佳兵之念哉?夫天地,天子之父母也。子於父母之恩,不可言報。中心感激,弗知所云已耳。繫之辭曰:瀛壖外郡,閩嶠南區,厥名臺灣,古不入圖。神禹所略,章亥所無。本非扼要,棄之海隅。朱明之世,始聞中國。紅毛初據;鄭氏旋得:恃其險遠,難窮兵力,每為閩患,訖無寧息。皇祖一怒,遂荒南東,郡之縣之,闢我提封。一年三熟,蔗薯收豐。漸興學校,額晉生童。始之畏途,今之樂土。大吏忽之,恣其貪取(臺灣遠隔重洋,風濤冒涉。其始,陞調之員原以為畏途,既以該郡物產豐饒,頗獲厚利,調任之員不以涉險為慮,轉且視為樂土。如近日福康安等參奏:文職自道員以至廳縣、武職自總兵以至守備千總,巡查口岸出入船隻,於定例收取辦公飯食之外,婪索陋規,每年竟至盈千累萬;而督撫大吏輒委之耳目難周,不能詳查,於是益無忌憚。茲據參奏,不可不分別嚴加懲治,以儆官邪,而申國憲)。既嬉其文,復恬其武。匪今伊昔,叛亂屢覯:向辛丑年、昨丙午載,一貴、爽文,其亂為最(地方文武既皆習於恬嬉,則文員祇知飽其慾壑,豈復以撫字為心?武員甚至縱兵離營牟利,並自總兵以下各銜內設立四項「聽差」名目,多者三百人,少亦三十人。存營之兵無幾,又豈復以操練為事?以致奸民既得藉口,更無畏心,煽誘愚民,屢形叛亂。其甚者,如康熙辛丑年之朱一貴及昨丙午歲之林爽文,糾眾戕官,據城僭號,更為罪大惡極)!水陸提督,發兵於外;奈相觀望,賊勢張大(林爽文滋事之始,水師提督黃仕簡、陸路提督任承恩,一同帶兵渡海,謂可即時撲滅;不意南北互相觀望,遂致賊勢日益披猖)。天啟予衷,更遣重臣,百巴圖魯,勇皆絕倫。川、湖、黔、粵,精兵萬人,水陸並進,至海之濱(上年正月,雖燭於幾先,命李侍堯代常青為總督,而以常青為將軍,專司征勦。常青究未經行陣,祇能保守府城,不能奮加勦殺。幸天牖予衷,六月內即諭令福康安入覲熱河。繼而常青亦請旨另簡重臣來閩。隨

於八月初命福康安為將軍,海蘭察為參贊,帶巴圖魯侍衛章京等百人,並預調四川屯練二千、廣西兵三千、湖南兵二千,水陸並進,以待福康安至彼領勳)。至海之濱,崇武略駐。後兵到齊,恬波徑渡。一日千里,以遲為速(叶)。百舟齊至,神佑之故(福康安等至廈門,於十月十一日自大擔門開舟,連次遇風阻回,復在崇武澳守候逾旬。適四川屯練與廣西之兵踵至,而風亦轉利,遂於二十八日申刻放洋。至二十九日申刻,兵船共百餘隻齊抵鹿仔港。千里洋面,一日而達。其始似覺遲滯,而既渡之後,所向無前,轉得迅蒇大功。信非神靈佑助,何以致斯)!馳救諸羅,群賊蜂擁;列陣以待,不值賈勇。如虎搏兔,窠角隴種;頃刻解圍,義民歡動(維時賊匪久圍諸羅,聞大軍既至,亦蜂擁迎拒。福康安、海蘭察及巴圖魯等,即日統兵前進,勦殺無算,立即解圍。義民等無不歡忻踴躍,出城迎師)。斗六之門,為賊鎮鑰;大里之杙,更其巢落。長驅掃蕩,如風捲籜;夜攜眷屬,內山逃託(斗六門為賊門戶,最為險要,官兵乘銳立拔,隨即搗其大里杙巢穴。林爽文膽落,連夜攜其家屬逃至埔裏社、埔尾一帶,遂成釜底遊魂矣)。生番化外,然亦人類;怵之以威,齎之以惠。彼知畏懷,賊竄無地;遂以成擒,爽文首繫(先聞林爽文計窮,即欲逃入內山,而生番狙獷,未必能喻利害,或將逆首藏匿,則難速蒇。預命福康安既怵以威,復齎以惠,生番等果即傾心效命,協同官兵社丁人等,竟於正月初四日在老衢崎地方,將林爽文生擒解京,俾元惡不致漏網。可知凡有血氣,無不各知自為,顧所以經理者得當否耳)。狼狽為奸,留一弗可。自北而南,居上臨下(叶)。海口遮羅,山塗關鎮。遂縛大田,略無遺者(叶)(林爽文逃入內山,勢已成擒;莊大田在鳳山一路窺伺府城,慮其事急,遁海而逸。乃福康安悉心籌畫,預令烏什哈達帶水師兵丁絕其去路,而分巴圖魯等為六隊,各自山梁挨次排下,四面合圍。適值順風,烏什哈達水師之兵連檣而至,沿海密佈。莊大田逃竄無路,立即就擒,並其頭目四十餘人,無一脫者。又殺賊眾二千餘名。又有逃入柴城、瑯嶠各番社者三百餘人,被生番等立即擒獻伏誅。於是賊匪一時殲戮殆盡,合郡頓稱平定)。二人同心,其利斷金:曰福康安、智超謀深;曰海蘭察,勇敢獨

任。三月成功，勳揚古今。既靖妖孽，當安民庶。善後事宜，康安並付；定十六條，諸弊祛故。永奠海疆，光我王度（此次臺灣用兵，其始不能滅賊，非盡由士卒怯懦之故，亦由領兵者不得其人，遂致稽延時日。若福康安之智謀算無遺策，海蘭察之勇敢所向披靡，可謂一時無兩；而又同心共濟，以此士卒用命，勢如破竹。未及三月，而大功告成，洵能不負任使。至於平定之後，不可不亟籌善後之方，以為求靖之計。茲據福康安奏定祛除積弊十六條，俱能悉心計酌，切中肯綮。已令大學士九卿議行。以後地方文武實力遵守，海疆庶可永慶安恬矣）。凡八武成，蒙佑自天。雖今耄耋，敢弛惕乾。如曰七德，實無一焉。惟是敬謹，勵以永年。

　　乾隆五十三年歲次戊申秋八月吉日立。

5.「命於臺灣建福康安等功臣生祠詩以誌事碑」釋文

　　三月成功速且奇，紀勳合與建生祠。垂斯琬琰忠明著，消彼崔苻志默移。臺地期恆樂民業，海灣不復動王師。曰為曰毀似殊致（近年以各省建立生祠，最為欺世盜名惡習；因令嚴行飭禁，並將現有者概令毀去。若今特令臺灣建立福康安等生祠，實因臺灣當逆匪肆逆以來，荼毒生靈，無慮數萬。福康安等於三月之內，掃蕩無遺，全郡之民咸登衽席。此其勤績，固實有可紀；且令奸頑之徒觸目警心，亦可以潛消很戾。是此舉似與前此之禁毀跡雖相殊，而崇實斥虛之意則原相同，孰能橫議？且勵大小諸臣，果能實心為國愛民，確有美政者，原不禁其立生祠也），崇實斥虛政在茲。

　　乾隆五十三年仲秋月御筆。

圖 3-8　命於臺灣建福康安等功臣生祠詩以誌事碑 © 曾國棟攝

三、御碑的歷史場域

　　清乾隆漢滿文御碑原存放地點、空間在哪裡？又為何存放目前地點、空間，釐清御碑的存放地點的歷史場域與遷移軌跡，即是一篇精彩歷史故事。御製碑文及碑座皆在福建雕造，直到乾隆 56 年（1791）才竣工。立於廈門南普陀寺者有「剿滅臺灣逆賊生擒林爽文紀事語」、「福康安奏報生擒莊大田紀事語」、「平定臺灣二十功臣像贊序」、「平定臺灣告成熱河文廟」等滿漢文御碑 8 件；臺灣的御碑則多了滿漢文合刻「命於臺灣建福康安等功臣祠詩以誌事」一式 2 件，一存臺南，一存嘉義。廈門、臺南、嘉義「兩岸三地四處」是清代臺灣林爽文事件的重要歷史場域。

（一）功臣祠時期的御碑

　　林爽文巨變，福康安等於三個月之內掃蕩無遺，功績特著，此舉與前嚴禁建祠和毀跡大不相同，以福康安等大小群臣，實心為國愛民，確實美政，特准在臺灣建立福康安等生祠，即功臣祠。功臣祠位於府城文廟左前方山仔尾偏南西坡，約在今臺南市中西區建業街、南門路以東一帶。

　　乾隆 56 年（1791）9 座御碑沿福安坑南岸進入小西門，經下太子街、兵馬營街運送到功臣祠安置，當時御碑擺放空間是「頭門一座，中建方亭一座，豎碑四通，恭勒御製平定臺灣告成熱河文廟暨二十功臣像贊序，共清漢文四道；左建六角亭一座，豎碑二通，恭勒御製生擒林爽文紀事清漢文二道；右建六角亭一座，豎碑二通，恭勒御製生擒莊大田紀事清漢文二道。碑亭之後，接建功臣生祠頭門一座，兩邊遊廊二所，後建正祠一座，兩旁廂房二所，祠前另建六角亭一座，豎碑一通，恭勒御製命建功臣生祠誌事詩清漢合刻一道。」[5] 道光元年（1821），清廷於功臣祠左右附建昭忠東祠、昭忠西祠，奉祀朱一貴事件以來殉難之文武官員及兵丁。

5　不著撰者《明清臺灣檔案彙編》第 40 冊，頁 243。

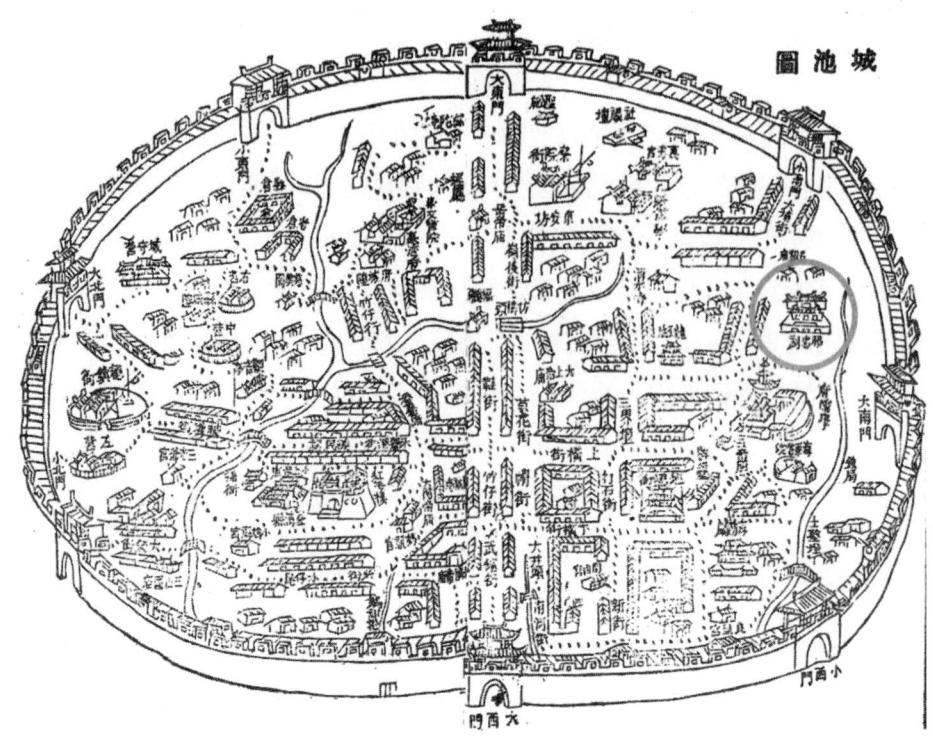

圖 3-9 功臣祠位置圖 © 清謝金鑾《續修臺灣縣志》（Wikimedia Commons）

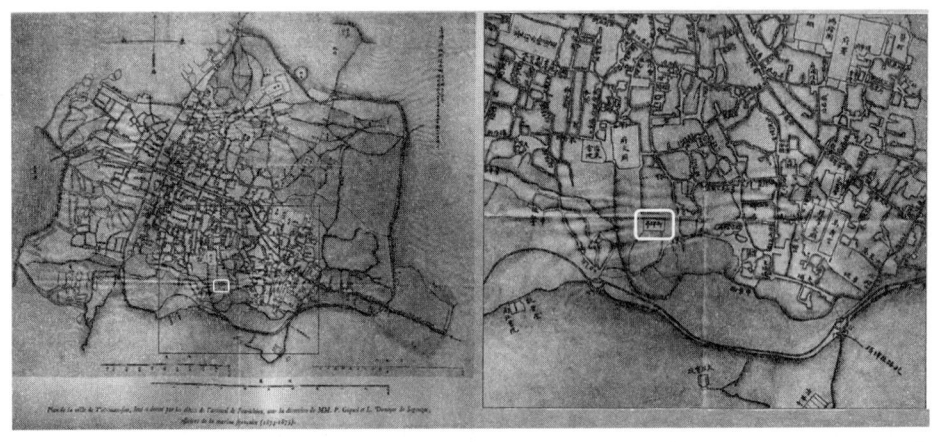

圖 3-10 清末御碑位置圖 ©1875 年《臺灣府城街道圖》（Wikimedia Commons）

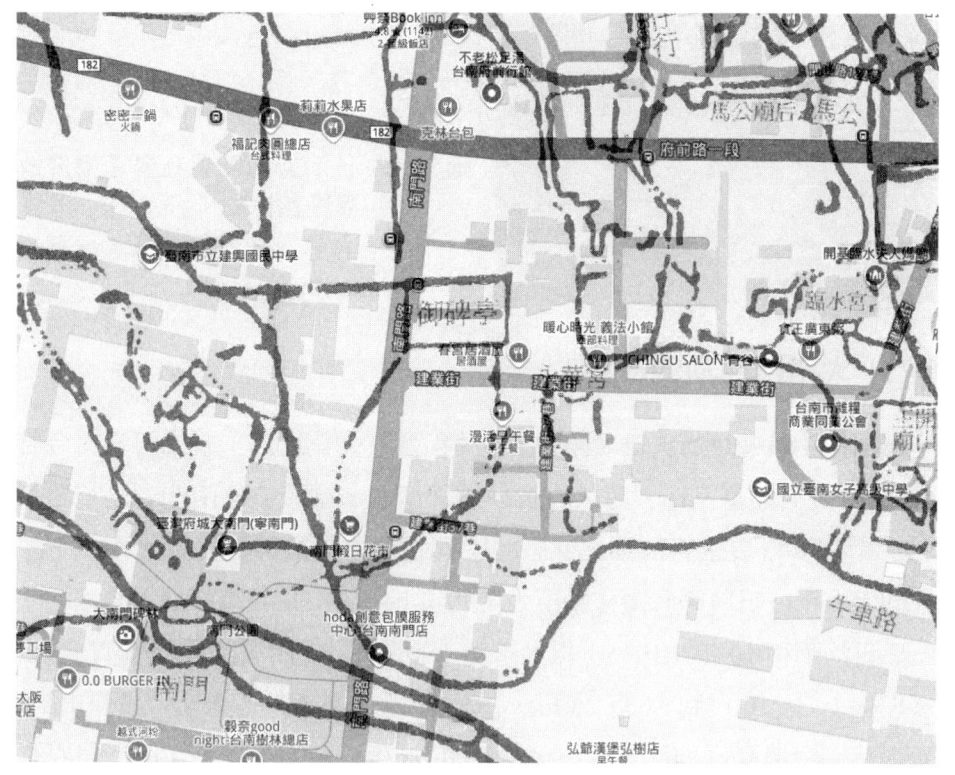

圖 3-11　功臣祠古今地圖疊合位置圖 © 中研院 GIS 中心「臺南市百年歷史地圖」之〈臺灣府城街道圖〉套疊

　　日明治年間，日人在福安坑源頭南岸至府城南垣間開闢農圃。大正 6 年（1917）於農圃設置臺灣總督府臺南高等女學校，之後於女學校前開闢道路西接大南門街，因此功臣祠被毀，9 座御碑集中在道路北側，重新排成一列南向，以原「命於臺灣建福康安等功臣祠詩以誌事」碑居中，兩旁間隔各置「剿滅臺灣逆賊生擒林爽文紀事語」、「福康安奏報生擒莊大田紀事語」及「平定臺灣二十功臣像贊序」、「平定臺灣告成熱河文廟」滿漢文碑並列成四對。

圖 3-12 日治初期安置在臺南廳農會農園苗圃的御碑 © 國立臺灣大學圖書館點典藏，編號：ntul-tm-1609621_2501

（二）大南門時期的御碑

　　昭和 3 年（1928）日人開闢拓寬幸町通（今南門路）及綠町通（今府前路），並興建臺南市尹等人官舍於御碑南側，同時整建南門公園，昭和 5 年 2 月 16 日決議將苗圃之 9 座福康安生祠贔屭馱御碑移置大南門，並在同年 3 月 15 日將御碑遷移動至大南門甕城內，從東破牆而運入甕城內。

　　日治昭和 10 年（1935）日人舉辦「始政四十周年紀念臺灣博覽會」，展期從 10 月 10 日到 11 月 28 日，共計 50 天。臺南的「臺南特設歷史館」包括特別會場臺南神社（今南美館二館）、第一會場歷史館（南門路原臺南市警察局北側教育會館）、第二會場安平資料館（今熱蘭遮城博物館）及第三會場古碑陳列場（今大南門暨碑林）等 4 個會場，9 座御碑為展場之文物。南社詩人胡殿鵬〈寧南石贔〉詩云：「九贔鎮江山，天邊落日寒。泱泱開海國，下拜福康安。」[6] 又在其〈臺灣雜詠〉詩云：「贔屭高撐九丈碑，寧南落日古忠祠。策勳滿漢銘猶在，太席高御製詩。」[7] 御碑成為臺灣府城大南門的地標意象，每為文人賦詠之題材。

6　施懿琳主編《日治時期南社詩選》（臺南：臺南市政府文化局，2018），頁 190。
7　同上註，頁 190。

圖 3-13　日治時期大南門內的御碑 © 仲摩照久,《日本地理風俗大系》第 15 卷臺灣篇,頁 97,國立臺灣歷史博物館提供

圖 3-14　大南門甕城的御碑於 1961 年遷移到赤崁樓,原立碑處已不見碑蹤 © 曾國棟攝

（三）赤崁樓時期的御碑

　　二戰後,大南門違建棚戶林立,城門被堵塞僅存狹窄通道,御碑也被圍在棚戶後。及至民國 50 年（1961）,臺南市政府認為這九座御碑是重要史蹟,決定遷至赤崁樓康樂臺靠赤崁樓牆壁處,以便遊客參觀。由於御碑碑身連座高達 1 丈 3 尺左右,搬運困難,遂決定將大南門城壁拆一寬約 3 公尺的缺口,以便石碑遷移。[8] 該年 6 月 12 日搬運工人以牛車將九座御碑搬運到赤崁樓康樂臺前豎立,下午 6 時正當一件石碑被搬起豎立時突然折斷,石碑斷裂成 7 片,並造成兩搬運工人被壓傷,其中劉姓工人壓傷背部

8　連景初〈「拆城」遷碑〉,《臺南文化》第 9 卷第 1 期（1969）,頁 45-46。

送醫急救，不幸於當晚 9 時因傷重不治死亡。[9]

雖發生不幸意外，御碑的豎立工作仍持續進行，至 7 月 22 日竣工，即農曆 6 月 10 日，赤崁樓之攤商舉辦石龜安座祭典，替石龜披紅掛彩，設香案祭拜，稱贔屭碑座為「石龜公」、「石龜媽」，從此整排雄偉壯觀的御碑成為赤崁樓的醒目地標。斷裂而導致搬運工人一死亡、一腿傷的御碑即是「御製平定臺灣告成熱河文廟碑」滿文碑，後以鋼筋及鐵片接合固著，當年斷裂痕跡仍清晰可見。

圖 3-15　搬運過程發生意外導致斷裂的「御製平定臺灣告成熱河文廟碑」滿文碑 © 曾國棟攝

（四）南廠石龜塭

乾隆 56 年（1791）10 件御碑與 10 隻贔屭運抵府城時在台江南廠廠口上陸，一隻贔屭竟然沉於水底而無從尋覓，後台江日漸淤淺，海埔成陸，沿岸紛紛闢建魚塭，落石處因有「石龜塭」之稱。

當年贔屭遭落之處，其後台江日漸淤淺，該處闢為魚塭，由於是贔屭沉水處，故有「石龜塭」之稱。南廠為今臺南市中西區北頭里一帶的舊稱，石龜塭在南廠廠口，今大勇街萬靈公廟附近。

9　《中華日報》（1961 年 6 月 13 日），第 3 版。

明治44年（1911）贔屭遂被撈起，放置於南廠水門外保安宮，龜首面東。有神棍之流揚言龜背溝漕（即與石碑接合處）積水可治百病，非常靈驗，一時臺南附近迷信男女，爭相膜拜，造成轟動。日人官員怪其危言惑眾，命巡查（即警察）將石龜移進廟內，後該巡查常常患病，不得安寧，眾信認係石龜顯靈作祟，又把石龜遷至廟外才恢復平靜。戰後，石龜被搬進廟埕內祀奉，稱「白蓮聖母」，從此以後庇祐信眾，不再作怪。

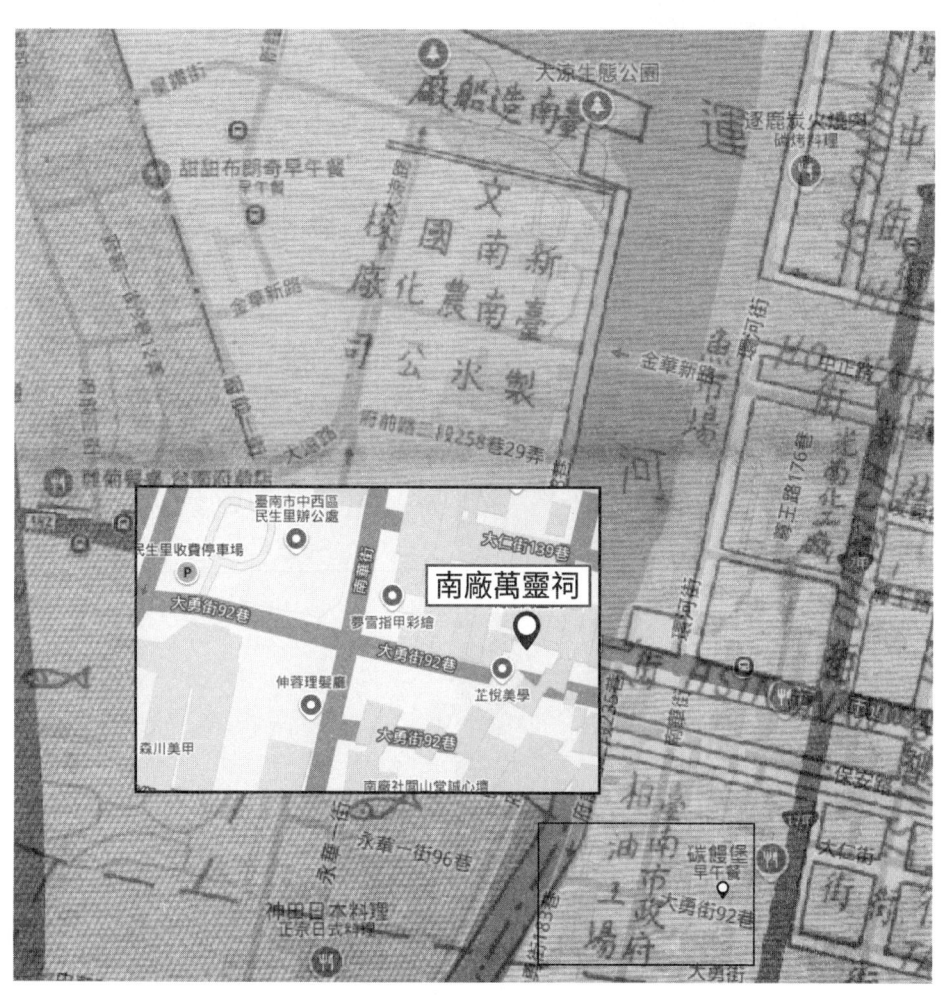

圖 3-16　石龜塭位於南廠萬靈祠附近 © 中研院 GIS 中心「臺南市百年歷史地圖」之〈臺南市街圖（1959）〉與〈臺南數值高程圖〉套疊

圖 3-17　臺南市中西區大勇街巷內的南廠萬靈祠 © 曾國棟攝

圖 3-18　南廠保安宮之贔屭被奉為神靈崇拜 © 曾國棟攝

圖 3-19　南廠保安宮之贔屭現況 © 曾國棟攝

（五）臺南之外的清乾隆滿漢文御碑

1. 嘉義城的御碑

失落的一贔屭，另以臺灣水成岩製成，連同「命於臺灣建福康安等功臣祠詩以誌事」碑運送迨當時的嘉義縣城功臣祠安置。嘉義功臣祠，原在嘉義縣城東門城附近，即今嘉義市東區公明路與和平路口；嘉義福康安生祠在咸豐年間已日漸頹廢，同治年間大都壞損，僅存御碑。及至明治39年（1906）嘉義大地震功臣祠毀，御碑遷移至今嘉義市新榮路「NOVA資訊廣場」，後再移置嘉義公園。

2. 廈門的御碑

爽文事件平定後，乾隆御旨另於廈門設置與府城相同之御碑，經廈門道奏議，將廈門贔屭馱御碑放置在南普陀寺天王殿放生池前，兩兩成對共建碑亭四座，碑亭「覆以黃瓦，繞以丹垣，望之翼然宏麗」，唯缺「命於臺灣建福康安等功臣祠詩以誌事」碑。大正7年（1918）汕頭南澳大地震災情慘重，南普陀寺之御碑亭屋頂及御碑被震垮，御碑及贔屭被棄置於寺旁。[10] 廈門市政府於民國71年（1982）將8件御碑公布為第二批市級文物保護單位，並仍在南普陀寺內新建碑亭，安置8件御碑，至於贔屭碑座則閒置角落。

圖 3-20　嘉義功臣祠內之「命於臺灣建福康安等功臣祠詩以誌事」碑 © 伊能嘉矩，《臺灣志》（1902），國立臺灣大學圖書館數位典藏，編號：b0209187p041

10　鄭夢醒編《南普陀寺志》，www.nanputuo.com/2020.10.20。

臺南學概論

圖 3-21　日治時期嘉義公園之「命於臺灣建福康安等功臣祠詩以誌事」碑 © 仲摩照久，《日本地理風俗大系》第 15 卷臺灣篇，國立臺灣大學圖書館數位典藏，編號：b35330431212

圖 3-22　嘉義公園「命於臺灣建福康安等功臣祠詩以誌事」碑 © 曾國棟攝

圖 3-23　清代廈門御碑亭 © 周凱，《廈門志》（曾國棟提供）

圖 3-24　廈門南普陀寺內的御碑 © 曾國棟攝

圖 3-25　廈門南普陀寺內閒置的贔屭碑座 © 曾國棟攝

四、御碑的古物意義與價值

(一) 文化內涵

1. 皇權象徵

　　「清乾隆漢滿文御碑」係由乾隆皇帝親撰之「御製文」，林爽文事件從發生到弭平歷時一年三個月，事件平定後，清朝政府除檢討吏治、軍防積弊之外，對臺灣因戰禍損失、對臺治理政策、臺南府城建城之請，委由軍機大臣會同福康安一併檢討，同時對平亂有功之官兵提出撫卹、褒揚或核准建祠、立碑，一方面昭示、炯戒與警惕民心，一方面顯示皇權教化與文治武功，「臺灣此次逆匪滋事……若不明示威武，恐民人等事過即忘……應於臺灣郡城及嘉義縣兩處共建生祠，塑立像貌，俾該處民人望而

生惕。」[11] 從御製文傳達治者視野下的臺灣史，也呈現乾隆觀點的朱一貴事件與林爽文事件。

　　更透過碑體之製作展現國家權力，該組御碑之碑首額刻「御製」篆書及蟠龍造型、兩側碑框各雕4條夔龍紋飾，整件石碑共計有9條象徵真命天子的龍鮫，以數字「9」彰顯「九五之尊」的至高皇權。碑座更以龜形的贔屭為碑座，稱龜趺座或贔屭座；贔屭相傳為龍生九子之一，其外型如烏龜，天生力大無窮，具有背負重物的本能，故成為碑座造型的題材。贔屭成為碑座的題材除取其善於負重特性外，也因為牠是龍種神獸，為中國人所喜愛；而且烏龜背寬足短的造型，用以承托石碑，在力學結構上更能展現穩重的美感，因此世人喜以贔屭為碑座，以駄負笨重的石碑。唐代時期明令規定五品以上官員所立的石碑，方可用龜趺座，即取贔屭乃龍種的文化意涵，而作為身分地位的顯貴象徵。

圖 3-26　清乾隆漢滿文御碑雕工精美 © 曾國棟攝

圖 3-27　廈門南普陀寺內的贔屭碑座 © 曾國棟攝

11　不著撰者《明清臺灣檔案彙編》第 40 冊，頁 386。

2. 常民視野的龜碑

「清乾隆漢滿文御碑」因其御碑及贔屭碑座之特殊性，而具有神聖之特質，兼以該組御碑從抵達府城一開始即驚奇連連，先是「贔屭不靠岸」遺落台江內海，在百年後重新出現世人眼前時，卻成為神壇聖物。而安置功臣祠之御碑，從日治時期之後也屢經遷移異動，從搬移進大南門甕城成為「甕中贔屭」，到遷離甕城，因碑體碩大而拆除部分南門甕城的城垣，最後落腳赤崁樓；因而衍生多則「贔屭逃脫甕城」的民俗逸聞。

（1）石龜游泳

大南門苗圃本來有 10 件御製碑，不料某一夜裡，其中一件石碑基座的石龜竟然逃入安平海中浮游；漁人看見，爭相圍捕石龜，後來放在小西門南廠。[12]

（2）石龜撞牆

大南門城內本來有 10 件御碑與 10 隻石龜，在某一風雨的夜間，其中一隻石龜居然撞破城壁而脫逃入海；後來為漁人發現而圍捕上岸，放在小西門外南廠保安宮。

（3）石龜成神

昔日落海的贔屭在日治時期安奉保安宮內，被神格化稱為「白蓮聖母」，而後為避免與白蓮教畫上等號，改稱「白靈聖母」，披彩插簪、獻花獻果，崇拜有加，並妝塑白靈聖母的神像。民眾咸信神龜背上凹槽的水可以治療百病，尤以眼疾最為有效，並以其神龜外型而俗稱「龜靈聖母」，信眾更成立「白靈聖母會」，香火興盛。

御碑於民國 50 年（1961）7 月 22 日豎立竣工後，至隔年 7 月期間也曾被奉為石龜公、石龜媽崇拜，更有「赤崁樓下時龜哀鳴」之時時報導。據報載，赤崁樓下 9 隻背著石碑的石龜自民國 51 年（1962）7 月 11 日起一連三天在夜間發出哀鳴哭聲。其實並不是石龜會發出哀鳴，而是記者藉由該報導，揭露一則御碑從大南門遷移到赤崁樓背後不為人知的隱情。

---

[12] 片岡巖《臺灣風俗誌》（臺北：臺灣日日新報社，1921），頁 518。

赤崁樓一帶本是小吃攤商聚集地，昔日在此地有一角頭幫派，專向攤商收取保護費，角頭想提高保護費，卻又找不到藉口。後來想出以神鬼來騙人的方法，透過市議會的關係，將原本在大南門的9座龜背搬到赤崁樓下。當時臺南市政府被迫挖開城牆，花了大筆公款僱人搬移龜碑，以致發生傷亡事故。該年7月22日（農曆六月十日）龜碑安置豎立完工，角頭的地頭蛇將農曆六月十日作為石龜的祭典大肆慶祝一番，殺豬宰羊，連續演戲三天，活動所需費用都由攤商及店鋪負擔。到了隔年農曆六月十日，即國曆7月11-13日這三日間，在石龜前面一連演三天戲，前往參拜石龜公、石龜媽的信眾絡繹不絕，攤販都被攤派一筆費用。如此一來，攤販除要繳保護費以外又增加新的負擔，而地頭蛇除了收取保護費外又新增收入，因此赤崁樓下怨氣沖天，然而大家敢怒不敢言，最後也想出以鬼神治鬼神的方法，希望藉由赤崁樓下石龜深夜哀鳴之說來引起當局者的關切，還給攤商安穩的營生環境。[13]

圖3-28　南廠保安宮內被奉為白蓮聖母的贔屭碑座 © 曾國棟攝

13　金千里〈赤崁樓下時龜哀鳴〉，《成功晚報》（1962年7月17日），第4版。

圖 3-29 南廠保安宮金身化白靈聖母神像 © 曾國棟攝

圖 3-30 赤崁樓下的贔屭座一度被信眾奉石龜公、石龜媽崇拜 © 曾國棟攝

（4）九龜精陣亡山仔頂

臺南文獻委員許丙丁撰《小封神》，即以乾隆御碑為背景，結合府城地方廟宇與鄉土民俗文化、歷史掌故，創作神怪故事，喻古諷今，讀過無不令人會心一笑。《小封神》第八回目：「九龜精陣亡山仔頂」，即寫雷震子挑戰龜靈聖母，相約到南門山子頂一決勝負。龜靈聖母將她同族臭腥龜、膨風龜、屁龜、牛屎龜、粗皮龜、雙平龜、落水金龜、米糕龜、聚產龜埋伏在山子頂伺機偷襲。不料龜靈聖母大敗，同族變成九隻縮頭烏龜，不敢亂動，雷震子搬來三山五嶽大石壓在龜背上，九隻烏龜竟成化石，即大南門的御碑贔屭。龜靈聖母慘敗自覺顏面無光，隨即在小西門外台江跳海自盡，即失落的一隻石龜，後被撈起，放在水門外保安宮供奉，曰「白

蓮聖母」。[14]

(5) 神龜寶碑

相傳雲林縣石龜溪（北港溪上游支流）北岸他里霧石龜溪地區（斗南鎮石龜里、石溪里、靖南里），有石龜靈氣，被湄洲三媽收服，而後爬至諸羅城，被嘉義縣城隍爺收留在諸羅城鎮守，所以在斗南石龜溪一帶流傳「石龜、石龜真會爬，爬入諸羅城」之民謠。

而後更衍生「神龜寶碑」之說；諸羅城民打造石龜安奉於昭忠祠前以祈安植福，但石龜每於夜間爬到池裡喝水，甚至附近住家的水缸也常常被石龜喝光水，民眾唯恐石龜危害，於是決定舉行慰問寄，從此每到歲末年冬，就有許多人各自拿些三牲酒醴等供品，鄭重地舉龜祭。林爽文事件平息後，乾隆御筆題撰「康安碑」，豬玀官員幾經討論後，決定將御碑載在石龜背上，暨有「龜鑑」意涵，又可藉仰御筆威光壓住石龜，以免夜間亂跑動，於是神龜配以寶碑，永保地方安寧。[15]

圖 3-31　相傳來自石龜溪的贔屭碑座 © 曾國棟攝

(二) 御碑之文化資產價值

清代建造的臺灣府城與嘉義城福安康生祠早在日治時期就不存，而今幾經星移月換，朝代興衰更迭，贔屭依然盡職地在執行其使命，背負著記

---

14 許丙丁《小封神》（臺南：許勝夫，2013），頁 31-34。
15 李獻璋《臺灣民間文學集》（臺南：牧童出版社，1978），頁 342-346。

載由鮮血凝成的史事。見證乾隆53年（17888）林爽文事件的乾隆御碑文物分處四個地方；廈門南普陀寺的8件御碑在民國71年（1982）3月由中國廈門市政府公布為第二批廈門市級文物保護單位；赤崁樓9座御碑，臺南市政府於民國71年（1982）8月12日以「清乾隆漢滿文御碑」指定公告為「一般古物」；嘉義公園的御碑，嘉義市政府於民國109年（2010）11月2日以「清高宗敕建福康安等功臣生祠碑記」指定公告為「一般古物」；至於南廠保安宮的贔屭碑座雖不具「古物」文化資產身分，卻已神化為「聖物」。

臺南市「清乾隆漢滿文御碑」是清代臺灣唯一御製碑，與乾隆皇帝、福康安、林爽文、莊大田等重要人物及歷史事件有深厚淵源。碑體之雕刻極為講究，展現乾隆時期官製石碑的形制與風格工藝，碑首蟠龍及碑框夔龍作工精美，碑座使用龍生九子之贔屭座，有短趾的陸龜造型，10座贔屭碑座的頭部昂首角度與背部厚度略有不同，表現時代的雕工技法。該組御碑也是臺灣規模最大、數量最多的一組碑碣文物群；更是臺灣唯二的滿漢文石碑之一，另外是下馬碑；尤其是清代臺灣唯一贔屭碑座的傳世碑碣文物，具稀少性；具有「重要古物」文化資產潛力。

「清乾隆漢滿文御碑」兼具古物與觀光之價值，9座御碑一字排開，造型特別且氣勢雄偉，是國定古蹟赤崁樓的意象，是遊客一進到赤崁樓園區內最醒目的地景，也是園區內重要的景點。

圖 3-32　贔屭碑座雕工精緻 © 曾國棟攝

圖 3-33　赤崁樓園區內的御碑是遊客參訪駐足觀賞的景點 © 曾國棟攝

五、結語

　　碑碣是歷史的記號，百年前的歷史藉由石碑而鮮明的呈現在世人眼前；石碑經過時間的考驗，不只寫下歷史，也留下滄桑。「碑文證史」具歷史文化與文獻史料佐證的價值；碑體之雕刻，字體、碑首與碑框紋飾，以及碑座的打造，皆是工匠於當時的技術表現，碑碣是文化資產的載體。溯自日治時期，臺南歷史館石暘睢等文史先賢，當時已注意到碑碣文物的重要性，而有南門碑林的成立。南門碑林成立於日昭和 10 年（1935），也稱「古碑陳列場」，共收集 45 件清代古碑，作為「始政四十周年紀念臺灣博覽會」臺南展場之一，大南門碑林的成立，開啟臺南碑碣維護管理的序

圖 3-34　日治時期陳列南門碑林的「改建臺灣府城碑記」© 臺灣總督府內務局《史蹟調查報告第二輯》（1936），國立臺灣大學圖書館數位典藏，編號：pb13997100364

幕,及至二戰後,民國43年(1954)10月臺南市立歷史館更在赤崁樓設置第二碑林。

　　近年文化資產保存的意識日益普及,碑碣也成為大家關注的文物,藉由現代的文物保護技術與設備,推廣碑碣文物的保護管理,以及碑碣文物之價值。赤崁樓九座「清乾隆漢滿文御碑」自日治時期以來長期安置在露天環境,面對溫溼度變化、空氣汙染、微振動等環境因素劇烈變動影響,造成汙染物附著、風化等劣化狀況。臺南市政府文化局於民國106年(2017)進行表面加固,使用透氣材料加固碑身及贔屭,增加碑體表面對風化的抵抗力;並委託時任臺南藝術大學助理教授邵慶旺老師以水泥、玻璃纖維擬真花岡岩仿製「御製平定臺灣告成熱河文廟碑」漢文碑,安置於赤崁樓園區內,安置於赤崁樓園區內一隅,讓遊客可以近距離觀賞御碑。

　　臺澎金馬地區現存日治時期以前的石碑約有兩千餘件,臺南市就有五百餘件,居全國石碑數量之冠,更有全臺第一座、數量最多的碑林「大南門碑林」。就石碑的內文而言,蘊藏歷史沿革、紀事、頌德、捐題、示禁、圖碑等豐富史料;或具有地方重要人物或歷史事件之深厚淵源者;或能反映政治、經濟、社會、人文、藝術、科學等歷史變遷或時代特色者;或能表現傳統工藝,數量稀少者;少數碑碣已指定為一般古物,然而還有多數的碑碣具有文化資產潛力,有待進一步去發掘。

圖3-35　御碑進行表面加固保護作業 © 曾國棟攝

圖 3-36 以非破壞性技術仿製御碑,清楚呈現御碑的造型、質感與色彩 © 曾國棟攝

引用文獻

(一) 志書文獻

丁曰健（1959）《治臺必告錄》，臺北：臺灣銀行經濟研究室。
不著撰者（1963）《清聖祖實錄選輯》，臺北：臺灣銀行經濟研究室。
不著撰者（2007）《明清臺灣檔案彙編》第 40 冊，臺北：臺灣史料集成編輯委員會。
王必昌（1961）《重修臺灣縣志》，臺北：臺灣銀行經濟研究室。
王瑛曾（1962）《重修鳳山縣志》，臺北：臺灣銀行經濟研究室。
余文儀（1962）《續修臺灣府志》，臺北：臺灣銀行經濟研究室。
李元春（1958）《臺灣志略》，臺北：臺灣銀行經濟研究室。
周元文（1960）《重修臺灣府志》，臺北：臺灣銀行經濟研究室。
周凱（1961）《廈門志》，臺北：臺灣銀行經濟研究室。
周鍾瑄（1962）《諸羅縣志》，臺北：臺灣銀行經濟研究室。
范咸（1985）《重修臺灣府志》，北京：中華書局。
郁永河（1959）《裨海紀遊》，臺北：臺灣銀行經濟研究室。
徐宗幹（1960）《斯未信齋文編》，臺北：臺灣銀行經濟研究室。
高拱乾（1985）《臺灣府志》，北京：中華書局。
章甫（1962）《半崧集簡編》，臺北：臺灣銀行經濟研究室。
連橫（1958）《雅言》，臺南：海東山房。
連橫（1962）《臺灣通史》，臺北：臺灣銀行經濟研究室。
連橫（1962）《臺灣詩乘》，臺北：臺灣銀行經濟研究室。
陳文達（1961）《臺灣縣志》，臺北：臺灣銀行經濟研究室。
陳文達（1961）《鳳山縣志》，臺北：臺灣銀行經濟研究室。
欽定官修（1966）《清會典臺灣事例》，臺北：臺灣銀行經濟研究室。
黃叔璥（1957）《臺海使槎錄》，臺北：臺灣銀行經濟研究室。
劉良璧（1961）《重修福建臺灣府志》，臺北：臺灣銀行經濟研究室。
劉家謀（1958）《海音詩》，臺北：臺灣銀行經濟研究室。
蔣元樞（1967）《重修臺灣各建築圖說》，臺北：臺灣銀行經濟研究室。
蔣毓英（1985）《臺灣府志》，北京：中華書局。
謝金鑾（1962）《續修臺灣縣志》，臺北：臺灣銀行經濟研究室。
藍鼎元（1961）《東征集》，臺北：臺灣銀行經濟研究室。

（二）專書

片岡巖（1921）《臺灣風俗誌》，臺北：臺灣日日新報社。
王凱泰（1958）《臺灣雜詠合刻》，臺北：臺灣銀行經濟研究室。
石萬壽（2004）《樂君甲子集》，臺南：臺南市政府文化局。
仲摩照久（1931）《日本地理風俗大系臺灣篇》，東京：新光社。
伊能嘉矩（1902）《臺灣志》，東京：文學社。
何培夫（1990）《臺灣地區現存碑碣圖誌・臺南市篇》，臺北：國立中央圖書館臺灣分館。
何培夫（1995）《南瀛古碑誌》，臺南：臺南縣政府。
李獻璋（1978）《臺灣民間文學集》，臺南：牧童出版社。
林偉洲、張子文、郭啟傳（2001）《臺灣歷史人物小傳：明清時期》，臺北：國家圖書館。
施懿琳主編（2018）《日治時期南社詩選》，臺南：臺南市政府文化局。
范勝雄（1987）《府城叢談：府城文獻研究》，臺南：日月出版社。
許丙丁（2013）《小封神》，臺南：許勝夫。
許淑娟等（1999）《臺灣地名辭書・卷廿一・臺南市》，南投：臺灣省文獻委員會。
許雪姬（1993）《北京的辮子：清代臺灣的官僚體系》，臺北：自立晚報。
勝山吉作（1931）《臺灣紹介最新寫真集》，臺北：勝山寫真館。
項潔主編（2005）《國立臺灣大學典藏古碑拓本・臺灣篇》，臺北：國立臺灣大學圖書館。
黃典權（1966）《臺灣南部碑文集成》，臺北：臺灣銀行經濟研究室。
黃典權（2017）《海盜香火古港口：臺南研究先驅黃典權紀念專書》，臺南：臺南市政府文化局。
黃耀東（1980）《明清臺灣碑碣選集》，臺中：臺灣省文獻委員會。
臺灣文化三百年紀念會編（1931）《臺灣史料集成》，臺南：臺南市役場。
臺灣總督府內務局編（1936）《史蹟調查報告第二輯》，臺北：臺灣總督府內務局。
趙孝風編（1957）《古都古蹟譚》，嘉義：興中出版社。
鄭喜夫（1990）《臺灣地理及歷史卷九官師志第三冊文武職列傳》，臺中：臺灣省文獻委員會。
鄭道聰（2013）《大臺南的西城故事》，臺南：臺南市政府文化局。

（三）期刊論文

臺南市文獻委員會編（1955）《臺南文化》第 4 卷 4 期。

臺南市文獻委員會編（1956），《臺南文化》第 5 卷 1 期。

（四）網路及報紙資料

全國法規資料庫，https://law.moj.gov.tw/LawClass/2020.11.16。

國史館臺灣文獻館，https://collections.culture.tw/th_collectionsweb/2020.10.15。

國家文化資產網，https://nchdb.boch.gov.tw/assets/overview/antiquity/2020.10.15。

臺南市立化資產管理處，http://tmach-culture.tainan.gov.tw/2020.11.25。

鄭夢醒編《南普陀寺志》，www.nanputuo.com/2020.10.20。

《成功晚報》，1962 年 7 月 16 日。

《臺灣日日新報》，1910 年 7 月 7 日，第 2 版。

《臺灣日日新報》，1914 年 2 月 28 日，第 5 版。

肆
臺南歷史名人

國立臺南大學文化與自然資源學系副教授

張靜宜

本篇原刊於〈臺南市歷史名人掛牌及歷史彰顯〉,《臺灣史料研究》,第 55 期（2020 年 6 月），頁 116-140。

臺南市歷史名人掛牌及歷史彰顯

一、前言

　　民國102年（2013）10月16日臺南市政府文化局公布「臺南市歷史名人紀念作業要點」，[1]其目的是希望透過歷史名人，讓民眾瞭解臺南市是許多先賢共同打拚所累積的成果，其為人及成就是眾人學習典範，進而在名人故居掛牌及設置紀念物的目的是除凸顯其歷史意義外，進而彰顯臺南文化立都的精神。

　　臺南市歷史名人類別原分為藝文類、學術教育類、政治類、醫療類、經濟類等類別，民國104年（2015）新增宗教類、民國105年（2016）新增「技術類」、民國106年（2017）將「藝文類」細分成「藝術類」與「文學類」後，臺南市歷史名人共分成藝術類、文學類、學術教育類、政治類、醫療類、經濟類、宗教類、技術類8種類別。

　　自民國102年（2013）至民國108年（2019）10月臺南市政府文化局共審議通過208位歷史名人，[2]並自民國104年（2015）著手進行名人故居立牌。本文討論重點為208位歷史名人被列入原因、其類型及名人故居立牌目的為何？主要資料來源以臺南研究資料庫之名人故居資料庫中的208位歷史名人著名事蹟、生平小傳等內容加以分析。囿於篇幅關係，僅能進行結構性討論。

1　歷史名人定義為對臺南各領域有重大貢獻，並具全國、世界、歷史知名度之已故名人。名人故居或故址指歷史名人曾居住、停留或具紀念價值之居所或住所。紀念物指為喚起對歷史事件或人物之認識所設置、興建之實質物件、空間或場所，包括紀念性建築物。參見，「臺南市歷史名人紀念作業要點」，https://culture.tainan.gov.tw/。

2　2013年122位。2014年9位。2015年27位。2016年26位。2017年7位。2018年12位。2019年5位。

二、列入原因

（一）指標性

臺南歷史名人中，列入原因之一為臺灣第一或具有指標性的地位。列如表 4-1：

表 4-1　指標性歷史名人

姓名	列入原因
沈光文	開啟臺灣文人設立詩社的風氣，亦為臺灣詩社之濫觴。
施瓊芳	臺灣古典詩人。府城第一位進士。施瓊芳、施士洁父子兩人是臺灣科舉史上唯一的父子檔進士。
林朝英	清代臺灣重要的藝術家。身兼貿易商、書生、鄉紳、慈善家多重身分。
施士洁	臺灣古典詩人。為施瓊芳之子，臺灣文壇罕見的詩、詞、文作家。
汪春源	臺灣最後一個進士。
楊逵	日治時代臺灣文學重要的作家，為第一位成功進軍日本文壇的臺灣作家。
黃金川	日治時期著名的閨秀詩人。著作《金川詩草》為臺灣女性作家的臺灣第一詩集。
陳秀喜	臺灣本土第一位女現代詩人。其詩〈臺灣〉改寫成校園民歌〈美麗島〉，由李双澤作曲。
甘為霖	創建臺灣第一所盲人學校。編著《廈門音新字典》。
巴克禮	臺灣現代化教育的先鋒，創設臺南神學院。推行臺語羅馬字運動。《臺灣府城教會報》的籌備和創刊。翻譯白話字舊約、新約聖經譯本。編著《增補廈門音漢英大辭典》。
林茂生	臺灣第一位哲學博士。
蘇雪林	留居臺灣並終老的五四作家。中國新文學第一代女性作家。
宋斐如	二二八事件受害者。戰後初期行政長官公署高階官員中唯一的臺籍人士。創辦《人民導報》，並擔任社長。
楊藏雄	國內天然物研究的鼻祖。高醫藥學系創系主任。
李鎮源	醫學教育與學術研究貢獻卓越。1979 年榮獲國際毒素學會頒發最高榮譽「Redi」獎。當選為「國際毒素學會」會長，是臺灣人出掌國際學術團體的第一人。
劉明朝	日治時期第一位臺灣人高等文官。
黃朝琴	第一位臺灣省議會議長。
吳三連	臺灣民族運動、社會運動及政治運動的先驅人物。實業界臺南幫的重要精神領袖。商政兼顧文化優先，極力投入文教與社會公益事業。

姓名	列入原因
王育德	臺灣獨立運動的先驅與精神領袖。第一位臺語博士,享譽國際的臺語語言學家。
馬雅各（附傳萬巴德）	英國長老教會第一位駐臺灣宣教師。創設臺灣首座西式醫院,即新樓醫院。
王受祿	臺灣第一位德國醫學博士。
韓石泉	創設「韓內科醫院」,為臺灣私人醫院標榜專科之嚆矢。
吳尚新	臺南市吳園的主人。布袋式鹽田的創始者。
謝國城	被譽為「中華民國棒球之父」。
許世賢	臺灣第一位女醫學博士、女市長。有「嘉義媽祖婆」美名,也是嘉義政壇「許家班」的開山始祖。
王金河	被譽為「烏腳病之父」。
陳明清	推動臺灣基督教大專教育的先河,參與東海大學之籌設。第一位臺灣人在日本當判官之先例。
王育霖	日治時期首位在日本內地擔任檢察官之臺灣人。
高天成	日昭和時期獲得東京帝大的細菌學博士。臺灣第一位的醫學博士杜聰明讚譽他為「臺灣外科醫學之父」。1953年任臺大醫學院院長。
楊玉女	臺南第一位女公醫。
黃彰輝	積極投入神學教育,第一位臺灣人當神學院的院長。
潘貫	為日治時期少數研習化學之臺籍優秀青年。中央研究院首位臺籍院士。
孫理蓮	被譽為「烏腳病之母」、「山地之母」、「盲胞之母」、「孤兒之母」、「麻瘋病人之母」。
李幫助	臺灣第一位女牧師,看西街教會第二任牧師。
章甫	第一批臺籍本土詩人中第一位出版個人詩集者。為臺灣古典詩創作初期的代表詩人之一。
何崔淑芬	曾任臺南女中教師及臺南家職校長,作育英才無數。臺南市議會第一屆議員,因捍衛女權,反對增設特種酒家,不惜辭職,開創地方自治先例。
鄭罕池	率先種植及推廣愛文芒果,改善農村經濟,奠定臺灣芒果外銷基礎,被稱為愛文芒果之父,對臺灣農業發展貢獻卓著。
顏春輝	國際公共衛生專家,臺灣公共衛生奠基者與開拓者。首任中華民國衛生署署長,主導臺灣公衛政策二十餘年。
顏柯明点	南臺灣首位赴日學習婦產專科醫學之女性,是婦產科醫療萌芽時期的拓荒先鋒。
葉阿月	1972年以「唯識思想之研究」,取得東京大學博士學位,可能是臺灣以佛教學術研究獲得博士學位之第一人,提高臺灣佛教界學術水準。第一位於臺大哲學系教授「唯識」、「印度哲學史」及梵文等專業佛教課程的女性教師,提攜後進,培養佛學人才。

資料來源：臺南市政府文化局——臺南文史, https://culture.tainan.gov.tw/form/index-1.php?m2=243&id=1253。

從表 4-1 中可知，列入指標性的歷史名人著重在文學、醫療與學術研究領域。也多是該領域的奠基者或具有臺灣第一的指標性。如：中央研究院首位臺籍院士的潘貫；王金河被譽為「烏腳病之父」。

（二）當地仕紳或民意代表

列入原因之一則是臺南各區重要的家族、民意代表或鄉長。歸類於此類型的歷史名人，列如表 4-2：

表 4-2　地方民意代表之歷史名人

姓名	列入原因
陳華宗	曾任臺南縣議會議長、臺灣省議員。
黃百祿	臺南市參議會議長。
葉瑞西	與父親及兄弟共創「葉連成商號」，鹽水港新興的蔗糖經銷商。由商轉入仕途發展，在清末及日治時期更是鹽水的重要人物，與楊式金、翁煌南時人合稱「月津三名士」。
葉廷珪	創下絕無僅有前後三任（第一、三、五任）臺南市長紀錄。
辛文炳	臺南市第四屆市長。
林耿清	長期擔任地方民意代表，對促進善化發展貢獻極大。
蔡介雄	早期以黨外身分事政治活動。1968 年當選第四屆最年輕的省議員。
謝三升	戒嚴時期積極投入反對運動，擔任當時美麗島雜誌創刊編輯。連任二屆臺灣省議員。
梁許春菊	臺灣戰後的女性參政的代表人物之一。促成多間高中職校的設立，對教育貢獻甚大。南榮工業專科學校創辦人之一。
郭秋煌	對於臺灣農村經濟之穩定，有其貢獻。臺灣省臨時省議會第一、三屆議員；臺灣省議會第一、二屆議員。
黃朝生	醫師與政治人物，當選第一屆臺北市參議員，二二八事件後遇害。
黃清舞	臺灣戰後首任將軍鄉鄉長，曾五度當選將軍鄉長。
歐清石	日治時期在臺南市開設律師事務所，極力維護同胞權益。日治時期臺南市會議員。
梁道	新化首任街長。噍吧哖事件以及二二八事件時，兩次拯救新化人。
劉明哲	日治柳營地區的仕紳。臺灣地方自治聯盟常務理事。

資料來源：臺南市政府文化局——臺南文史，https://culture.tainan.gov.tw/form/index-1.php?m2=243&id=1253。

從表 4-2 中可知，此類別多是臺灣省議員、臺南市議員、地方首長。其中，梁道為新化首任街長。黃清舞為臺灣戰後首屆將軍鄉鄉長。梁許春菊臺灣戰後的女性參政的代表人物之一。葉廷珪創下前後三任（第一、三、五任）臺南市長紀錄。

（三）從事社會運動者

臺南歷史名人中，有多位與臺灣社會抗爭有關，表彰其不畏強權精神。清領時期郭光侯，領導民眾抗糧。乙未抗日時，臺南人出錢出力，如：陳子鏞在日軍入臺後，捐錢號召義勇軍抗日。將軍區林崑岡則是率鄉勇抗日，壯烈犧牲。日治時期漢人最後一次武裝抗日則為噍吧哖事件，由余清芳、江定等人發起，蘇有志響應。該事件後，臺人抗日從武裝抗日改以社會運動。

社會運動時期，臺南人也參與臺灣文化協會，臺灣民眾黨等，期望替臺人發聲，如：蔡培火、林秋梧等人。翁俊明以階級鬥爭為目標，進行抗日。

戰後從事社會運動者，包括有多位在二二事件犧牲的臺南人，如：湯德章、莊孟侯、宋斐如、王育霖等人。投入臺灣獨立運動者，如：黃昭堂、王育德。林書揚則是當代臺灣最重要的工人運動領導者，也是臺灣史上坐牢最久的政治犯。許強是臺灣內科醫療權威，但也是白色恐怖遇難者。高執德主張在家佛學，是日治時期臺灣佛教知識菁英，在白色恐怖時期受難。謝三升戒嚴時期極投入反對運動，擔任當時美麗島雜誌創刊編輯。[3]

（四）致力於臺南文化事業者

歷史名人中有致力於臺南文化事業，如：文獻保存、文學、藝術等名

3　臺南市政府文化局——臺南文史，https://culture.tainan.gov.tw/form/index-1.php?m2=243&id=1253。

人。在廟宇工藝方面，有廖枝德是優秀的臺灣漢式傳統穿鬪式厝屋營建匠師。陳玉峰、陳壽彝、蔡草如、潘春源、潘麗水等寺廟彩繪匠師。

　　文獻保存方面，劉家謀《觀海集》及《海音詩》等詩作，記錄臺灣文史，保存地方文獻。蔡國琳編纂《臺南縣志》，保存地方文獻。趙鍾麒記存史蹟、逸史，保存地方文獻，貢獻殊鉅。村上玉吉撰述《臺灣紀要》、《南部臺灣誌》等書，留存完整的調查報告及南臺灣歷史文化。

　　許丙丁書寫的《小封神》以漢字寫成的臺語小說，對1930年代的臺語文運動而言，是極重要的參考資料，被視為「地方庶民精神的代言人」。莊松林致力整理研究臺灣民俗文獻。黃天橫是臺南知名收藏家、臺南市第一屆文獻委員及文獻委員會顧問。石暘睢是戰後影響臺南文史界甚鉅的鄉土史家。盧嘉興是第一位臺南學術教育類名人，著作豐富。黃清淵鄉土文史家，文獻工作的功績深受肯定。[4]

（五）對臺南地方衛生醫療有貢獻者

　　臺南歷史名人中有多位醫療類，表彰他們對臺南地方衛生醫療的貢獻。日治時期楊金蓮（本名三橋蓮），是臺灣早年助產士，對臺南醫療奉獻至鉅。

　　何瑞麟是臺灣第一代牙醫，率先研究飲水加氟，臺灣防齲推廣先鋒。沈乃霖在新營開設「沈內科醫院」，黃金火經營「共和醫院」、韓石泉開始「韓內科醫院」；翁鍾五是鹽水地區的醫生。[5]

（六）非出身臺南，但對臺南有貢獻者

　　此類別多已在臺任職的官吏、技術人員為主，如荷屬東印度公司長官普特曼斯及揆一；明鄭時期的宗室朱術桂、鄭成功、鄭經、陳永華等人；

---

[4] 臺南市政府文化局——臺南文史，https://culture.tainan.gov.tw/form/index-1.php?m2=243&id=1253。

[5] 同上註。

清領時期的臺灣知府、臺灣知縣等，如：蔣元樞、楊廷理、陳璸、周鍾瑄、蔣允焄、姚瑩、沈葆楨、沈受謙等人；日治時期的磯貝靜藏、枝德二等人。技術人員方面，以臺南水道的濱野彌四郎，嘉南大圳的八田與一為代表。

教會相關的人物，包括從事醫療、教育、傳教等事業者，如：長老教會的馬雅各、甘為霖、巴克禮、萬巴德等人；林澄輝、林鄧璐德等。被稱為「烏腳病之母」的孫理蓮。

此外，尚有拓墾者。黃本淵在嘉慶 18 年（1813）獲得優貢生功名，後辭官回臺，向清廷租下了安南區濱海一帶的海埔新生地，獨資僱請工人開墾，為安南區本淵寮的開發鼻祖。江如南為楠西鹿陶洋江家的來臺始祖。[6]

（七）出身臺南對臺灣社會有貢獻者

歷史名人學術教育類中的多位為臺灣各領域學術領航者，如：許明昆致力閩南語及祭禮之研究及教育；莊君地一生從事機械工程教育，對國家社會之貢獻卓著。賴再得是臺灣工程教育的奠基者。

李鎮源以毒蛇研究知名。陳奇祿是國內學術發展的先驅者，也是文化政策的推動者。黃鑑村文理兼通，橫跨電子技術推廣及文藝創作之科學家、教育家與文學家。畢生致力無線電教育，對臺灣發展無線電通信極具貢獻。

除學術教育類別外，經濟類的臺南幫，包括侯雨利、吳尊賢、吳修齊、高清愿等人，臺南幫涉及產業多元，臺南紡織、統一企業等。創立誠品書店的吳清友，成為臺灣最具代表性的文化產業之一，也是華人文創品牌的最佳代表。

李連春為臺灣早期糧政的主要奠基者，不僅規劃農業整治增產方案，

---

[6] 臺南市政府文化局——臺南文史，https://culture.tainan.gov.tw/form/index-1.php?m2=243&id=1253。

並落實執行糧食的管制政策。[7]

三、歷史名人類型

依類別分，人數最多的是政治類 56 名，其次是文學類 40 名，第三多的為學術教育類 31 人，藝術類 25 人，經濟類 23 人，醫療類 16 人，宗教類 13 人，技術類 4 人。

依區域分，中西區的名人有 80 名，約占總數的 38%，此應與中西區自清領時期即為臺南重要經濟文化區域有關。舊臺南市範圍共有 118 人，約占總數 57%。新市區、安定區、左鎮區、關廟區目前並無登錄為歷史名人。各地歷史名人多與當地民意代表、地方首長被列入政治類有關。佳里文學類 5 名均與北門七子有關。學甲經濟類的 4 名中多與臺南幫有關。

表 4-3　臺南歷史名人區域分布一覽表

區名	藝術	文學	學術教育	政治	醫療	經濟	宗教	技術	合計
中西區	12	17	12	19	6	8	6	-	80
東區	-	-	9	2	1	3	3	-	18
南區	1	-	-	-	-	-	1	-	2
北區	2	4	-	5	-	-	1	-	12
安平區	1	-	-	4	-	1	-	-	6
安南區	-	-	-	-	-	1	-	-	1
新營區	1	-	-	-	1	-	-	-	2
鹽水區	-	2	-	2	1	-	-	-	5
白河區	-	1	1	-	-	-	1	-	3
柳營區	2	1	-	2	-	-	-	-	5
後壁區	-	-	-	1	-	-	-	1	2
東山區	-	-	1	-	-	-	-	-	1
麻豆區	-	-	1	1	-	1	-	-	3

---

[7] 臺南市政府文化局——臺南文史，https://culture.tainan.gov.tw/form/index-1.php?m2=243&id=1253。

區名	藝術	文學	學術教育	政治	醫療	經濟	宗教	技術	合計
下營區	1	1	-	1	-	-	-	-	3
六甲區	-	-	-	1	-	-	-	-	1
官田區	-	-	-	-	-	-	-	1	1
大內區	-	-	1	-	2	1	-	-	4
佳里區	-	5	-	1	1	-	-	-	7
學甲區	-	-	-	4	-	4	-	-	8
西港區	-	1	-	-	-	-	-	-	1
七股區	-	-	1	-	-	-	-	-	1
將軍區	-	1	-	2	-	1	-	-	4
北門區	1	1	-	-	1	1	1	-	5
新化區	1	3	-	3	-	-	-	-	7
善化區	-	1	-	2	-	-	-	-	3
新市區	-	-	-	-	-	-	-	-	0
安定區	-	-	-	-	-	-	-	-	0
山上區	-	-	-	-	-	-	-	1	1
玉井區	-	-	-	-	-	-	-	1	1
楠西區	-	-	-	1	-	-	-	-	1
南化區	-	-	-	1	-	-	-	-	1
左鎮區	-	-	-	-	-	-	-	-	0
仁德區	-	-	-	1	-	-	-	-	1
歸仁區	-	-	-	2	-	-	-	-	2
關廟區	-	-	-	-	-	-	-	-	0
龍崎區	-	-	1	-	-	-	-	-	1
永康區	-	-	-	-	-	1	-	-	1
湖內	-	-	1	-	-	-	-	-	1
二林	-	-	1	-	-	-	-	-	1
無	3	2	2	1	3	1	-	-	12
計	25	40	31	56	16	23	13	4	208

資料來源：臺南市政府文化局──臺南文史，https://culture.tainan.gov.tw/form/index-1.php?m2=243&id=1253。

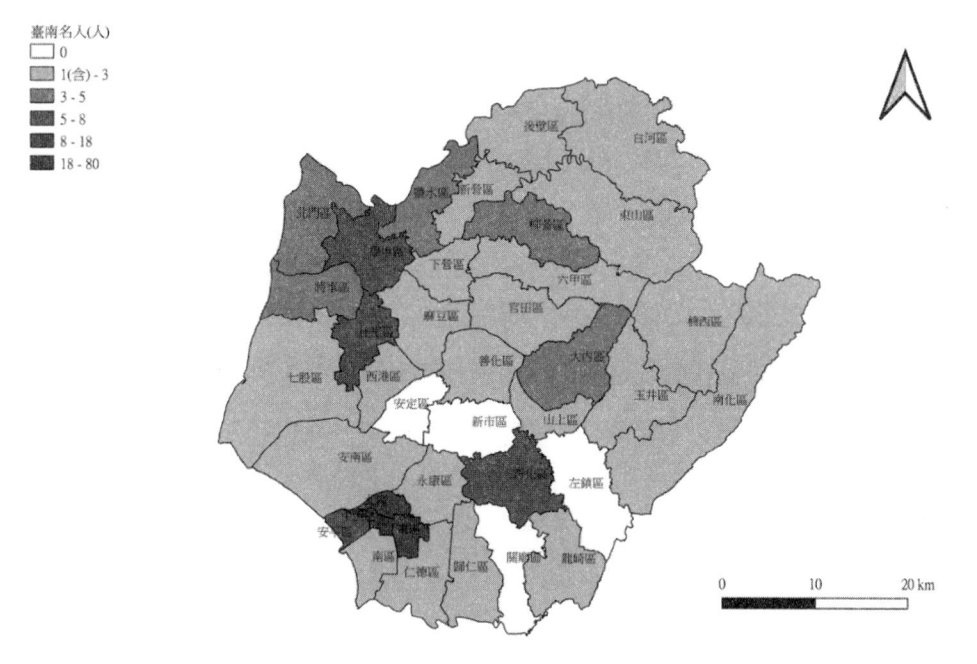

圖 4-1　臺南歷史名人區域分布圖 © 杜晏汝繪製

(一) 政治類

　　臺南歷史名人政治類有 56 人，年代分布從荷蘭時期至戰後，包括官吏、民意代表、社會運動者、拓墾者等身分。

　　荷蘭時期的政治類有普特曼斯及揆一，都曾任荷屬東印度公司臺灣長官。揆一為臺灣荷蘭統治時期的最後一任臺灣長官，永曆 29 年（1675）著《被遺誤的臺灣》一書，記錄當時臺灣發生的事情。明鄭時期有 8 人，包括明宗室朱術桂，鄭氏相關的鄭成功、鄭經、鄭克塽、陳永華、李茂春、何斌等人。

　　清領時期有 12 名，有來臺擔任臺灣知府、臺灣縣知縣的官吏，陳璸、周鍾瑄、蔣允焄、蔣元樞、楊廷理、姚瑩、沈受謙等人，表彰其在任內對臺南的建設與貢獻，如：蔣元樞修文廟、萬壽宮、接官亭石坊等，並撰《重修臺郡各建築圖說》。另有來臺處理牡丹社事件的沈葆楨，在臺南建二鯤鯓砲臺，裝設安平、廈門之間海底電線，也完成第一張現代測量臺

灣府城街道圖。

有參與社會事件者，郭光侯、林崑岡及陳子鏞等人，郭光侯率領民眾到府城抗議，領導民眾抗糧，即為「郭光侯事件」。乙未抗日時，林崑岡召集各地仁人志士於漚汪文衡殿前擺案誓師，力戰日軍於八掌溪畔，後因誤陷竹篙山（今學甲地區）而自刎，鄉民設忠神公神位並建忠神殿奉祀，後於將軍文衡殿內設林崑岡紀念堂，緬懷其忠義的精神。陳子鏞被劉永福延攬擔任臺灣民主國籌防局長，負責維持治安兼籌募軍餉。陳子鏞捐獻巨額私財，編練義勇軍，擔任維護治安，抗拒日軍。

另有江如南是楠西鹿陶洋江家來臺始祖。目前聚落中約有30多戶居住，共有136棟建築物，為臺灣現有保存完整的最大一個同姓家族聚落。

日治時期政治類名人包括官吏、社會事件、民意代表等。官吏包括臺南縣知事磯貝靜藏，臺南廳長枝德二。鹽水葉瑞西是清末及日治時期更是鹽水的重要人物。劉明哲為柳營地區的仕紳，曾任查畝營（今柳營）庄長。

參與社會抗爭的有參與玉井事件的余清芳、江定、蘇有志。翁俊明以「打倒倭寇，收復臺灣，歸宗祖國，還我自由」為目標。參與臺灣文化協會、臺灣民眾黨等的盧丙丁任民眾黨中央常務委員，負責社會部及宣傳部；並任臺南支部常務委員，兼民眾黨之外圍組織「臺南勞工會」、「臺南機械工友會」之負責人。林秋梧有「革命僧」、「革命和尚」之稱，並提倡宗教改革，反對普度運動。

戰後政治類名人有25名，包括民意代表或地方首長。如：新化區梁道及梁許春菊、將軍區黃清舞、柳營區劉明朝、中西區葉廷珪、黃百祿及蔡介雄、北區辛文餅、善化區林耿清、學甲區陳華宗、謝三升及郭秋煌，出身臺南擔任嘉義市長的許世賢，出身臺南擔任高雄市長楊金虎等，鹽水黃朝琴歷任臺灣省議會議長。

在公務單位服務具有貢獻者有佳里區林金莖，致力於臺日外交工作。李連春為臺灣早期糧政的主要奠基者。

社會運動相關者多與二二八事件有關，如：湯德章、宋斐如、王育

霖、黃朝生、莊孟侯等。林書揚為臺灣馬克思主義思想家與工人運動領導者。臺灣社會運動先驅蔡培火。吳三連為日治時期與戰後臺灣民族運動、社會運動及政治運動的先驅人物。亦為實業界臺南幫的重要精神領袖，更投入文教與社會公益事業，獎勵後學。[8]

（二）經濟類

經濟類有 23 名，清領時期經濟類人物與拓墾、殖產有關。殖產方面，吳尚新是臺南吳園的主人和布袋式鹽田的創始者，改良鹽田設計，使鹽產量增加。陳北學家族的商業活動與砂糖產業有關，他亦從事社會救濟事業參與天壇講善局。石時榮經營糖米貿易，創「石鼎美」商號。於蔡牽犯臺時，協守城池有功，又捐款修建義民廟。拓墾者有林文敏麻豆林家遷臺始祖，曾在府城開設商號「林裕發行」，經營與福建之間的黑砂糖貿易，財富累增成為大地主。黃本淵，獨資僱請工人開墾海埔新生地，並搭設草寮，負責船隻的管理，為地方民眾帶來利益與財富。

日治時期的經濟類名人與殖產有關，包括固園黃家的黃欣、黃溪泉，黃欣赴日留學後，返臺經營農場魚塭，後轉投資各項工商事業；劉瑞山與劉錫五合開「和發號」，開辦雜貨，後改為「和源」，經營糖的精製及稻米的輸出，進口海產。因事業有成，土地遍布，在大正 9 年（1920）時，成為臺南市最富有的地主和最大的繳稅者。

王雪農投入製糖業，合資設立「鹽水港製糖株式會社」、「臺南製糖株式會社」、「斗六製糖株式會社」，擔任社長。許藏春為臺南重要的商界人士之一。吳汝祥於日本政府發行債券收買地主的大租權，結合吳德功、楊吉臣以大租權補償公債為股本於明治 38 年（1905）創立「株式會社彰化銀行」，為日治時期臺灣實業界代表人物之一。

戰後的經濟類人物包括誠品創辦人吳清友，臺南幫侯雨利、吳修齊、

---

[8] 臺南市政府文化局——臺南文史，https://culture.tainan.gov.tw/form/index-1.php?m2=243&id=1253。

吳尊賢、高清愿；被譽為「中華民國棒球之父」謝國城等人。何傳是永豐餘造紙股份有限公司創辦人，新臺灣農業機械《久保田農機》負責人，更是台灣塑膠工業股份有限公司的創辦人之一。民國66年（1977）創立信誼文教基金會，是臺灣最早從事推廣學前教育的專業服務機構。

楊藏嶽在民國71年（1982）於臺灣電力公司退休，在機電工程領域有傑出表現。吳金川在昭和7年（1932）任職滿州國中央銀行，掌握滿洲所有經濟數據，幫助到滿洲工作的臺灣人。民國37年（1948）回到臺灣，民國41年（1952）任彰化商業銀行協理兼業務部經理、儲蓄部經理，民國73年（1984）升任董事長，是臺籍金融界的巨擘之一。[9]

(三) 文教類

1. 文學類

文學類的歷史名人有40名，明鄭時期沈光文在目加溜社開館授徒。李茂春為臺灣鄉愁文學的嚆矢。清領時期有施瓊芳、施士洁、陳旺曾、陳輝、章甫等人。日治時期臺南文學名人有21名，包括北門七子中的吳新榮、王登山。與文學團體相關的蔡國琳、許南英、趙鍾麒、胡殿鵬、羅秀惠、楊宜綠、洪鐵濤、連橫及謝國文等人與府城詩社有關。張水波是月津吟社創立人之一。王則修創設虎溪吟社。許丙丁是「臺語文學香火的先驅者」；劉吶鷗以中文創作小說，也從事翻譯藝術、電影理論，同時寫影評、編劇、導演、拍電影。黃金川、石中英、蔡碧吟則為出身臺南的女詩人。[10]

戰後臺南文學名人包括北門七子中的徐清吉、郭水潭、林芳年、林清文、莊培初等。楊熾昌是臺灣文學界引進現代主義的先驅人物。葉石濤是位小說家、文學評論者，民國76年（1987）完成的《臺灣文學史綱》，是戰後臺灣文學史著作，對於臺灣文學史的研究意義重大。陳秀喜是臺灣本

---

9 臺南研究資料庫——歷史名人。
10 同上註。

土第一位女現代詩人。葉笛為當代重要作家之一。林佛兒是臺灣推理文學之先行者與重要推手，對臺灣文學與文化推廣發揮極大功能。葉陶為臺灣婦女運動先驅。許地山為五四新文學運動的先驅與代表人之一，對臺灣的新文學亦有深遠的影響。[11]

2. 藝術類

清領時期藝術家代表為林朝英，日治時期有與音樂相關的林氏好，王雲峰。繪畫相關的有劉啟祥與顏水龍。

戰後藝術歷史名人，與廟宇彩繪相關的陳玉峰、陳壽彝、蔡草如、潘春源、潘麗水等。音樂相關的許石、吳晉淮、林香芸、林清月、張晶晶、張鴻明等人。繪畫相關的有洪通、郭柏川、謝國鏞、沈哲哉等人。其中，沈哲哉、郭柏川、黃慧明、謝國鏞、張炳堂等人，籌組「臺南美術研究會」(「南美會」)，同時成立美術研究所。戲曲相關的為歌仔戲柳青。書法朱玖瑩、電影黃煌基、舞蹈蔡瑞月。[12]

3. 學術教育類

學術教育類有清領劉家謀，記錄臺灣文史，保存地方文獻。日治時期有村上玉吉撰述《臺灣紀要》為日治時期對臺最完整的調查報告書。「興文齋」林宣鰲。蘇正生見證臺灣棒球發展史；石暘睢畢生致力研究文史，被譽為「鄉土資料的活辭典」。陳明清推動臺灣基督教大專教育的先河，參與東海大學之籌設等。[13]

戰後與學術教育有關的有留居臺灣並終老的五四作家蘇雪林；臺灣工程技術奠基者莊君地、賴再得；潘貫在熱力學研究方面頗有貢獻；郭明昆致力於閩南語及祭禮之研究及教育；黃昭堂是海外臺獨運動三十多年來的核心幹部。陳奇祿是國內學術發展的先驅者，也是文化政策的推動者。黃

---

11 臺南研究資料庫——歷史名人。
12 同上註。
13 同上註。

鑑村畢生致力無線電教育，對臺灣發展無線電通信極具貢獻。楊祥發對全球農業科技有重大貢獻。林山田是臺灣刑法學界大師。楊南郡為作家、登山家、臺灣古道踏勘先驅。[14]

與教育事業推展有關的李昇曾任臺南二中、臺南一中校長。被稱為「現代武訓」林占鰲；劉主安是長榮女子高級中學榮譽校長，一生著書甚豐；何崔淑芬曾任臺南女中教師及臺南家職校長，作育英才無數。

臺南文化保存有貢獻者，黃天橫為臺灣知名收藏家，臺南市文史協會創會元老。盧嘉興在臺灣史領域自學有成，民國89年（2000）臺南市政府曾將其古典文學作家的傳記資料、作品，蒐羅彙集成《臺灣古典文學作家論集》三冊出版，彰顯盧嘉興研究成果。[15]

（四）醫療技術類

1. 醫療類

日治時期醫療類的有黃金火為臺籍醫師，大正11年（1922）與韓石泉於臺南市合開「共和醫院」。顏柯明点為南臺灣首位赴日學習婦產專科醫學之女性。

戰後醫療類名人有吳秋微、韓石泉、顏振聲、沈乃霖、王金河、翁鐘五等致力於地方醫療。其中，許強為臺灣著名醫師，為內科醫學權威，也是白色恐怖時代之受難者之一。高天成是落實外科「本土化」的醫學先驅者。楊玉女為臺南第一位女公醫；楊金蓮，原名三橋蓮，為臺灣早年助產士，民國42年（1953）在臺南市開設惠生醫院，創下南市婦產專業醫院的先例。

郭松根為臺灣醫學博士，致力熱帶醫學，提升臺灣公共衛生品質。顏振聲於臺南市開設「愛育堂」，是最早自行開業的臺灣籍醫生之一。何瑞

---

14 臺南研究資料庫——歷史名人。
15 同上註。

麟為臺灣第一代牙醫。[16]

2. 技術類

日治時期技術類的均與臺灣水資源運用有關，臺南水道濱野彌四郎、嘉南大圳八田與一。戰後技術類的有廖枝德在民國104年（2015）獲頒「總統褒揚令」以表彰其恢弘地方無形文化資產，盡瘁臺灣庶民建築美學之功。被稱為愛文芒果之父鄭罕池。[17]

（五）宗教類

清領時期宗教類的名人均與基督教長老教會有關，包括馬雅各、甘為霖、巴克禮、萬榮華及高長等傳教士。

高執德是活躍於日治時期之臺灣佛教知識菁英，致力推動僧伽教育與佛教改革，積極傳遞佛法新觀念，被讚譽為臺灣佛教百年來最傑出的學者之一。

戰後宗教類，除陳榮盛在民國98年（2009）臺南市府將其登錄傳統藝術「道教靈寶道法科儀及音樂藝術」之保存者，對臺灣道法科儀的推廣與人才培育頗有貢獻外，多與西方宗教有關，黃彰輝被譽為「獻身普世運動的臺灣本土神學家」。

孫理蓮與孫雅各牧師婚後，隨夫來臺傳教，前後開辦多項機構，一生持續推動臺灣基督教傳教事業。林澄輝及林鄧璐德女士一生積極奉獻於教會與醫療照護工作。

李幫助是臺灣第一位女性牧師，為臺灣基督教發展持續奉獻，包括開拓教會、建立神學院、救助貧弱，以及投入道生院系統的建立。[18]

16　臺南研究資料庫──歷史名人。
17　同上註。
18　同上註。

四、名人故居立牌

臺南市政府為表彰其歷史貢獻，徵得歷史名人後代同意，逐年於名人故居設置紀念牌或紀念雕像，以「對個別名人適宜」及「對城市人文景觀有益」的紀念形式，逐步推動南市歷史名人紀念與保存工作。立牌地點多以其發跡地點或祖厝為主。

臺南市從民國104年（2015）著手名人故居掛牌作業，第一位掛牌的名人故居是新化區梁道，其故居在民國104年（2015）2月14日掛牌，梁道創辦「道仁醫院」，是為仁醫，也是大正9年（1920）新化區日治時期第一任街長，任內完成新化街役場、新化街道整建、集資創立新化軌道株式會社。戰後，梁道擔任官派臨時鎮長，民國36年（1947）出任臺灣省參議會參議員。故居立牌希望彰顯，其對新化當地的政經、文化與公共衛生影響深遠，也紀念其在噍吧哖事件與二二八事件中不畏強權，皆極力維護地方民眾的身家性命的義舉。[19] 除梁道外，該年度進行湯德章、吳三連、吳修齊及吳尊賢、侯雨利、吳晉淮、郭柏川、王金河、吳新榮等，共9人故居紀念牌掛牌。

民國105年（2016）辦理韓石泉、許石、林耿清、龔聯禎、林澄輝及林鄧璐德等5處故居掛牌。民國106年（2017）完成黃清舞、許藏春、盧嘉興、陳玉峰及陳壽彝等4故居掛牌。民國107年（2018）在李連春、莊培初、王育霖＆王育德、李昇、劉啟祥等5處進行名人故居掛牌，完成七股區龍山里海岸遊憩區黃昭堂銅像、臺南公園林朝英銅像等2處公共藝術設置。民國108年（2019）辦理鄭罕池故居掛牌，即截至該年10月，臺南市政府文化局共完成24處歷史名人故居掛牌，及設置2處公共藝術。24處歷史名人故居掛牌地點，列如表4-4：

19　臺南市政府施政成果，https://plan.tainan.gov.tw/ach/search.asp。〈歷史名人梁道故居市長賴清德掛牌〉，《聯合報》（2015年2月4日）。

表 4-4　24 處臺南歷史名人故居一覽表

序號	姓名	紀念牌設置地址
1	梁道故居	臺南市新化區太平里仁愛街 32 號
2	湯德章故居	臺南市中西區福安里友愛街 115 巷 11 號
3	吳三連故居	臺南市學甲區光華里新頭港 12 號
4	吳修齊 & 吳尊賢故居	臺南市學甲區光華里新頭港 26 號
5	侯雨利故居	臺南市北門區仁里里二重港 1 鄰 6 號
6	吳晉淮故居	臺南市柳營區人和里界和路 158 號
7	郭柏川故居	臺南市北區公園路 321 巷 27 號
8	王金河故居	臺南市北門區永隆里 27 號
9	吳新榮故居	臺南市佳里區新生路 272 號（小雅園）
10	韓石泉故居	臺南市中西區民權路二段 299 號（韓內兒科診所）
11	許石故居	臺南市中西區慈聖街 81 號
12	林耿清故居	臺南市善化區公園路 30 號
13	龔聯禎故居	臺南市學甲區光華里新頭港子 7 號
14	林澄輝及林鄧璐德故居	臺南市中西區西和路 100 號（林澄輝紀念大樓及璐德養護中心）
15	黃清舞故居	臺南市將軍區西華里 1 號（方園美術館）
16	許藏春故居	臺南市中西區神農街 57 號
17	盧嘉興故居	臺南市中西區永福路二段 63 巷 9 號
18	陳玉峰及陳壽彝故居	臺南市中西區民族路二段 391 巷 11 號（大天后宮前）
19	李連春故居	臺南市後壁區墨林里 235 號
20	莊培初故居	臺南市佳里區營頂里營頂 80 號
21	王育霖 & 王育德故居	臺南市中西區民權路二段 96 號臺南市中西區民權路二段 30 號吳園後方排屋
22	李昇故居	臺南市東區民族路一段 17 巷 26 號
23	劉啟祥故居	臺南市柳營區中山西路三段 112 號
24	鄭罕池故居	臺南市玉井區中正路 149 號

資料來源：臺南市政府文化局，https://culture.tainan.gov.tw/content/index.php?m2=237。

　　從表 4-4 可知，24 處歷史名人故居，就類別而言，有政治類、經濟類、醫療類、藝術類、文學類、學術教育類等。就分布區域而言，24 處中位於中西區的有 8 處，學甲區有 3 處，北門區、佳里區、柳營區等有 2 處，其餘東區、北區、新化區、善化區、將軍區、後壁區、玉井區等 1

處。除上述新化區的梁道外，依區域分別說明各區域立牌的名人故居，中西區有 8 位立牌的名人故居。

（一）政治類

湯德章（1907-1947）曾赴日本入東京私立學校讀書並通過日本高等文官司法人員考試，回臺灣後為執業律師。戰後，湯德章擔任臺南市人民自由保障委員會主任委員、候補省參議員。民國 36 年（1947）二二八事件爆發後，擔任處理委員會臺南分會治安組組長，後被處死。湯德章被捕當天，一面力抗拒捕，一面爭取時間將住所有關名單資料燒毀，挽救當時許多臺南社會人士及學生倖免於難。3 月 13 日湯德章遭遊街至臺南民生綠園槍殺示眾。

民國 86 年（1997），湯德章遭槍決之處更名為「湯德章紀念公園」，民國 103 年（2014），將其遇難日（3 月 13 日）訂為「臺南市正義與勇氣紀念日」，紀念他一生正義英勇，為臺南奉獻的事蹟和精神。並為表彰湯德章律師英勇堅韌臺灣精神典範，民國 104 年（2015）3 月 13 日特別於湯德章故居舉行故居紀念牌掛牌儀式。湯德章的故居掛牌深具歷史與文化意義，許文龍受邀致詞時，強調希望藉此省思臺灣族群矛盾與歷史傷痕。[20]

民國 107 年（2018）9 月 8 日王育霖及王育德故居掛牌，兩者分別列為政治類與學術類名人。王育霖（1919-1947），在臺北高等學校畢業後就讀日本東京帝國大學法科，在學時通過「高等文官試驗」，取得司法官資格，為日本本土第一位臺灣人檢察官。二次世界大戰後，回臺任新竹市檢察官，任內偵辦新竹市長郭紹宗少將涉及貪污「救濟奶粉」未果，憤而辭職，改任臺北市建國中學教師，並擔任民報法律顧問。二二八清鄉期間遭便衣憲兵、警察拘捕。被捕後，王育霖被監禁於保安司令部第二處，至今

---

20 臺南市政府施政成果，https://plan.tainan.gov.tw/ach/search.asp。〈湯德章故居掛牌擬開放部分參觀〉，《自由時報》（2015 年 3 月 14 日）。

未能尋獲。

　　王育德是日本時期臺灣獨立運動的先驅與精神領袖，也是第一位臺語博士和臺語語言學家，兄長遇害後，逃亡日本，推展臺灣獨立運動，民國49年（1960）王育德在日本東京成立臺灣青年社、發行《臺灣青年》雜誌迄今，並關懷日本時期臺籍日本兵問題。為彰顯王育德事蹟，市府另於吳園設置王育德紀念館，彰顯其對臺語研究和對臺灣民主成果奉獻。[21]

　　民國106年（2017）1月7日上午於將軍區漚汪黃清舞故居舉行掛牌儀式。黃清舞（1905-1994），臺灣醫學專門學校（現臺大醫學院）畢業後，返鄉開設診所，民國35年（1946）擔任將軍鄉首任官派鄉長，且五度當選將軍鄉長，擔任鄉長長達十五年，任內設立圖書館、抗日烈士林崑岡紀念館。任內極少出席宴會，以免延誤看病救人，鄉里傳為美談。黃清舞擅長書法、精通音律，藏書豐富，才華洋溢、學養俱佳，風範值得後人學習，故立牌彰顯其對於將軍區的貢獻。[22]

　　民國105年（2016）9月18日林耿清故居掛牌。林耿清政治經歷豐富，曾任原善化鎮民代表會第六屆副主席，第七、八屆主席及臺灣省議會第五、六屆議員，深受地方各界愛戴，在政壇對後輩提攜關心，並贏得省政首長之支持和重視。同時他也是「善友管絃樂團」民國39年（1950）創團元老之一，允成化工等公司董事長，善化扶輪社創社社長，臺南縣工業會創會理事長，臺南一中傑出校友，成大化工系傑出系友，畢生閱歷豐富。此外，林耿清於臺灣省議員任內，竭力爭取創設成功啤酒廠、善化鎮電話接線自動化、興建麻善大橋、鋪設善化地區自來水管線、興建肉品市場等，熱心公益，對促進地方發展貢獻極大。[23]

　　李連春故居在民國107年（2018）4月10日掛牌，民國35年（1946）出任臺灣省糧食局副局長，後升任局長。民國38年（1949）國民

---

21 〈王育德紀念館開幕故居掛牌〉，《臺灣教會公報》（2018年9月13日）。
22 臺南市政府施政成果，https://plan.tainan.gov.tw/ach/search.asp 。〈獲選歷史名人故居黃清舞故居「遂園」掛牌〉，《自由時報》（2017年1月8日）。
23 臺南市政府施政成果，https://plan.tainan.gov.tw/ach/search.asp 。

政府遷臺，人口大量移入，為確保糧食供應無缺，他著手制訂糧食增產計畫，進而糧食大量增產，民國39年（1950）即達到糙米生產量目標，臺灣始有餘糧可外銷。即其曾主持臺灣糧政長達二十四年，不僅規劃農業整治增產方案，落實執行糧食管制政策，並發行糧食實物債券，支援建設石門、曾文水庫，是臺灣早期糧政重要奠基者。民國55年（1966）先總統蔣公曾特頒「功在民生」匾額，現仍保存於故居大廳。[24]

（二）經濟類

　　許藏春故居於民國106年（2017）2月9日舉行掛牌儀式，許藏春（1853-1919），19歲自福建晉江遷移府城，在北勢街景祥行擔任雜役，備受東家器重，東家歿後，幫忙料理其家政，擔任景祥號總經理三十餘年。許藏春擁有「金永福號」、「金陞美號」、「協慶號」、「金永發號」等四艘商船，從事砂糖、茶葉等買賣，在商船貿易界享有盛名。許藏春於大正2年（1913）發起捐金遷建金華府於神農街現址，隔年捐金贊助法華寺重建。大正5年（1916）發起重修水仙宮，經費由三郊組合與對外募捐支應，同年整修完成，許藏春辭三郊組合長一職，擔任管理人。日治時期，曾擔任臺南三郊組合會第二任組合長、出任臺南地方法院「舊慣囑託」，並先後擔任臺南學務委員、地方稅委員、保甲局長與衛生局長等職，在地方與商界享有盛名，為臺南重要的商界人士之一。即彰顯其熱衷公益，及對臺南經濟貢獻。[25]

　　學甲區有經濟類吳三連、吳修齊與吳尊賢及龔聯禎等3處名人故居。民國104年（2015）3月22日歷史名人吳三連、吳修齊與吳尊賢學甲區新頭港二處故居舉行掛牌儀式，表達對3位名人在臺灣、臺南政治、文化教育及經濟產業的特殊貢獻。

24　臺南市政府施政成果，https://plan.tainan.gov.tw/ach/search.asp 。〈南市第十八處歷史名人故居李連春故居掛牌〉，《自由時報》（2018年4月10日）。

25　臺南市政府施政成果，https://plan.tainan.gov.tw/ach/search.asp 。〈日治商界聞人許藏春故居掛牌〉，《自由時報》（2017年2月10日）。

吳三連（1899-1988），日治時期即投身於臺灣民族、社會及政治運動。戰後，吳三連積極參與各項公職選舉，民國36年（1947）當選國大代表，民國39年（1950）出任官派臺北市長，並於民國40年（1951）民選時連任。民國43年（1954）當選臺灣省議員（兩任），並與鄉親合組臺南紡織公司，為「臺南幫」企業集團之肇始。民國48年（1959）投入文化教育事業，接辦《自立晚報》，並先後創辦臺北延平中學、學甲天仁工商、南臺工專、吳三連文藝獎等，獎勵文藝活動，推動本土文化事業不遺餘力。

　　吳修齊（1913-2005）、吳尊賢（1916-1999）兄弟，學甲區新頭港人，昭和9年（1934）合夥開設「新和興布行」，昭和12年（1937）因戰爭影響布匹來源而歇業。戰後新和興行復業，先後在臺北及中國上海成立「三興行」，由上海採購紗布運臺銷售，業績鼎盛。民國38年（1949）中國局勢逆轉，紗布來源中斷，上海三興行、臺北三興行、臺南新和興行相繼歇業。民國39年（1950），臺海情勢漸形穩定，吳氏兄弟在臺北設立新和興行，專營紗布進口批發。民國43年（1954）與吳三連、侯雨利等人投資創設「臺南紡織公司」，吳修齊任董事長（其後亦任統一企業董事長），在工商業界扮演重要角色。而吳尊賢則創辦「財團法人吳尊賢文教公益基金會」，熱心公益，被譽為「企業界的文化人」。[26]

　　民國104年（2015）5月17日侯雨利故居掛牌，侯雨利北門二重港人，民國44年（1955）成立臺南紡織，投資股權逾半，採用專業經理人（CEO）制，民國56年（1967）又創建統一企業，漸成財團，因此被視為臺南幫企業集團及統一企業集團的創辦者，人稱「臺南幫祖師爺」。侯雨利創業有成後的理念和精神是「取之於社會、用之於社會」，對弱勢族群非常照顧，並熱心公益。[27]

26　臺南市政府施政成果，https://plan.tainan.gov.tw/ach/search.asp。謝國興《臺南幫：一個臺灣本土企業集團的興起》（臺北：遠流，1999）。

27　臺南市政府施政成果，https://plan.tainan.gov.tw/ach/search.asp。〈《第五處台南市定歷史名人故居》曾為台灣首富侯雨利故居掛牌〉，《自由時報》（2015年5

民國105年（2016）10月23日學甲區新頭港龔聯禎故居掛牌，[28] 龔聯禎於戰後成立農產物加工廠生產飼料，再改建新生製麻廠生產麻布袋，因品質優良信用極佳，奠定事業基礎後，鑑及當時工商業發展與專才之需求，毅然捐資興學，民國47年（1958）創設「私立天仁工商職校」（1958-2015），該校也是臺南地區首創的私立職業學校。培育英才無數，堪稱白手起家的臺南企業家代表。[29]

（三）醫療類

　　民國105年（2016）3月17日於韓石泉故居舉行掛牌儀式。韓石泉一生懸壺濟世，同時也致力民族運動，參加臺灣文化協會，致力非武裝抗日活動，並擔任「二二八處理委員會臺南市分會主委」，雖曾因此被國民黨拘捕入獄，但當時在他與各界賢達努力下，使臺南的傷亡損失降到最低。也致力於女子教育，光華高中前身是日治時期由日本佛教徒設置的女子家政學校，戰後一度被視為日產，即將拍賣充公，韓石泉爭取保留後，並一肩承擔經營學校費用，讓學校運作迄今。總之，由於其一生為臺南、臺灣在醫療、政治、教育等方面貢獻良多，也致力提倡女子教育等性別平權觀念，為社會留下學習典範，期盼藉由掛牌儀式讓更多人領會其為社會奉獻的精神。[30]

　　民國105年（2016）12月18日在林澄輝紀念大樓舉行林澄輝、林鄧

月18日）。

28　龔聯禎故居位於學甲新頭港傳說中的「烏鴉落洋」寶穴，當年僅住有三、四十戶人家，全部面朝西邊，一字排開，計有4排。住在第一排的吳興傳和第二排的吳乃占成為鄉紳，住在第三排的龔聯禎和第四排的吳三連、吳修齊及吳尊賢昆仲在臺灣政壇及商界開創了號稱「臺南幫」的企業版圖。

29　臺南市政府施政成果，https://plan.tainan.gov.tw/ach/search.asp。〈龔聯禎故居掛牌列歷史名人〉，《自由時報》（2016年10月24日）。

30　臺南市政府施政成果，https://plan.tainan.gov.tw/ach/search.asp。〈歷史名人韓石泉故居掛牌緬懷前者風範〉，《自由時報》（2016年3月17日）。

璐德掛牌儀式，林澄輝、林鄧璐德夫妻畢生奉獻臺灣，致力於醫療工作，民國45-47年（1956-1958）分別創立「臺南特別皮膚科」與「嘉義特別皮膚科」，為臺灣南部痲瘋病患的治療中心，使南部地區的痲瘋病幾近絕跡。民國61年（1972），臺南特別皮膚科診所因沒有新的痲瘋病患而歇業，兩人又把診所改為協助小兒麻痺患者就學、就業的「光明敬業院」。為讓醫療及社會福利服務工作永續經營，林澄輝夫婦更成立「財團法人林澄輝社福基金會」；民國94年（2005）捐獻近500坪土地暨6,000萬元興建德輝苑老人養護中心；民國100年（2011）再捐地約千坪及金錢給基金會，興建老人養護暨社福大樓，命名為「林澄輝紀念大樓及璐德養護中心」。林澄輝與林鄧璐德夫婦為臺灣貢獻良多，獲頒三等景星勳章、紫色大綬景星勳章、行政院醫療貢獻獎及厚生基金會醫療奉獻獎等，並於民國100、102年（2011、2013）分別獲頒臺南市榮譽市民。[31]

民國104年（2015）11月22日於北門區王金河故居舉行掛牌儀式，1960年代，鹽分地帶烏腳病盛行，王金河診所的會客室成立烏腳病免費診所，開始近二十五年免費服務烏腳病患的歷程。即推崇王金河宗教家慈悲為懷胸襟，視病如親，全力投入烏腳病的醫治，對臺灣醫療重大貢獻，是許多醫界後輩學習的典範。[32]

（四）藝術類

民國106年（2017）5月11日陳玉峰及陳壽彝父子故居舉行掛牌儀式，陳玉峰及陳壽彝為府城近代著名彩繪畫師父子檔，一門雙傑，在彩繪藝術上登峰造極，陳玉峰更堪稱是府城四百年來第一位真正在地化民俗彩繪大師。陳壽彝也於民國101年（2012）獲文化部頒贈「國家重要藝師」

---

31 臺南市政府施政成果，https://plan.tainan.gov.tw/ach/search.asp。〈林澄輝獲台南市府列歷史名人故居掛牌表彰服務弱勢〉，《臺灣教會公報》（2016年12月20日）。

32 臺南市政府施政成果，https://plan.tainan.gov.tw/ach/search.asp。陳叔伶〈烏腳病之父──王金河醫師〉，《臺灣月刊》，第239期（2002），頁16-17。

獎章。大天后宮內的壁畫由陳玉峰彩繪，因年代久遠，其部分由陳壽彝修復重繪，留下父子傳承的佳話與見證。[33]

民國 105 年（2016）5 月 29 日許石故居舉行掛牌儀式，許石一生創作百餘首歌曲，其中名曲〈安平追想曲〉，奠定他在臺灣歌謠界的崇高地位。其他如〈南都之夜〉、〈鑼聲若響〉、〈夜半路燈〉、〈風雨夜曲〉等亦膾炙人口，更有純器樂的〈臺灣鄉土交響曲〉之作，作品充分展現出臺灣土地與人民豐沛不息的生命力。[34]

許石不僅曾任臺南多所學校之音樂教師，亦曾開班授徒，劉福助、歌仔戲天王楊麗花，以及黃敏、顏華、鍾瑛、豔紅、林秀珠等歌手皆其門生。民國 58 年（1969）成立「許氏中國民謠合唱團」巡迴演唱，將臺灣歌謠發揚國際，是為臺灣原創音樂對外輸出的重要先驅。

民國 104 年（2015）11 月 10 日郭柏川故居掛牌，位於公園路 321 巷藝術聚落內，也是市定古蹟「原本軍步兵第二聯隊官舍群」之一，故居委外進駐團隊「城市故事人」特地演出其生平故事，希望透過掛牌儀式，能讓更多人了解臺南文化古都在地的故事與內涵、更能體會其為藝術奉獻精神，如其女兒提及郭柏川在宣紙上作畫，用意就是在表現民族的色彩。

民國 104 年（2015）5 月 30 日於柳營區吳晉淮故居舉行掛牌儀式。吳晉淮柳營火燒店人，從小喜歡音樂，12 歲時帶著 300 元與好友郭清泉搭船到日本，先後進入東京立教中學、歌謠學校就讀，主修歌謠理論、和聲學等課程，奠定音樂基礎。回臺後，與友人同遊關仔嶺，譜下〈關仔嶺之戀〉名曲後又再寫〈暗淡的月〉一曲，再度造成轟動，其陸續發表作品，前後有 200 多首，將臺灣歌曲帶入一個嶄新的時代。[35]

---

33 臺南市政府施政成果，https://plan.tainan.gov.tw/ach/search.asp。〈父子檔彩繪大師陳玉峰、陳壽彝故居掛牌〉，《自由時報》（2017 年 5 月 12 日）。

34 臺南市政府施政成果，https://plan.tainan.gov.tw/ach/search.asp。〈歷史名人許石故居掛牌　賴清德：他將台灣歌謠發揚國際〉《自由時報》（2016 年 5 月 29 日）。

35 臺南市政府施政成果，https://plan.tainan.gov.tw/ach/search.asp。〈藝文類名人吳晉淮故居掛牌〉，《中華日報新聞網》（2015 年 5 月 30 日）。

臺南市文化局斥資整修百年歷史的柳營劉啟祥故居，故居打造為「劉啟祥美術紀念館」，民國 107 年（2018）12 月 15 日舉行掛牌開幕儀式。劉啟祥是臺灣知名畫家，曾先後到日、法留學，是畫壇少數有此經驗的畫家，受野獸派、印象派畫風影響，專長油畫，日據時期作品就曾入選當時極具代表性的「臺灣美術展覽會」，戰後致力培育在地藝術家，在美術史上有重要地位。[36]

（五）文學類

文學類的歷史名人故居均位於佳里區。民國 104 年（2015）11 月 27 日特前往吳新榮故居舉行掛牌儀式，以感念其對文學創作執著與保存地方文獻之貢獻。吳新榮在日治時期曾參與組織「佳里青風會」及「臺灣文藝聯盟佳里支部」，為「鹽分地帶」文學代表人物及「北門七子」之一。昭和 10 年（1935）成立「臺灣文藝聯盟佳里支部」，領導鹽分地帶新文學運動，成為臺灣新文學史上重要角色。戰後投入地方文獻的蒐集和整理，民國 41 年（1952）擔任臺南縣文獻委員會監委兼編纂組組長，主編《南瀛文獻》季刊 12 卷 18 冊，主修《臺南縣志稿》13 卷，成為日後學界引證臺南地區發展史之重要依據。吳新榮並將自己的單篇文章編輯成《南臺灣采風錄》及《震瀛採訪錄》。[37]

民國 107 年（2018）5 月 12 日於莊培初故居舉行掛牌儀式。莊培初於日治時期加入「臺灣文藝聯盟」，參與組織「佳里青風會」、「臺灣文藝聯盟佳里支部」，並和林芳年創辦《易多那》文學雜誌。創作以新詩為主，兼及評論和小說，與吳新榮、徐清吉、郭水潭、王登山、林芳年、林清文被後人列入鹽分地帶文學「北門七子」。民國 84 年（1995）獲吳三連臺灣史料基金會「臺灣新文學貢獻獎」，彰顯其對鹽分地帶新文學運動

---

[36]〈劉啟祥故居修繕落成對外開放濃濃藝文味〉，《中時電子報》（2018 年 12 月 15 日）。

[37] 臺南市政府施政成果，https://plan.tainan.gov.tw/ach/search.asp。〈歷史名人吳新榮故居掛牌賴清德感念一生奉獻〉，《自由時報》（2015 年 11 月 26 日）。

的貢獻。莊培初故居是佳里區繼吳新榮醫師後第二處掛牌之文學類歷史名人，也是「北門七子」第二位於故居掛牌者。[38]

（六）學術教育及技術類

　　學術教育類的盧嘉興，民國 106 年（2017）3 月 12 日盧嘉興故居紀念牌掛牌。盧嘉興是臺南市第一位名列學術教育類歷史名人，專情於臺灣史，曾長期擔任臺南市文獻委員，著有《臺南縣志稿》、《臺灣研究彙集》24 冊、《輿地纂要》等書。《鹿耳門地理演變考》，民國 53 年（1964）曾榮獲中國學術著作獎殊榮。[39]

　　民國 107 年（2018）11 月 11 日舉行李昇故居掛牌，李昇民國 38 年（1949）隨國民政府撤退來臺，先後擔任臺東女中、花蓮師範學校校長、花蓮救國團主任委員、退除役官兵師資訓練班主任、考試院特考典試委員、臺南二中、臺南一中校長等職。民國 58 年（1969）李昇校長掌理臺南一中校務後，任內首開風氣之先，放寬學生髮禁，民國 66 年（1977）前後，一中響應捐血救人運動，但學生血袋經篩檢，竟有高達五分之一罹患 B 型肝炎，李昇著手研究調查，認為疑似外購飲食不潔所致，為保障學生們飲食安全，他排除萬難興建學生餐廳，使學生健康大幅改善。即李昇以「選聘優良師資、提升行政效率」為先，一生作育英才，為杏壇留下無數佳話，十分令人景仰。李昇桃李滿天下，治家嚴謹細膩的家庭教育，為臺灣培育出李安、李崗兩位知名導演。[40]

　　玉井為技術類鄭罕池，民國 108 年（2019）5 月 22 日玉井故居掛牌，鄭罕池（1929-2018），生於玉井斗六仔舊部落，率先種植及推廣愛文

38　臺南市政府施政成果，https://plan.tainan.gov.tw/ach/search.asp。〈台南鹽分地帶文學作家「北門七子」莊培初故居掛牌〉，《自由時報》（2018 年 5 月 12 日）。

39　臺南市政府施政成果，https://plan.tainan.gov.tw/ach/search.asp。〈專研台灣史名人盧嘉興故居掛牌〉，《自由時報》（2017 年 3 月 13 日）。

40　臺南市政府施政成果，https://plan.tainan.gov.tw/ach/search.asp。〈李昇名人故居掛牌李安：父親在此重新安身立命〉，《自由時報》（2018 年 11 月 11 日）。

芒果，民國 58 年（1969）研發以蚊帳、報紙套果，再以竹片剖開夾住以防蟲害，採用便宜又能透光看出果實成熟度的耐水白紙袋和鐵絲，收成質量大為提升，試驗成功後，不申請相關技術專利，反而大方指導農民種植技術，無私的奉獻，改善農村經濟，讓玉井成為「芒果的故鄉」，奠定臺灣芒果外銷基礎，被稱為「愛文芒果之父」。[41]

除此之外，「七股龍山里海岸遊憩區──黃昭堂紀念公園」民國 107 年（2018）9 月 21 日啟用，黃昭堂出身七股，長期致力於臺灣民主運動，對臺灣民主及臺南發展貢獻重大，由臺南市歷史名人審議委員會通過列為歷史名人，市府設立了黃昭堂紀念公園以茲感念。[42]

民國 104 年（2015）臺南市政府文獻委員會通過樹立林朝英紀念像的決議，讓國內外遊客更瞭解這位與臺南淵源深厚，集讀書人、生意人、藝術家、慈善家於一身的府城傳奇人物。林朝英塑像的紀念場域，位處「重道崇文」牌坊旁，既神聖也深具歷史意義，作品設計理念將林朝英的自畫像和書畫代表融入，標誌府城一段不能被遺忘的時光。林朝英號梅峰、一峰亭，生於乾隆 4 年（1739），書畫作品先後被日治時代的漢學家尾崎秀真與二戰後臺南文史界的耆老盧嘉興，一致推崇為「清代臺灣唯一的藝術家」。出身臺南的林朝英不僅是位藝術家，也熱心參與府城公共事務，無論是築城、修孔廟、救災賑難，都一再慷慨捐輸，重道崇文坊即是清廷表彰其捐款重修臺灣縣學的證明。[43]

五、結語

由上述討論，我們可以得知臺南歷史名人列入原因大致可以區分指標

41　臺南市政府施政成果，https://plan.tainan.gov.tw/ach/search.asp。〈（台南）愛文芒果之父鄭罕池故居掛牌〉，《自由時報》（2019 年 5 月 23 日）。
42　〈緬懷黃昭堂紀念公園啟用〉，《自由時報》（2018 年 9 月 22 日）。
43　臺南市政府施政成果，https://plan.tainan.gov.tw/ach/search.asp。〈台南歷史名人林朝英紀念銅像 9 月揭幕〉，《自由時報》（2018 年 7 月 14 日）。

性、地方民意代表、社會運動、醫療工作者、對臺南及臺灣有貢獻者，值得注意的是，許多歷史名人被列入原因多具有不只一項重要性。如：施瓊芳、施士洁父子兩人是臺灣科舉史上唯一的父子檔進士。施士洁是臺灣文壇罕見的詩、詞、文作家。汪春源臺灣最後一個進士。林茂生是臺灣第一位哲學博士，宋斐如為戰後初期行政長官公署高層官員中唯一的臺籍人士，但兩位都在二二八事件喪生。王育德是第一位臺語博士，享譽國際的臺語語言學家，也是臺灣獨立運動領袖。

歷史名人類型分為政治、文學、學術教育、藝術、經濟、醫療、宗教、技術等，彰顯臺南歷史名人對於臺南、臺灣各領域的貢獻。政治類最多，有社會抗爭、文化運動、地方仕紳與民意代表等，顯示臺南從日治時期到戰後，不畏強權爭取權益，且各地方首長致力於區域發展，深耕地方的歷史價值。文學類、學術教育類的名人顯示臺南地區文風鼎盛，深厚的文化底蘊造就許多文學、藝術類的名人，對於臺灣文學、文獻保存與藝術推展的貢獻。醫療與宗教類的歷史名人，有著眼於地方醫療普及的歷史名人，也有從事社會救濟與醫療事業的名人，都彰顯其悲天憫人的價值。經濟類的歷史名人，有臺灣鹽業、糖業相關奠基者，亦有戰後由臺南紡織擴及的臺南幫事業，凸顯臺南殖產興業的歷程外，也顯示臺南對於臺灣經濟的重要性。

24處歷史名人故居掛牌及2處公共藝術更可讓民眾藉由找尋歷史名人故居，感受其創業與歷史連結外，更能彰顯臺南人堅毅且勇敢面對困境，無私的價值。

總之，著錄的208位臺南歷史名人對臺南及臺灣各層面都有其貢獻，展示其生命價值。名人故居立牌更能凸顯臺南市的文化底蘊、彰顯名人在不同時代下的歷史價值。

伍
臺南廟宇與刈香

國立臺南大學文化與自然資源學系教授暨臺南學研究中心主任
戴文鋒

（第二篇合著）
國立臺南大學臺灣文化研究所碩士、國立成功大學歷史學博士候選人
楊家祈

臺南：「寺」曾相識、「廟」不可言

　　臺南市是一個歷史文化古都，民國99年（2010）臺南縣、市是以優勢的「歷史文化」獲得合併案通過，合併後升格、改制為直轄市。所謂優勢的「歷史文化」，除了荷蘭治臺時期，先後建立了熱蘭遮堡[1]、普羅民遮堡[2]，即以臺南為全臺政治、軍事、經貿中心外，鄭氏時期設立「承天府」、陳永華總制於永曆18年（1664）年創設東安、西定、寧南、鎮北「四坊」；文賢、仁和、永寧、新昌、仁德、依仁、崇德、長治、維新、嘉祥、仁壽、武定、廣儲、保大、新豐、歸仁、長興、永康、永豐、新化、永定、善化、感化、開化二十四里[3]。「坊」為商業、店市、街衢所形的商圈，位於臺南府城（中西區為主）內，而「里」是漢人開墾聚居而成的聚落，則以臺南府城（中西區為主）為中心向外拓展。

　　清朝治臺，劃設一府（臺灣府）、三縣（諸羅縣、臺灣縣、鳳山縣），官職稱為知府、知縣，以統治百姓。其中臺灣府署舊址在衛民街、武德街一帶[4]，臺灣縣署舊址在今成功國小內，臺灣道署舊址在今永福國小內，臺灣海防分府[5]衙門舊址永福路二段35巷與府前路一段304巷間[6]，當地有「二府口」地名[7]。另劃設治軍的部隊單位，於一省內置有若干「鎮」，「鎮」是綠營的最高編制單位。「鎮」下轄「協」，「協」下設「營」，「營」下有「汛」或「塘」。臺灣「鎮」、「協」、「營」之武職分別稱總兵（官）、

1　1624，Zeelandia，在一鯤身，今安平，國定古蹟。
2　1653，Provintia，在中西區，今赤崁樓，國定古蹟。
3　（清）范咸《重修臺灣府志》，卷23〈藝文〉（臺北：臺灣銀行經濟研究室〔以下簡稱臺銀〕，1961），沈光文「平臺灣序」，頁703。
4　憲兵團本部、武德街的兩側。
5　臺灣海防廳、二府，官職稱同知。
6　原本設在鹿耳門，於1730年移到西定坊今址。
7　在直轄市定古蹟「蕭氏節孝坊」旁，主祀李府千歲的福安宮，亦稱為「二府口福安宮」，即因當地為清代臺灣海防廳衙門所在地而命名，當地有「福安坑溪」流經而稱為「福安宮」，里則命名為「福安里」。

副將、參將，其他「汛」或「塘」以下依序有遊擊、都司、守備、千總、把總等職。

臺灣（總）鎮署設在鎮北坊，約位於公園南路以北，公園路以西（部分在公園內）的陸軍兵工配件製造廠[8]。臺灣（總）鎮署是康熙25年（1686）首任總兵楊文魁以木柵創建而成，為全臺最高的軍事指揮中心。今崇安街舊名為「總爺街」，「總爺」指的就是「總兵（官）」，即因崇安街北面清代時期為臺灣總兵的辦公處所「總鎮署」，故而名之。今自強街（北邊）舊名為「大銃街」，即因林爽文事件（1787）之後，官方在小北門設置銃砲而得名。可見府城「鎮北坊」一直是清朝兵力配置所在。

談起漢人社會「聚落文化」而言，廟宇的建立與聚落的形成絕對是不可缺乏的重要課題。因一個已開發相當程度的漢人聚落，必然伴隨建立起聚落居民的信仰中心──廟宇。因此才有「村村皆有廟，無廟不成村」、「無廟不成村，有廟必有會」、「有村必有廟，無廟不成村」、「無宮無廟不成村，有宮有廟才是村」或是「無廟不成村，無村沒有廟」之說[9]。

戴炎輝[10]研究指出，清代臺灣的庄及庄廟，就等同於同時期大陸各省的村及村廟。村庄與村庄公廟有密切關係，顯示村庄廟（筆者按：非廟宇而是廟之組織）就是村庄。村庄廟組織就是村庄的自治機關，村庄公所設在廟內，村庄廟與村庄公所或村庄公會之間，有密切的關係。村庄的立公約、行調處、定制裁，均在公廟內舉行[11]。因此「有庄頭必有庄頭廟」，可以說是臺灣漢人村庄社會發展過程中最適切的寫照。

臺南為臺灣歷史上各大、小、文、武官署所在之地，因此許多官方廟宇的設立都是以臺南為起點，臺南也為臺灣各里坊、聚落的發源地，所以許多民間廟宇的設立也是從此開始。

8　簡稱兵配廠，現為長途客運轉運站。
9　甘滿堂《村廟與社區公共生活》（北京：社會科學文獻出版社，2007），頁57。
10　戴炎輝：1909-1992，法律史學者，第一位擔任中華民國司法院院長的臺灣人。
11　戴炎輝《清代臺灣之鄉治》（臺北：聯經，1979），頁178-182。

一、臺灣寺廟有多少？臺南寺廟有多少？

1. 日治時期，對全臺寺廟與信徒開始有較為精細的調查數據。
2. 昭和 7 年（1932）統計，全臺寺廟有 3,455 間，分別是臺南州（雲嘉南）1,121 間、臺中州 814 間、臺北州 512 間、高雄州[12] 447 間、新竹州 388 間、澎湖廳 151 間、花蓮港廳 13 間、臺東廳 9 間[13]。
3. 戰後，我國主管宗教信仰的中央單位是內政部，內政部將國人宗教信仰的空間場域分成寺廟與教會（堂）兩大類來統計，屬於本土宗教者一律稱寺廟，如佛教、道教[14]、理教、軒轅教、一貫道、天德教、天帝教等；屬於外來宗教者一律稱「教會（堂）」[15]，如基督教、天主教、回教、天理教、巴哈伊教（早期稱大同教）等。
4. 戰後第一次有系統的調查是民國 79 年（1990），寺廟與教會數量總計有 10,556 間，其中寺廟類有 8,145 間，占 77.16%；教會有 2,411 間，占 22.84%。
5. 民國 94 年（2005）第 26 週《內政統計通報》，國內登記有案之寺廟教會總計 14,543 間，其中寺廟類有 11,384 間，占 78.28%；教會有 3,159 間，占 21.72%。本土宗教中，以道教寺廟 8,932 間，占 78.5% 最多；佛教寺廟 2,227 間，占 19.6% 次多。外來宗教中，基督教 2,412 間，占 76.35% 最多；天主教 715 間，占 22.63%。按縣市來看，南臺灣的寺廟數量尤其可觀，其中臺南縣 1,140 間，高雄縣 1,113 間，屏東縣 1,061 間，3 縣合計占全國將近 30%[16]。
6. 據「民國 99 年底宗教寺廟、教會（堂）概況」之統計，國內登記

---

12 範圍即戰後的高、高、屏，今高雄市及屏東縣。
13 戴文鋒《重修屏東縣志民間信仰》（屏東：屏東縣政府，2014），頁 22。
14 實為民間信仰，參見本章第二節。
15 內政部早期統計時稱為「教堂」，後來改稱「教會（堂）」。
16 據 2005 年 6 月 30 日，內政部統計處《內政統計通報》。

有案之寺廟與教會總計有 15,211 間，其中寺廟類有 11,875 間，占 78.07%；教會有 3,336 間，占 21.93%。本土宗教中，以道教寺廟有 9,296 間，占 78.28% 最多；佛教寺廟有 2,333 間，占 19.65% 次之。外來宗教中，基督教教會 2,552 間；占 76.50% 最多，天主教 740 間，占 22.18% 次之。各縣市數量中，以合併後的臺南市 1,614 間居首，合併後的高雄市 1,456 間次之，屏東縣 1,074 間位居第三[17]。三個縣市均超過 1,000 間以上，合計有 4,144 間，約占全國 35%。

7. 又據「民國 104 年底宗教寺廟、教會（堂）概況」之統計，國內登記有案之寺廟與教會總計有 15,422 間，其中寺廟類有 12,142 間，教會有 3,280 間（略有減少）。

8. 從民國 79 年（1990）的 8,145 間，到民國 104 年（2005）12,142 間，二十五年間寺廟增加 3,997 間，平均每年增加 160 間，大約每兩天就有一間新廟宇落成。若是成長速度不變（其實成長速度只會增加），您估算到何年，將突破會 20,000 間？

二、臺灣寺廟信仰的特性

（一）臺灣寺廟信仰常被誤以為是「道教」信仰

由於一般民眾認為自己平時會去或者不排斥去「寺廟燒香拜拜」，且認為自己不是佛教徒，加上在內政部的宗教「教別」登記欄位上，只有「道教」與「佛教」而無「民間信仰」的欄位可登記，就誤認為自己是道教徒。其實「燒香拜拜」、或相信「有拜有保佑」這樣的信仰型態，大多數學者認為應歸屬於所謂的「民間信仰」或「通俗信仰」。

---

17 據 2011 年 6 月 18 日，內政部統計處《內政統計通報》。

（二）臺灣廟宇雖與道教關係密切並雜揉了道教與道術，但絕對不等同於道教

　　道教最高尊神稱是三清道祖，即玉清元始天尊、上清靈寶天尊、太清道德天尊，儀式有齋醮、祈禱、誦經、禮懺，修煉之法有導引、胎息、內丹、外丹、符籙、房中、辟穀（不食五穀雜糧）等術。經典有《正統道藏》、《萬曆續道藏》、《道藏輯要》等，代表性經典是《道德經》、《正一經》、《清靜經》、《靈飛經》[18]。嚴格來說，只有道士才是道教的真正信奉者，而只是去「寺廟燒香拜拜」的一般民眾，並不能算是道教的真正信奉者。臺灣寺廟供奉的媽祖、王爺、有應公、大樹公等信仰不能與道教信仰直接畫上等號，而應稱為民間信仰，它是儒、釋、道、外教、靈驗、術數各方面的混雜信仰。

（三）臺灣漢人社會建立的宮廟，學術界大致上認定是民間信仰而非道教體系

　　中央研究院社會學者瞿海源（1943- ）認為，臺灣地區的民眾有三分之二是民間信仰者，而非道教信徒[19]。李豐楙指出，臺灣的道教不易定位，不宜將道教的涵蓋範圍過度擴大，例如將許多信仰習俗（如童乩）也歸於道教名下。鄭志明認為，臺灣除了佛教與基督教有較明確的制度形式與內涵外，道教與民間信仰實際上是有著互為涵攝的關係，長期的糾葛很難明確區隔，大多數的宮廟皆以道教自居，不明白什麼叫「民間信仰」。「民間信仰」是學界定義下的概念，但漢民族的語彙裡只有「儒釋道」等宗教概念，根本沒有「民間信仰」，不僅官方不承認「民間信仰」是一種宗教，連民眾在認知上也是混沌曖昧的[20]。

18　張志哲主編《道教文化辭典》（江蘇：江蘇古籍出版社，1994），頁 18-19。
19　瞿海源《臺灣宗教變遷的社會政治分析》（臺北：桂冠，1997），頁 140。
20　鄭志明《臺灣全志‧卷9社會志‧宗教與社會篇》（南投：國史館臺灣文獻館，2006），頁 183。

（四）民間信仰是一種泛神信仰

日本民俗人類學家宮本延人（みやもと のぶひと，1901-1987）於《日本統治時代臺灣における寺廟整理問題》一書指出：「在臺灣民間信仰，一般也稱為道教，是因為道教與民間信仰已無法區別。道教自古發源於中國的自然崇拜、神仙崇拜、老莊思想、祈求長生不老、施行巫術符咒、接受佛教思想與經典的影響。一般民眾所流傳的道教，於形態上可以說是一種民間信仰，因為它是道教混雜佛教、儒教，既沒有教義，也沒有佈教，大多數的經典都是俗典，及佛家所謂的偽經很多。[21]」可見信徒遍及臺灣主流人群的媽祖、王爺奉祀實質上就是儒、釋、道雜揉的一種民間信仰。

現今一般研究者或學界多將「人格神」信仰重新歸類，定位為「道教」或「民間信仰」或「民間宗教」[22]。研究道教經典、民間信仰及科儀的著名日本學者大淵忍爾（おおふち にんじ，1912-2003）將中國人之宗教分成佛教、道教與民間信仰三大類，可見他認為道教與民間信仰是所有區隔的。另一位研究臺灣民間信仰與民俗的日本學者、筑波大學名譽教授古家信平（ふるいえ しんぺい，1952-），則將臺灣漢人社會的宗教信仰直接稱為民間信仰[23]。而在國內，亦有不少學者對於臺灣一般民眾的宗教信仰歸類為民間信仰、通俗信仰或民眾宗教，而非稱為道教[24]。西班牙道明

---

21 宮本延人《日本統治時代台湾における寺廟整理問題》（天理：天理教道友社，1988），頁33-34。
22 亦友稱為「民間宗教」，如焦大衛（David K.Jordan）"Gods, Ghost, and Ancestors: The Fork Religion of a Taiwanese Village" 一書，Kinko's Publishing Group of Santa Barbara，1972；鄭志明《臺灣民間宗教論集》（臺北：學生書局，1984）；林榮澤《臺灣民間宗教研究論集》（臺北縣：一貫義理編輯苑，2007）。
23 大淵忍爾《中國人の宗教儀禮——佛教・道教・民間信仰》（東京：福武書店，1983）。古家信平《台湾漢人社會における民間信仰の研究》（東京：東京堂，1999）。
24 至今使用「民間信仰」一詞的學者最多，如江家錦《臺南縣志稿・卷2人民

會玫瑰省會士山樂曼神父（Rev. Miguel Angel Sanroman O.P., 1944- ），在臺灣福傳多年，對於中國歷史、中西關係史及天主教在華傳教史研究頗為深厚。他就認為臺灣人的信仰就是民間信仰，它沒有統一的教義和經典，不同於天主教有著嚴謹教義與神學思想，是集儒、釋、道三大信仰之大成，並結合成一連串約定成俗的宗教儀式。他甚至認為，臺灣民間信仰並不容易融入其他外來宗教當中，這一特點明顯不同於世界上其他各宗教的演變與發展。儘管在臺灣仍然可以找到純粹的佛教或道教信仰，但全臺多數的民眾都信奉民間信仰，因此在佛寺或道觀中，供奉著不同教派的神明是很常見的情形，例如臺北市龍山寺就可看到不同教派神明，共處於同一屋簷下[25]。

三、臺南寺廟之歷史地位

（一）全臺漢人廟宇群最早形成的地區

以個別縣市而論，澎湖是全臺漢人軍隊最早進入駐守與開發之地區，因此廟宇的建立也最早，例如漢人最早建立的媽祖廟就位於澎湖馬公

志·宗教篇》（臺南：臺南縣文獻委員會，1957）；劉枝萬《中國民間信仰論集》（臺北：聯經，1983）；黃有興《澎湖的民間信仰》（臺北：臺原，1992）；董芳苑《探討臺灣民間信仰》（臺北：常民文化，1996）；吳永猛、謝聰輝《臺灣民間信仰》（臺北縣：空大，2005）；王見川《漢人宗教、民間信仰與預言書的探究》（臺北縣：博揚，2008）；李世偉《臺灣佛教、儒教與民間信仰》（臺北縣：博揚，2008）；康豹《從地獄到仙境——漢人民間信仰的多元面貌》（臺北縣：博揚，2009）；戴文鋒《永康的歷史遺跡與民間信仰文化》（臺南縣：永康市公所，2010）；丁仁傑《重訪保安村——漢人民間信仰的社會學研究》（臺北：聯經，2013）。「通俗信仰」如李添春《臺灣省通志稿·卷2人民志·宗教篇》（臺北：省文獻會，1956）。「民眾宗教」如丁仁傑《當代漢人民眾宗教研究——論述、認同與社會再生產》（臺北：聯經，2009）。

25 轉引山樂曼《美麗島：主的莊田》（臺南：聞道，2013），頁 45-46。

（市）。該地地名後來也就被以最初信仰的神祇來命名，名為「娘媽宮」[26]，江日昇《臺灣外記》記載：「初三日午刻，（鄭）成功舟師齊出遼羅。是夜放洋。初四早，令人上桅看山。報曰：『澎湖山望見』。至未刻，抵澎湖，即收入娘媽宮；諸船悉到，無一失者。[27]」由於「娘媽」此一稱呼在清朝以後逐漸被「媽祖」一詞取代，所以「娘媽宮」後來就被稱為「媽祖宮」，並略稱為「媽宮」，因此到了清末時期「媽宮」已被部分清代文獻寫成同音異字的「馬公」，然而臺語地名仍然讀作「媽宮」。例如光緒11年（1885）法軍侵臺後，北洋大臣李鴻章咨報中法互釋俘虜的情況就提及：「另有拿獲臺灣及澎湖人二十二名，送回馬公安置；俟派員到澎湖後，與『平安』輪船弁兵一併交還。[28]」光緒21年（1895）蔣師轍《臺灣通志》載：「馬公港間：朔望日潮漲於十小時二刻，大潮高九尺半，小潮高七尺。[29]」就單一或個別的廟宇而言，澎湖是漢人最早建立廟宇的縣市，但以群體廟宇（有一定的規模與數量）的建立而言，臺南才是漢人廟宇群最早形成的地區。

（二）臺南府城素有「七寺八廟」之說，反映出漢人廟宇群最早建立的特色

「七寺八廟」係指明清時期在府城所建立之廟宇群當中最為著名的七座佛寺與八座廟宇。

七寺即指明清時期府城所建竹溪寺、彌陀寺、法華寺、開元寺、重慶寺、龍山寺與黃蘗寺。日治初期（1898）《安平縣雜記》就言及：「臺無叢

---

26 媽祖最初稱娘媽。

27 （清）江日昇《臺灣外記》，卷五（順治庚子年至康熙壬寅年共三年）（臺北：臺銀，1960），頁193-194。

28 〈北洋大臣李鴻章咨報中法互釋俘虜及寬免牽涉紳民等事已咨各疆吏照議核〉，收入臺灣銀行經濟研究室編《法軍侵臺檔》（臺北：臺銀，1964），頁475。

29 （清）蔣師轍《臺灣通志》（臺北：臺銀，1961），〈疆域〉，頁44。

林,惟大北門外海會者(即開元寺)有『小叢林』之稱。[30]」就是說臺灣沒甚麼大佛寺,只有開元寺可以稱得上是「小叢林」(小佛寺)。清朝時期臺灣佛寺數量雖然不多、規模不大,但臺灣最早的佛寺都是建立在府城。七座佛寺歷史沿革簡述如下。

1. 竹溪寺

依清朝臺灣文獻的記載,竹溪寺創建年代計有康熙 22 年(1683)、康熙 30 年(1691)、康熙 32 年(1693)等三種說法[31],但據臺南文史研究前輩盧嘉興(1918-1992)考證:「竹溪寺創建於永曆 15 年至 18 年間(1661-1664),係由當時的州守所構建。那個時候寺前的清溪尚未叫做竹溪,因為那一條溪流位置在承天府即今臺南市的南邊,所以稱做南溪。那個時候稱做『小西天寺』,所以《臺灣縣志》有記:『匾其山門曰:「小西天」。』這所臺灣最早建的寺院,清領時已稱做『竹溪寺』,僅山門依舊記為『小西

---

[30] (清)不著撰人《安平縣雜記》(臺北:臺銀,1959),頁 20。

[31] 「康熙 22 年」的記載有:1842 年仁宗敕撰《清一統志臺灣府・寺觀》(臺北:臺銀,1960),頁 32 載:「竹溪寺:在臺灣縣治東南二里,本朝康熙二十二年建;林木蒼鬱,溪澗紆迴,遊人多集於此。董天工《見聞錄》:寺旁門榜曰『小西天』。」1839 年陳壽祺《重纂福建通志》(即《福建通志臺灣府》)(臺北:臺銀,1960),卷 265〈臺灣府臺灣縣〉,頁 889 載:「竹溪寺在治東南,康熙二十二年建,嘉慶元年修。徑曲林幽,清溪環拱,竹木花果,頗稱勝概,顏其山門曰『小西天寺』。」

「康熙 30 年」的記載有:連橫《臺灣通史》,卷 22〈宗教志〉(臺北:臺銀,1962),頁 587 載:「竹溪寺:在大南門外,康熙三十年建。徑曲林幽,清溪環拱,頗稱勝概,顏其山門曰『小西天』。」連橫《雅堂文集》(臺北:臺銀,1964),卷 3〈筆記〉,頁 207 載:「竹溪寺在南門外,康熙三十年建。清溪一曲,修竹萬竿,可避塵囂。春秋佳日都人士修禊於此。壁上題詩殆滿,惜為俗僧抹去。寺門曰小西天。游其間者幾有出世之想。」

「康熙 32 年」的記載有:(清)王必昌《重修臺灣縣志》(臺北:臺銀,1962),卷 6〈祠宇志〉,頁 196 載:「竹溪寺在永康里,康熙三十二年建,顏曰「小西天」。徑曲境幽,清溪環抱,有竹木花果之勝,遊人多集於此。香燈田(坐尖山莊)計十二甲。」

天』，諒係創建時的遺留。[32]」

　　竹溪寺與彌陀寺、法華寺、開元寺並稱府城四大古剎，也是臺灣首寺，奉祀三寶佛[33]，屬於禪宗之臨濟宗，位於竹溪[34]，「了然世界」匾號稱府城三大名匾或四大名匾之一[35]。該匾額於民國98年（2009）已被臺南市政府指定為「一般古物」類的文化資產。

圖 5-1-1　竹溪寺「了然世界」號稱府城三大名匾 © 楊家祈攝於 2018 年 10 月 30 日

2. 彌陀寺

　　由其寺名，可以推知主祀阿彌陀佛，初建時稱「彌陀室」，規模擴大之後，才改「室」為「寺」而稱「彌陀寺」。清代方志記載：「彌陀寺在（東安坊）大東門內永康里（龍泉井街）。偽時（筆者案：鄭氏時期）建，歲久傾圮。康熙57年（1718），監生董大彩鼎建中堂。康熙58年（1719），武彝僧一峰募建西堂及僧房，監生陳仕俊倡建西堂。有寺田[36]。」

---

32 盧嘉興〈臺灣的第一座寺院——竹溪寺〉，收入張曼濤主編《中國佛教史論集：臺灣佛教篇》（臺北：大乘，1979），頁 233-254。
33 三寶佛原是指佛（創教者佛陀）、法（佛法）、僧（佛陀弟子）三者，後亦指三尊寶佛，即居中的釋迦牟尼佛（吾人所處的婆娑世界）（左側）東方藥師佛（又稱消災延壽藥師佛、藥師琉璃光如來）與（右側）西方阿彌陀佛（意為「無量光」、「無量壽」，是西方極樂世界的教主）。
34 南區體育路 87 號，舊名桶盤淺。
35 天壇「一」字匾、府城隍廟「爾來了」與竹溪寺「了然世界」號稱府城三大名匾，另亦有加祀典武廟「大丈夫」而稱為府城四大名匾者。
36 （清）王必昌《重修臺灣縣志》，卷 6〈祠宇志〉，頁 200。

日治時期，新豐郡[37]役所[38]尚未建立廳舍，所以大正 9 年（1920）先以彌陀寺作為新豐郡的臨時役所，大正 14 年（1925）廳舍完工，彌陀寺才恢復佛寺性質。由於寺體年久失修，1926 年曾任臺灣總督府評議會會員、府城傳統詩社「南社」社長的仕紳、知名實業家黃欣（1885-1947）等人遂倡議修建，昭和 3 年（1928）竣工，現在寺前山門兩處入口處立有「彌陀寺重修碑記」。

　　今貌為民國 60 年（1971）改建，已失「古剎」風貌，址在東區東門路一段 133 號，即臺南神學院旁。

圖 5-1-2 （左）彌陀寺今貌及（右）1805 年「彌陀寺重修碑記」© 李國昌攝影

3. 法華寺

　　為直轄市定古蹟。位於竹溪北岸，今址在中西區法華街 100 號，為直轄市定古蹟。建寺以前，先是明末隨鄭經來臺的幕士龍溪縣人李茂春進士，因有感於時代動亂，乃擇此地自築茅廬隱居，並名為「夢蝶處」[39]。

---

37 轄有今安南、永康、仁德、歸仁、關廟、龍崎六區。
38 やくしょ，今稱公所；新豐郡役所舊址位於今東門圓環府前路側。
39 （清）周凱《廈門志》，卷 13〈列傳〉（臺北：臺銀，1961），頁 555 載：「李茂春，字正青；龍溪人。領明末鄉薦，寓居廈門。富著述；風神秀整，跣足岸幘，旁

李茂春晚年因奉祀準提菩薩，誦經念佛之聲不絕於耳，時人稱之「李菩薩」，茅舍「夢蝶處」亦稱「準提庵」。僧人於康熙23年（1684）鳩眾改建擴增，稱為「法華寺」[40]。

　　通常佛寺的第一殿或山門殿內，中央供奉著彌勒佛、左右供奉著四大天王，所以第一殿也稱彌勒殿或天王殿。「大肚能容了卻人間多少事；滿腔歡喜笑開天下古今愁」的彌勒佛是「三世佛」[41]之一，以現世而言，彌勒的位階是只是菩薩，故佛像上方書「彌勒菩薩」，是佛教八大菩薩之一，因為繼釋迦牟尼佛之後將在來世降生成佛，所以被視為「未來佛」而稱為彌勒佛。在臺灣彌勒佛的造型多為一手持佛珠、一手持布袋的坐姿赤足身態，這是因為相傳五代後梁時浙江自稱為「契此」的布袋和尚，即是彌勒菩薩的化身。四大天王即：東方持國（持護國土）、南方增長（善根）、西方廣目（觀察世界）、北方多聞（佛法），分持琵琶、寶劍、寶傘、蜃龍。琵琶「調」音、寶劍「鋒（風）」利、「蜃」[42]龍寓「順」、寶傘遮「雨」，或以諧音或以形體作為寓意「風調雨順」。

　　中殿是佛教寺院的主殿，法華寺的中殿是大雄寶殿。佛教徒尊稱釋迦牟尼佛為「大雄」，意指無畏無懼、降伏四魔，因此理論上有奉祀釋迦牟尼佛的殿宇才可以稱為大雄寶殿。大雄寶殿常見以下幾組供奉形態：

1. 三寶佛：即娑婆世界的釋迦牟尼佛（中）、東方世界的藥師佛（左）、西方世界的阿彌陀佛（右）。

若無人。甲辰（筆者按：永曆18年、1664年，金門、廈門被清軍攻下，隨鄭經來臺），同盧若騰、郭貞一諸鄉紳扁舟渡臺，居永康里；題其茅亭，曰『夢蝶處』。日誦佛經自娛，人稱李菩薩云。」（清）范咸《重修臺灣府志》，卷12〈人物〉，頁394載：「卒，葬新昌里。」1675年卒而葬於新昌里的李茂春墳墓，於1942年因闢建臺南機場而發現，後由法華寺僧人拾回其遺骨安置寺內左側靈骨塔，書刻「龍邑岱南鄉進士李先生墓」的墓碑則移置於靈骨塔前，目前地望與落款署名均已風化，辨識困難。

40 （清）王必昌《重修臺灣縣志》，卷6〈祠宇志〉，頁199。
41 過去世的燃燈佛、現在世的釋迦牟尼佛、未來世的彌勒佛。
42 形似蛟，音近「順」。

2. 華嚴三聖：釋迦牟尼佛（或毘盧遮那佛，中）[43]、文殊菩薩（左、大智）、普賢菩薩（右、大德）。

3. 娑婆三聖：釋迦牟尼佛（中）、觀音菩薩（左、大悲）、地藏菩薩（右、大願）。

坐姿的三寶佛之兩側為立姿的佛教兩大護法神韋馱菩薩（左）、伽藍菩薩（關公，右）。身穿甲冑、肩披飛帶的韋馱菩薩以金剛杵為護法法器，其法器置放方式共有三種，早期在旅宿不便的年代，行腳僧侶來寺「掛單」（投寺寄宿）時，可資了解其暗示意涵。一是手掌托杵靠肩，掌心、杵尖同時朝上，表示可接受掛單。二是手掌按杵拄地，掌心、杵尖同時朝下，表示完全不接受掛單。三是手指併攏、指尖朝上、雙掌「合十」，金剛杵平放（橫放）在彎曲的兩肘臂上。以杵尖既不朝上也不朝下的象徵來看，似乎有著難以接受卻又無法婉轉拒絕的暗示；但若從「合十」手勢來看，在佛教中這是表示問候、禮敬的手勢。雖不全然反對給遠行而急需落腳的僧侶方便，但只可暫時性掛單，限一日就必須離開。行腳僧侶到寺院時，會先從天王殿進入，依序禮敬彌勒佛，再前進大雄寶殿禮拜三寶佛，在繼續前往後殿參拜的同時，就可看見龍邊（左側）韋馱護法與其金剛杵，而金剛杵所在的位置就可先讓僧侶心裡有底了。

後殿觀音殿，主祀準提觀音（準提佛母、準提菩薩）。有三目、十八臂（手各執不同法器）為其重要特徵，與常見的二十七目、四十二臂的千手觀音雖然不同，卻常被誤認。

寺內最重要的古物是康熙52年（1713）所鑄造的古鐘，六面鐘身分別有「南無東方阿閦佛（即不動佛）／南無西方彌陀佛／南無南方寶生佛／南無北方成就佛／南無中央毘盧佛／法華寺常住　歲康熙癸巳年菊月吉旦　當代住持比丘照明募造」浮鑄字樣。透過東、西、南、北、中的五方佛[44]的加持，以斷除妨礙人類修行的貪、瞋、癡、慢、疑這五種毒心惡

---

43 釋迦牟尼佛為毘盧遮那佛的應身佛、毘盧遮那佛中為釋迦牟尼佛的法身佛。
44 又稱為五方如來、五智如來。

見，成就一切智慧。

「莊周夢蝶」、「達摩面壁」與「虎溪三笑」壁畫府城彩繪名師潘麗水（1914-1995）作品。

圖 5-1-3　直轄市定古蹟法華寺，及寺內手持金剛杵的韋馱菩薩 © 楊家祈攝影

圖 5-1-4　鐘面所鑄五方佛名號 © 李國昌攝影

4. 開元寺

位於柴頭港溪溪畔，今址為北區北園街 89 號，現為國定古蹟。清朝方志載：「舊名海會寺、海靖寺，在永康里，其初為鄭氏北園別館，康熙二十九年（1690），巡道王效宗、總鎮王化行改建為寺。嘉慶元年，提督哈當阿修，改今名焉。[45]」清朝時期也稱為海會寺、海靖寺的開元寺，由於是鄭經為其生母董友所建的「私人大莊園」，清朝改建為佛寺後仍

45　（清）謝金鑾《續修臺灣縣志》，卷 5〈外編〉（臺北：臺銀，1962），頁 342。

可約略窺知莊園規模不小。寺內後殿有一口鄭經為其母董氏所挖鑿的水井（鄭經井）、康熙年間的古鐘[46]、乾隆時期臺灣知府蔣元樞「重修海會寺圖碑」、嘉慶元年（1796）福建水路提督兼臺灣總兵哈當阿「彈指優曇」匾[47]、林朝英（1739-1816）[48]所題寫三對楹聯，包括香篆體：「開化十方壹瓶壹鉢／元機參透無我無人」、蟲草體：「元宗妙道色相俱空／開闢真機細縕無滯」、竹葉體：「寺古僧閒雲作伴／煉性當知養性高」、昭和5年（1930）「詩魂」碑[49]等文物均深具文化資產價值。

圖 5-1-5　1796年福建水路提督兼臺灣總兵哈當阿「彈指優曇」匾 © 楊家祈攝影於 2017

圖 5-1-6　國定古蹟開元寺內林朝英香篆體楹聯 © 楊家祈攝影於 2017

46　臺灣目前所發現最早者，鑄造於康熙34年（1695）。
47　以佛經中傳說三千年才盛開才開一次而後隨即凋謝的奇花優曇婆羅花，來隱喻人生有如彈指，短暫即逝。
48　林朝英注重文教、樂善好施，曾獨資捐白銀五千餘兩重修臺灣縣儒學（文廟），1815年建造「重道崇文」牌坊（原位於今臺南美術館一館，日治時期遷移至臺南公園內）以示表揚。善書法、水墨畫及雕刻，日治時期尾崎秀真更譽為「臺灣二百五十年間唯一之藝術家」。
49　臺南酉山詩社的傳統詩人因不滿異族統治而將詩作深埋於此並立碑紀念。

圖 5-1-7　國定古蹟開元寺內林朝英竹葉體楹聯 © 楊家祈攝影於 2017

圖 5-1-8　國定古蹟開元寺內林朝英蟲草體楹聯 © 楊家祈攝影於 2017

圖 5-1-9　國定古蹟開元寺內「詩魂」碑 © 楊家祈攝影於 2017

5. 重慶寺

位於中西區中正路5巷2號,為歷史建築。創建於康熙60年(1721)[50];咸豐5年(1855)劉家謀《海音詩》載:「昔住持以尼,今則僧矣。」[51]可見創建初期,重慶寺實為比丘尼出家修行處,至咸豐年間已轉為男性出家眾比丘修行處。最初屬於禪宗之臨濟宗,主祀釋迦牟尼佛,陪祀「月老」,為府城四大月老之一[52]。

重慶寺最特殊的信仰與傳說就是「醋矸」,這是全臺唯一供奉[53]。當今傳說攪動「醋矸」,可挽回失和的男女感情。《海音詩》載:「男女相悅不得遂者、夫妻反目者,皆乞靈於佛;置醯甕佛座下,以筋繫髮攪之,云使人心酸;取佛前燈油暗抹所歡頭,則變。」可見這樣的傳說,清朝已有,但當時是要取頭髮在「醋矸」裡攪動,此舉象徵可以聞之讓人心酸,且要取佛前燈油偷偷塗抹在對方頭額,象徵藉由釋迦牟尼佛供桌前的燈油加持,讓對方回心轉意。

民國58年(1969)貢噶老人金剛上師擔任重慶寺住持,主祀改為四手的「大悲勝海紅觀音菩薩」,此後重慶寺改歸密宗而成為西藏密宗噶舉派(白派)的分院。

圖 5-1-10　奉有全臺唯一「醋矸」的歷史建築重慶寺 © 楊家祈攝於2010

6. 龍山寺

主祀觀音,原在大東門外。清朝方志載:「龍山寺:在大東門外。雍正間(1723-1735)里眾建,乾隆五十四年(1789)里人王拱照等倡

---

50 相良吉哉《臺南州祠廟名鑑》(臺南:臺灣日日新報社臺南支局,1933),頁7。
51 (清)劉家謀《海音詩》(臺北:臺銀,1958),頁16。
52 大天后宮、祀典武廟、大觀音亭與重慶寺。
53 清朝咸豐之前即有之。

修。[54]」昭和 7 年（1932 年）因馬路拓寬，舊有寺院遭到拆除後，後於東門路二段 134 巷 27 號的今址重建。幾次修建擴增，今為一座樓高三層的鋼筋混擬土建築。一樓為觀音殿，二樓為大雄寶殿，三樓為大慈大悲殿[55]。幾次拆除搬遷之後，寺內僅剩乾隆 55 年（1790 年）「慈德配天」、道光 9 年（1829 年）「東海慈航」二匾較具有文資價值。

7. 黃蘗寺

七寺目前唯一不存在的就是黃蘗寺。依林衡道說法，黃蘗寺原為陳永華故居，明鄭滅亡後，改為寺廟。主祀黃蘗禪師[56]，全臺唯一。清朝方志載：「黃蘗寺在（大）北門外康熙二十七年（1688）左營守備孟大志建。三十一年，火；三十二年，僧募眾重建。四圍竹木花果甚多。[57]」方志所言的大北門外的黃蘗寺就是臺南二中旁，北門路二段與公園北路口，臨近小東路地下道。惜今已不存。明治 32 年（1899 年）日本為闢建陸軍臺南衛戍醫院[58]與鐵路，遂將寺廟拆除。

清朝時期黃蘗寺與其他寺院最大的不同是，相傳黃蘗寺僧侶落髮掩人耳目，實則暗地從事策劃反清復明之事。

八廟係指大關帝廟、府城隍廟、嶽帝廟、大媽祖廟、水仙王廟、龍神廟、藥王廟與風神廟這八座廟宇。

1. 大關帝廟

即中西區永福路二段 229 號的「祀典武廟」，是臺灣最早由官方建造

---

54 （清）謝金鑾《續修臺灣縣志》，卷 5〈外編〉，頁 344。
55 供奉千手觀音。
56 唐朝高僧黃蘗希運，福建人，生年不詳，卒於 855 年。於江西省宜豐縣鷲峰建寺修行，並將鷲峰改名「黃蘗山」。師承百丈懷海禪師（749-814）的希運禪師，弟子臨濟義玄從希運學法 33 年，為禪宗「臨濟宗」之開創者。
57 （清）范咸《重修臺灣府志》，卷 19〈雜記〉，頁 545。
58 今國立成功大學臺灣文學系系館。

的關帝廟，清朝時期列入官方春秋祭典，在永福路上有一面線條非常雅緻而醒目的朱紅色山牆，現為國定古蹟。清朝方志載：「大關帝廟，偽時[59]建。……原寧靖王親書其匾，曰『古今一人』。[60]」

圖 5-1-11　有一面線條非常雅緻而醒目的朱紅色山牆的祀典武廟 ⓒ 楊家祈攝於 2022

圖 5-1-12　國定古蹟祀典武廟內的「古今一人」匾額 ⓒ 楊家祈攝於 2014

2. 府城隍廟

址在中西區青年路 133 號，為臺灣最早官方建造的城隍廟，「爾來了」為府城三大名匾之一，現為國定古蹟。主祀城隍，陪祀二十四司，是城隍爺的屬官。清朝方志載：「府城隍廟：在東安坊郡署[61]之右，偽時建[62]，康熙間修。[63]」

59　筆者案：明鄭時期。

60　（清）陳文達《臺灣縣志》，卷九〈雜記志〉（臺北：臺銀，1962），頁 209。

61　筆者案：臺灣府署，今青年路與衛民街之間。

62　筆者案：明鄭時期。

63　（清）謝金鑾《續修臺灣縣志》，卷 2〈政志〉，頁 62。

圖 5-1-13　國定古蹟府城隍廟「爾來了」為府城三大名匾 ©楊家祈攝於 2018

3. 嶽帝廟

又稱東嶽廟，今稱東嶽殿，址在中西區民權路一段 110 號，為直轄市定古蹟。主祀東嶽泰山之神，為陰間地府的統治神、幽冥界的主宰[64]，酆都大帝為其最重要的輔助者。清朝方志載：「嶽帝廟，在東安坊，祀東嶽泰山之神（泰山，五嶽首也），偽時[65]建。[66]」全臺祀有東嶽大帝者屈指可數，如苗栗市東嶽府、宜蘭市東嶽廟，而臺南東嶽殿是最早建立者，今以紅頭法師執行「打城」法事聞名全臺。

圖 5-1-14　紅頭法師執行「打城」法事聞名全臺的臺南東嶽殿 ©楊家祈攝於 2018

4. 大媽祖廟

即永福路二段 227 巷 18 號的「祀典大天后宮」，為臺灣最早官方建立的媽祖廟，現為國定古蹟。高拱乾《臺灣府志》載：「在府治鎮北坊赤嵌城南。康熙二十三年（1684）臺灣底定，神有效靈，靖海將軍侯施琅同

---

[64] 地位如同佛教之地藏王菩薩。
[65] 筆者案：明鄭時期。
[66] （清）王必昌《重修臺灣縣志》，卷 6〈祠宇志〉，頁 175-176。

諸鎮捐俸鼎建。[67]」陳文達《臺灣縣志》亦載：「大媽祖廟：即寧靖王故居也。康熙二十三年，靖海將軍侯施琅改建為廟，祀媽祖。[68]」這是臺灣第一間官建的媽祖廟。在柱聯方面，道光10年（1830）閩浙總督程祖洛撰「寰中慈母女中聖；海上福星天上神」、道光20年（1840）臺灣道姚瑩撰「皇清贊順安瀾八百載，神功廣運歷宋元明以朔；天后宏仁利濟億萬祀，聖德長昭統江河海咸尊」等對聯，以及清代為數甚多古匾，斐然可觀，誠俱歷史價值。另外，「府城迎媽祖」為市定民俗文化資產。

圖 5-1-15　國定古蹟祀典大天后宮是明寧靖王王府改建而成 © 楊家祈攝於 2018

5. 水仙王廟

即位於中西區神農街1號「水仙宮」，為直轄市定古蹟，廟宇是清朝府城三郊總部所在地，如今周遭已發展為「水仙宮市場」。清朝方志記載：「水仙廟，在西定坊港口。祀大禹王，配以伍員、屈原、王勃、李白。康熙五十四年（1715），泉漳諸商人建。[69]」由於此處為清代府城之西緣，地勢較低，位於五條港之一的南勢港，故臺南有「上帝廟坅墘，水仙宮簷前」之俗諺，意指東邊的「上帝廟」[70]的廟埒，與西邊的「水仙宮」的屋簷同高或是還要高，兩者存在約一層樓之落差。

67　（清）高拱乾《臺灣府志》（北京：中華書局，1985），卷二〈規制〉頁496及卷九〈外志〉頁950。

68　（清）陳文達《臺灣縣志》，卷九〈雜記志〉，頁209。

69　（清）王必昌《重修臺灣縣志》，卷6〈祠宇志〉，頁178。

70　臺南北極殿，位於鷲嶺之上。

6. 龍神廟

　　龍神廟又稱龍王廟。清代龍神既是海神，也是雨神，史載：「往來海上，穩渡安瀾，悉賴龍神默佑。[71]」又云：「地方官常到廟祈雨。[72]」由於海神雨神雙具，素為清代官員所重視，「龍王為海瀆之神，其與社稷、山川、雷火、風雨、城隍、屬壇諸祀，並載在祭典，為天下郡縣之所崇奉也，由來久矣。[73]」如果當地尚未建廟，地方官也會設法建廟，以為祈雨之處，例如「道光五年（1825）蒞任，澎湖右營遊擊林廷福偕（澎湖）通判蔣鏞鼎建龍神祠，為民禱雨。[74]」臺南是臺灣最早建立龍神廟的地方，「龍神者，水靈之精，司雲雨，普惠澤於蒼生者也。國家崇德報功，祀典特隆。臺當開闢之始，建廟郡南。[75]」府城龍神廟「在寧南坊，康熙五十五年（1716），巡道梁文科建。[76]」原在南門路37號臺南警察署[77]大門右側，昭和9年（1934），因開闢南門路而拆除，今已不存[78]。

7. 藥王廟

　　清朝方志載：「在西定坊北勢街尾，祀藥王韋慈藏[79]，康熙五十七年

71　（清）林豪《澎湖廳志》，卷13〈藝文〉（臺北：臺銀，1963）〈建修龍神祠記〉，頁439。
72　（清）周凱《廈門志》，卷2〈分域略〉，頁63。
73　（清）盧德嘉《鳳山縣采訪冊》，壬部〈藝文〉（臺北：臺銀，1960），〈新建龍王廟碑〉，頁391。
74　（清）蔣鏞《澎湖續編》，卷上〈武備紀〉（臺北：臺銀，1961），頁58。
75　乾隆30年〈重修龍神廟增建更衣亭碑記〉，收入臺灣銀行經濟研究室，《臺灣南部碑文集成》（臺北：臺銀，1966），頁66。
76　（清）王必昌《重修臺灣縣志》，卷6〈祠宇志〉，頁174。
77　2011年時納入臺南市美術館的基地範圍，而成為「臺南市美術館近現代館」。
78　1815年，清廷為旌表府城仕紳林朝英獨自捐貲萬金，修建縣學文廟而頒贈其「重道崇文」匾額，並准建「重道崇文」牌坊。該坊原建於龍王廟前，1934年因開闢南門路，拆除龍王廟，「重道崇文」坊亦遷移至臺南公園內燕潭邊，為府城現存四座牌坊（重道重文坊、泮宮坊、蕭氏節孝坊、接官亭坊）之一。
79　筆者按：唐朝京兆人，道士、名醫，《舊唐書》記載，以醫術知名。

（1718），道標千總姚廣建。[80]」址在中西區金華路四段86號，為全臺藥王廟之開基祖廟，現貌為民國75年（1986）重建。

8. 風神廟

　　是全臺灣唯一一座以「風神」為主祀神的廟宇，直轄市定古蹟。風神又稱作「風師」，清朝方志載：「風師、雨師，見於周官，後世皆有祭。[81]」也稱作「風伯」，志載：「風神廟：在（廈門）玉沙坡，雍正時敕建，祀風伯之神。[82]」廟內以雷公、電母為陪祀神。清朝方志載：「風神廟：在大西門外接官亭後[83]。乾隆四年（1739），巡道鄂善倡建。[84]」即位於南河港的河道右側、清代安瀾橋的旁邊，也就是直轄市定古蹟接官亭坊（圖5-1-18）之旁，址在西區民權路三段143巷8號。

圖5-1-16　全臺灣唯一的「風神廟」
　　　　　ⓒ楊佳諳攝於2013

80（清）謝金鑾《續修臺灣縣志》，卷2〈政志〉，頁65。
81（清）王必昌《重修臺灣縣志》，卷6〈祠宇志〉，頁16。
82（清）周凱《廈門志》，卷2〈分域略〉，祠廟，頁63。
83　風伯祀典，詳見風雲雷雨壇。邑處海外，舟楫往來，安危禍福，惟神司之。故春秋詣壇合祭之外，建廟專祀。
84（清）謝金鑾《續修臺灣縣志》，卷2〈政志〉，頁61。

圖 5-1-17　（左）雷公鳥嘴、鳥爪造形，一手持槌、一手持鑿、足踏皮鼓造型；（右）電母掌管閃電，手持鏡子 © 楊家祈攝於 2018

圖 5-1-18　風神廟位於直轄市定古蹟接官亭坊之旁 © 楊佳諶攝於 2013

四、小結

（一）、**臺南寺廟數量眾多，約 2,000 座，為各縣市之最。**

（二）、**臺南寺廟歷史久遠，實為漢人渡臺開拓史上最重要之註腳。**

（三）、**臺南寺廟被列入國定古蹟與直轄市定古蹟數量，為全國首位。**

（四）、**臺南許多廟宇，或為全臺之開基祖廟，或為最早創立者。**
　　　如東嶽殿、城隍廟、藥王廟、北極殿、武廟、田祖廟（神農大帝）、龍王（龍神）廟、火神廟[85]、祝融殿（俗稱火王爺館）[86] 等。

---

[85] 1708 年，鳳山縣知縣宋永清在法華寺內前殿建立火神廟，為全臺最早之火神廟。

[86] 粟埕祝融殿，位於米街廣安宮周緣晒稻穀的空地，俗稱火王爺館。

（五）、**廟宇祀神為全臺罕見，或是具有獨特性。**

如風神、藥王（韋慈藏）、月老、黃蘗禪師、陳稜（隋朝將領）、五妃娘娘、太陽公、七娘媽、陰陽公、祝融（俗稱火王爺）、流水觀音（清水寺）、辜婦媽等祀神。

（六）、**寺廟的無形文化資產為全臺最豐富而多元。**

如開隆宮做十六歲、普濟殿黃銅山米糕栫、府城各廟建醮送天師、將軍苓子寮保濟宮送火王、九豬十六羊（太陽公生）、安平區香腸豬、東嶽殿打城、安平靈濟殿孤棚祭、喜樹萬皇宮龜醮、安平迎媽祖上香山、永康廣興宮境內擔餅節、學甲慈濟宮上白礁暨刈香、東山碧軒寺迎佛祖、鹽水蜂炮等宗教民俗活動。

引用文獻

（一）文獻

不著撰人（1959〔1898〕）《安平縣雜記》，臺北：臺灣銀行經濟研究室。
仁宗敕撰（1960〔1842〕）《清一統志臺灣府》，臺北：臺灣銀行經濟研究室。
王必昌（1962〔1752〕）《重修臺灣縣志》，臺北：臺灣銀行經濟研究室。
江日昇（1960〔1716〕）《臺灣外記》，臺北：臺灣銀行經濟研究室。
周凱（1961〔1839〕）《廈門志》，臺北：臺灣銀行經濟研究室。
林豪（1963〔1893〕）《澎湖廳志》，臺北：臺灣銀行經濟研究室。
范咸（1961〔1747〕）《重修臺灣府志》，臺北：臺灣銀行經濟研究室。
高拱乾（1985〔1696〕）《臺灣府志》，北京中華書局。
陳文達（1962〔1720〕）《臺灣縣志》，臺北：臺灣銀行經濟研究室。
陳壽祺（1960〔1839〕）《福建通志臺灣府》（《重纂福建通志》），臺北：臺灣銀行經濟研究室。
臺灣銀行編（1964〔1885〕）《法軍侵臺檔》，臺北：臺灣銀行經濟研究室。
劉家謀（1958〔1855〕）《海音詩》，臺北：臺灣銀行經濟研究室。
蔣師轍（1961〔1895〕）《臺灣通志》，臺北：臺灣銀行經濟研究室。
蔣鏞（1961〔1832〕）《澎湖續編》，臺北：臺灣銀行經濟研究室。
盧德嘉（1960〔1894〕）《鳳山縣采訪冊》，臺北：臺灣銀行經濟研究室。
謝金鑾（1962〔1821〕）《續修臺灣縣志》，臺北：臺灣銀行經濟研究室。

（二）專書

丁仁傑（2009）《當代漢人民眾宗教研究——論述、認同與社會再生產》，臺北：聯經。
丁仁傑（2013）《重訪保安村——漢人民間信仰的社會學研究》，臺北：聯經。
大淵忍爾（1983）《中國人の宗教儀禮——佛教　道教　民間信仰》，東京：福武書店。
山樂曼（2013）《美麗島：主的莊田》，臺南：聞道。
王見川（2008）《漢人宗教、民間信仰與預言書的探究》，臺北縣：博揚。
古家信平（1999）《台湾漢人社会における民間信仰の研究》，東京：東京堂。
甘滿堂（2007）《村廟與社區公共生活》，北京：社會科學文獻出版社。
江家錦（1957）《臺南縣志稿・卷2人民志・宗教篇》，臺南縣：臺南縣文獻委員會。
吳永猛、謝聰輝（2005）《臺灣民間信仰》，臺北縣：空大。

李世偉（2008）《臺灣佛教、儒教與民間信仰》，臺北縣：博揚。
李添春（1956）《臺灣省通志稿・卷 2 人民志・宗教篇》，臺北：省文獻會。
林榮澤（2007）《臺灣民間宗教研究論集》，臺北縣：一貫義理編輯苑。
相良吉哉（1933）《臺南州祠廟名鑑》，臺南：臺灣日日新報社臺南支局。
宮本延人（1988）《日本統治時代台湾における寺廟整理問題》，天理市：天理教道友社。
康豹（2009）《從地獄到仙境——漢人民間信仰的多元面貌》，臺北縣：博揚。
張志哲主編（1994）《道教文化辭典》，江蘇：江蘇古籍出版社。
張曼濤（1979）《中國佛教史論集：臺灣佛教篇》，臺北：大乘。
連橫（1962〔1920〕）《臺灣通史》，臺北：臺灣銀行經濟研究室。
連橫（1964）《雅堂文集》，臺北：臺灣銀行經濟研究室。
黃有興（1992）《澎湖的民間信仰》，臺北：臺原。
黃典權（1966）《臺灣南部碑文集成》，臺北：臺灣銀行經濟研究室。
董芳苑（1996）《探討臺灣民間信仰》，臺北：常民文化。
劉枝萬（1983）《中國民間信仰論集》，臺北：聯經。
鄭志明（1984）《臺灣民間宗教論集》，臺北：學生書局。
鄭志明（2006）《臺灣全志・卷 9 社會志・宗教與社會篇》，南投：國史館臺灣文獻館。
戴文鋒（2010）《永康的歷史遺跡與民間信仰文化》，臺南縣：永康市公所。
戴文鋒（2014）《重修屏東縣志民間信仰》，屏東：屏東縣政府。
戴炎輝（1979）《清代臺灣之鄉治》，臺北：聯經。
瞿海源（1997）《臺灣宗教變遷的社會政治分析》，臺北：桂冠。

（三）其他
內政部統計處《內政統計通報》，2005 年 6 月 30 日。
內政部統計處《內政統計通報》，2011 年 6 月 18 日。

蜈蚣、陣頭、大廟：臺南五大香

一、前言

　　臺南為眾神之都，信仰活動蓬勃，幾乎每一天都有信仰儀式在進行著，堪稱活體的民俗博物館。而在臺南眾多信仰活動中，西部沿海地區有 5 個大型廟宇祭典遶境活動，被稱為「臺南五大香」（亦稱「南瀛五大香」）[1]。這五大香從北到南分別為「學甲慈濟宮上白礁暨刈香」、「麻豆代天府麻豆香」、「佳里金唐殿蕭壠香」、「西港慶安宮西港仔香」、「土城鹿耳門聖母廟土城仔香」。

　　臺南五大香的「香（hiunn）」，有別於其他小規模的宗教遶境活動或是廟宇與各方虔誠善男信女所組「進香團」的「進香」活動，而是指「香科年」當年度所舉行「刈香（kuah-hiunn）」活動的略稱，是一種規模十分盛大且跨越區域（鄉鎮）的神明出巡遶境。臺南五大香共同特色如下：

（一）由地方大廟號召主辦，反映地方民間信仰特色

　　臺南五大香科主辦五間廟宇皆為當地的地方信仰中心，以大廟為號召，各角頭、聚落無不踴躍參與，積極動員，其中聚落之間的競合，更是反映每一香科區域的歷史發展及人群互動。

（二）文武陣頭眾多，並皆以百足真人蜈蚣陣為前導

　　臺南五大香科每一香科皆有許多特色藝閣及文武陣頭，並都是以百足真人蜈蚣陣（藝閣的一種，本應稱為蜈蚣閣或稱蜈蚣棚，但發展至今，民間習慣稱為蜈蚣陣）為整個遶境香陣之前導，蜈蚣陣更是反映出居民與曾文溪、急水溪水患搏鬥的堅苦歷史，借用自然界一物剋一物的想像，以蜈

---

[1] 五大香之說率先出現於黃文博《南瀛刈香誌》（臺南：臺南縣立文化中心，1994）一書，而後各廟興起更有「三大香」、「七大香」之說。

蚣去剋制俗稱「青盲蛇」（tshenn-mê-tsuâ，曾文溪）、「青盲龍」（tshenn-mê-lîng，急水溪）之溪水氾濫。而各香科轄下文武陣頭數量眾多，歷史久遠，形成豐沛的陣頭文化。

（三）遶境地域寬廣，牽動大小聚落

臺南五大香科的遶境地域幅員寬廣，都跨出主辦廟宇所在的行政區（除麻豆香之外），且參與聚落之多，形成一個跨越境域的大型宗教活動。

（四）穩定的週期循環舉辦

臺南五大香科皆以穩定的週期循環舉辦，除學甲刈香四年一科外（上白礁祭典每年舉行），其餘都為三年一科，香期皆為 3 至 4 天左右。而佳里金唐殿蕭壠香、西港慶安宮西港仔香、土城鹿耳門聖母廟土城仔香每次刈香都因配合瘟王醮典舉行，香科期間更是長達好幾個月以上。

以下將臺南五大香依地理位置由北至南分篇簡要介紹之。

二、學甲慈濟宮學甲上白礁暨刈香

學甲慈濟宮以保生大帝為主神，香火據傳是由移民隨鄭成功部隊迎請而來。大殿供奉的「開基二大帝」神像，來自福建保生大帝祖廟「白礁慈濟宮」，相傳為這世上最早雕刻的三尊保生大帝神像之一。慈濟宮香火鼎盛，因移民拓墾，而海內外分靈眾多[2]，被保生大帝信徒視為祖廟與聖地之一。

慈濟宮創建於清康熙 40 年（1701）[3]，經歷代修建，目前為「一埕、三落、四院、五殿」之傳統閩南式建築樣式，因宏大格局，信眾稱為「學甲

---

2 如安南區保生大帝信仰、福建晉江寶泉庵、東南亞等地。
3 陳丁林《學甲慈濟宮志》（臺南：學甲慈濟宮，2014），頁 19。

大廟」；祠廟裝飾華麗，多出自名家之手，如葉王（1826-1887）[4]交趾陶、何金龍（1880-1953）[5]剪黏、楊草仙（1839-1944）[6]書法、李漢卿（1935-2002）[7]彩繪等，更保留清代匾額6方、清代石碑1座、日治石碑2座、戰後石碑1座，見證祠廟歷史，於民國74年（1985）登錄為古蹟。

民國97年（2008）慈濟宮所保存之一系列葉王交趾陶作品被臺南市政府登錄為古物，其中「合境」「平安」、「加官」「晉祿」、「胖瘦羅漢」等3組（6尊）作品於民國104年（2015）指定為國寶，蒐藏在廟旁的「葉王交趾陶文化館」。

圖 5-2-1 （左）學甲慈濟宮大殿；（右）葉王交趾陶──國寶胖瘦羅漢 © 楊家祈攝於 2019 年 4 月 15 日（左）、2015 年 2 月 15 日（右）

4　臺灣目前有文獻可徵之最早交趾陶藝師。
5　1927 年來臺，作品大多集中在臺南一帶之廟宇。
6　楊草仙，四川人，號草仙，以號行於世。其狂草，褒貶不一，例如書法家陳定山（1897-1987）就評：「或如結繩，或如鍋底刷，可謂書家一大劫運。」由於存活世上 106 載，因此亦有人質疑其出生年為謊稱，認為合理應在 1860 年代前後。1927 年來臺，旅居三年，以新竹鄭家「北郭園」為主要寄居處。霧峰林家下厝宮保第〈春秋又八千〉匾額，是 1928 年林朝棟之妻楊水萍（1848-1930）81 歲壽誕時楊草仙所書贈，有「楊草仙敬書」之落款。而學甲慈濟宮正殿廟壁「龍飛」、「鳳舞」大字狂草，據莊秋情、陳丁林《學甲慈濟宮志》（臺南市：學甲慈濟宮，頁 89）所述：「臺灣（筆者按：僅來臺三年）書法家楊草仙於九十高齡時，手書『龍飛』、『鳳舞』四字」。雖然 1927-1929 年廟宇修繕，與楊草仙在臺時間吻合，但因未落款，是否為其真跡，仍待進一步查證。
7　薪傳獎彩繪藝師。

（一）沿革

　　學甲慈濟宮所舉辦之「上白礁暨刈香」是學甲地區的重要歲時慶典，民國97年（2008）以「學甲上白礁暨刈香」登錄臺南市定民俗。民國111年（2022）以「學甲上白礁」由文化部公告為「國家重要民俗」。

　　「學甲上白礁暨刈香」分別由兩項活動組成；上白礁（tsiūnn-peh-ta）祭典固定皆於每年農曆三月十一日舉行，而被稱為學甲香（Ha̍k-kah-hiunn/hionn）的刈香則是每四年舉辦一次，並同時納入上白礁祭典。上白礁祭典為一項謁祖祭典，所謂「上（tsiūnn）」閩南語是指「前往」，所以「上白礁」此一詞彙便是「前往白礁」之意。祭典始於清代，學甲人常返回福建泉州白礁慈濟宮謁祖，因保生大帝誕辰為農曆三月十五日，須提前數日渡海，方能趕上神誕，而訂為農曆三月十一日前；日治之後由於兩岸往來逐漸受限，改成隔海遙望祖廟進行謁祖。上白礁祭典直到20世紀後半，逐漸穩定，每年皆辦。由於上白礁刈香所經過的香路只行經學甲、中洲等庄，其他聚落紛紛要求保生大帝神轎也要遶境，於是慈濟宮順應其他聚落之要求，遂另行擇期舉辦大遶境，來回應其它聚落信眾，是為學甲刈香之前身；1987年以前刈香為依神示不定期舉辦，之後逐漸確立四年舉行一科刈香之傳統至今[8]。

（二）民俗特色

1. 過堡：遶境轄域廣闊

　　每年上白礁祭典，香陣遶境區域以學甲及中洲兩聚落為主；如舉行刈香時，三日遶行區域則涵蓋昔日「學甲十三庄」範圍，即三寮灣、溪底寮、二重港、灰窯港、渡仔頭、宅仔港、倒風寮、學甲寮、草坔、大灣、學甲、中洲、山寮等地[9]，廣及今日學甲區全境、鹽水區、佳里區、北門區

8　黃文博《南瀛刈香誌》（臺南：臺南縣立文化中心，1994），頁50-53。2020年因新冠肺炎延期至2022年舉行。

9　「學甲十三庄」參與聚落並非僅有13個，而是將眾多參與的聚落分成13個單

鄰近村落。刈香出巡主要分成 3 天，第 1 天為學甲區南部與東部區域。第二天為學甲區北部，鹽水區南部與北門區東北部區域等聚落。第三天為學甲區西部與北門區南部等區域後，再抵達將軍溪畔白礁亭祭祖後返回學甲慈濟宮。在非香科年時則只舉辦上白礁謁祖，走的第三天路線，但不包含北門區域。學甲刈香儀式採「出香→遶境→入廟」的型態，所有參與的神轎、輦宮、陣頭、藝閣，於每日出發前，都需至慈濟宮「拜廟」，由紅頭法師做法淨陣，再出發遶境。

每逢刈香期間，每日遶境，會跨越一個不屬於學甲慈濟宮信仰圈之聚落，此行為稱「過堡」，意思是指遶境隊伍超過清代學甲堡轄域範圍，進入到其它聚落之境域；第一日過堡到佳里區溪洲（早年更曾到佳里區營頂、佳里興等地），第二日則過堡到鹽水區的大埔、下林仔，第三日過堡到北門區的溪仔寮[10]。

2. 通報：黃牛報馬仔與報兵

部分神輿遶境中會有「報馬仔」之腳色，也稱「探仔馬」、「報仔」，功用為探路、報信，告知居民準備香案迎接神轎、陣頭，故會走在遶境隊伍最前方[11]。

在學甲上白礁祭典及刈香中報馬仔腳色分成「報馬仔」、「報兵」兩單位。「報馬仔」為一頭未交配過的母黃牛所擔任，採擲筊所選定；而「報兵」則由爐主派下頭家所負責，由一名男性擔任，且手持繫有紅帶木刀，跟於黃牛之後[12]。學甲慈濟宮之報馬仔與報兵為全國唯一，十分具有特色。

位。
10 黃文博《學甲上白醮暨刈香》（臺南：臺南市文化局，2013），頁 121。黃文博《南瀛刈香誌》，頁 53。
11 劉還月《臺灣民間信仰小百科（迎神卷）》（臺北：臺原，1994），頁 96。
12 黃文博《學甲上白醮暨刈香》，頁 56-57。黃文博《南瀛刈香誌》，頁 83、96、99。劉還月《臺灣民間信仰小百科（迎神卷）》，頁 97。

3. 華美：輦宮文化

面對遶境範圍遼闊及轎班人力不足問題，民國 78 年（1989）起，上白礁祭典出現首座「輦宮」（圖 5-2-2），以仿古代宮殿或皇帝出巡時所用鑾駕，是將神轎與動力載具（多以小貨車載運）相結合，形成一種新型的動力神轎「輦宮」，取代人力肩扛的傳統神轎。輦宮的彩繪與木工雕琢十分細緻，甚至可安置涼傘、儀仗等器物；也有部分廟宇採簡易方式，將原有神轎裝上貨車。目前上白礁香陣中約有數十座輦宮，成為為學甲上白礁祭典的特色之一，輦宮文化還輸出到鄰近各地廟會。

圖 5-2-2　縣內角太安宮輦宮 © 楊家祈
攝於 2017 年 4 月 7 日

4. 祭祖：上白礁遙祭先祖

上白礁祭典從渡海回到原鄉祭祖開始，再改為至將軍溪畔遙祭先祖，最後發展成刈香。謁祖在整個民俗中扮演最吃重的部分，也是整個宗教活動的核心。上白礁祭典分成三部分，祭典進行依序如下：

（1）遙拜祖宗

在所有香陣抵達後，開始迎神，迎請開基保生二大帝、中華民族列祖列宗神位入白礁亭，進行獻禮與三鞠躬禮（圖 5-2-3）。

（2）遙拜祖廟

遙祭祖先完成後，全體祭祀人員轉向朝西，面對白礁慈濟宮祖廟之方位進行獻禮與三跪九叩禮。

（3）三請儀式：請水、請火、請香

先由道士進行誦經、讀疏，再接由法師開壇。先是法師引領一行人

至將軍溪畔進行請水（圖 5-2-4），象徵增補兵將。接著進行請火，象徵承接祖廟香火，因是遙祭之故，法師乃以瓷盆火爐為信物，在「踏五方步」後，讓爐主將所取的聖水及火爐放入香擔內。最後為請香，由法師手持一大捆香，在「踏四門」後，交給爐主與香擔一起帶回慈濟宮。[13]

　　三請儀式完成後，香陣即返回慈濟宮。上白礁祭典舉辦日期較不固定，非刈香年為農曆三月九日傍晚，若是刈香年則為刈香三日（農曆三月十一日）入夜，待開基保生二大帝抵達後進行。

圖 5-2-3　遙拜「中華民族列祖列宗」© 楊家祈攝於 2016 年 4 月 17 日

圖 5-2-4　請水 © 楊家祈攝於 2016 年 4 月 17 日

5. 護境：安營、過火、祝壽及賞兵

　　不論是每年上白礁或是四年一次的刈香，皆要於保生大帝誕辰前（農曆三月十四日）舉行「安營」與「過火」儀式。在儀式當日傍晚先舉行安營，由紅頭法師主持，依照東南西北中之方位，替慈濟宮五營逐一更換新竹符；入夜後則舉行過火[14]。農曆三月十五日為保生大帝之壽誕當日，上

13　黃文博《學甲上白醮暨刈香》，頁 94-110。
14　赤腳踏走過火堆，民間信仰認為可除穢氣去厄運、消災解禍。

午於正殿進行祝壽大典，氣氛肅穆，而次日午後紅頭法師在廟埕進行犒賞兵將儀式，以慰勞神兵神將在出巡過程中的辛勞，整個刈香或上白礁正式落幕[15]。

6. 演藝：以蜈蚣陣為首的藝閣及文武陣頭

參與上白礁祭典與刈香之廟宇數量眾多，村民自組陣頭之多與孩童所裝扮藝閣之繁，亦令人目不暇給。（表 5-2-1、5-2-2）。

表 5-2-1　學甲上白醮自組藝閣一覽表

行政區	聚落名	廟宇	自組藝閣	備註
學甲區	後社	集和宮	百足真人蜈蚣陣	2009 年㊉
		聖和宮	郭子儀大戰烏鳳仙	2019 年復陣
			洛花河	-
		西龍宮	七鶴	2019 年復陣
	下社	白礁宮	哪吒鬧東海	-
			董漢尋母	-
	羅姓角	-	八仙棚	
	東竹圍	-	八美圖	2019 年復陣
	宅口	興太宮	五虎平西	-
			太子伏龍	-
	三角仔	清保宮	八仙過海	
	縣內角	太安宮	封神榜	2019 年復陣
	中草垺	中隆宮	紡車輪	2019 年復陣
	煥昌	文衡殿	唐明皇遊月宮	不存
			陳靖姑伏三妖	不存
	溪仔墘	慶安宮	關公保二嫂出關	不存
			水晶宮	不存
	中洲	惠濟宮	百花下凡	2019 年復陣

說明：㊉，表示登錄臺南市傳統表演藝術。
資料來源：（1）黃文博《南瀛刈香誌》，頁 63-96。（2）黃文博《學甲上白醮暨刈香》，頁 56-93。（3）田野調查。

---

15 黃文博《學甲上白醮暨刈香》（臺南：臺南市文化局，2013），頁 181。

表 5-2-2　學甲上白醮自組陣頭

行政區	聚落名	廟宇	自組陣頭	備註
學甲區	煥昌	文衡殿	北管	不存
	錦繡角	錦繡堂	北管錦樂軒	不存
	學甲寮	慈照宮	南管	不存
	後社	集和宮	南管集和社	不存
	大灣	清濟宮	北管振聲社	不存
	新芳	慶安宮	車鼓陣	不存
	紅茄萣	慈明宮	鼓花陣	不存
	學甲	慈濟宮	北管漢聲軒	2019 年復陣
			南管天聲社	不存
			採茶舞	2019 年復陣
	東寮	代天府	南管振東社	不存
	宅口	興太宮	太平歌	不存
	西月寮	慈良宮	太平歌	不存
	宅仔港	慈德宮	十二婆姐陣	-
	頭港仔	鎮安宮	軟身福德正神	-
	頭前寮	才天宮	大鼓花	不存
	下草垺	慈興宮	車鼓陣	不存
			宋江陣	不存
	大灣	清濟宮	鬥牛陣	不存
	中洲東頭角	慈福宮	高蹺陣	職業化
	中洲	惠濟宮	宋江陣	黃腳巾／護駕
	中社	宋江館	宋江陣	黃腳巾／護駕
	中角	田龍館	宋江陣	黃腳巾／帶蜈蚣陣
	謝姓角	謝姓獅團	金獅陣	紅腳巾／負責安座，2009 ㊇
北門區	渡仔頭	吳保宮	牛犁歌	不存
			宋江陣	黃腳巾／護駕

說明：㊇，表示登錄臺南市傳統表演藝術。
資料來源：(1) 黃文博《南瀛刈香誌》，頁 63-96。(2) 黃文博《學甲上白醮暨刈香》，頁 56-93。(3) 田野調查。

　　後社集和宮的蜈蚣陣是上白礁最具指標性的藝閣，龍首、鳳尾形式，異於其他香科之蜈蚣陣，也是五大香科中唯一仍維持由人力扛抬者。共計 36 名，透過擲筊確定人選。平日首尾供奉於集和宮內，稱為「蜈蚣公」。

裝閣戲文也是為五大香科中最多樣者,共計 13 齣戲碼,每年擲筊決定辦演劇目。2009 年公告為臺南市傳統表演藝術。

　　時代變遷下,雖有部分陣頭、藝閣消失,但具特色之陣頭、藝閣依舊世代傳承下來。而近年來地方人士呼籲陣頭復振,不少停擺已久的陣頭重新登場,為慶典注入能量。

圖 5-2-5　(左)後社集和宮蜈蚣陣;(右)宅口興太宮五虎平西 © 楊家祈攝於 2016 年 4 月 17 日(左)、2016 年 4 月 16 日(右)

圖 5-2-6　(左)下社白礁宮哪吒鬧東海;(右)下社白礁宮董漢尋母 © 楊家祈攝於 2018 年 4 月 26 日(左)、2017 年 4 月 7 日(右)

圖 5-2-7 （左）東竹圍八美圖；（右）羅姓角八仙棚 © 楊家祈攝於 2019 年 4 月 15 日（左）、2018 年 4 月 26 日（右）

圖 5-2-8 （左）謝姓角謝姓獅團金獅陣；（右）中洲東頭角慈福宮高蹺陣 © 楊家祈攝於 2018 年 4 月 26 日

圖 5-2-9 （左）中角田龍館宋江陣；（右）宅仔港慈德宮十二婆姐陣 © 楊家祈攝於 2016 年 4 月 16 日（左）、2019 年 4 月 15 日（右）

圖 5-2-10　（左）學甲慈濟宮採茶舞；（右）學甲慈濟宮北管漢聲軒 © 楊家祈攝於 2019 年 4 月 15 日

圖 5-2-11　頭港仔鎮安宮軟身福德正神 © 楊家祈攝於 2018 年 4 月 26 日

三、麻豆代天府麻豆香

　　麻豆代天府主神為李、池、吳、朱、范五位王爺，一般稱為五府千歲、五王，故信眾多簡稱廟名為「五王廟」。麻豆代天府原稱「保寧宮」，地方傳說保寧宮佔有風水好地理，清代官府怕出真命天子，而造橋破壞地理，引洪水毀廟，王爺出走南鯤鯓，之後麻豆人年復一年迎送鯤鯓王爺。民國 45 年（1956）麻豆人循舊例迎王爺回麻豆，卻發生神祇降乩，指示「開龍喉、掘石車」，麻豆、官田、下營居民聞訊，熱烈參與，便開始籌備重建廟宇，十年後竣工安座。麻豆代天府除了是宗教聖地外，也是觀光名所。代天府後苑有巨龍建物，內設有天堂、地獄及水晶宮三園，後建文物大樓、觀音寶殿等建築，宗教意味濃厚，吸引國內外旅客參觀。

圖 5-2-12 （左）麻豆代天府大殿；（右）麻豆代天府天堂巨龍 © 楊家祈攝於 2024 年 9 月 1 日

（一）沿革

　　麻豆香（Muâ-tāu-hiunn/hionn）的歷史，可源自過去麻豆人於每年農曆三月末，至南鯤鯓代天府「迎鯤鯓王」至麻豆遶境；另麻豆街上也曾有上元「迎暗藝」之風，這二個消失的民俗是促成麻豆香形成的因子。民國 45 年（1956）廟宇重建，隔年開始舉辦刈香，來慶祝五王回到麻豆，每年皆於農曆三月末舉行，遶境範圍曾涵括下營區、官田區部分地區，後來規模逐漸縮編、穩定，外庄不再參與，形成以麻豆區為範圍的大型遶境，舉辦週期也從每年舉辦，改成每逢丑、辰、未、戌年農曆三、四月間舉行，也就是三年一科[16]。而麻豆刈香是以五府千歲出巡遶境為主，並不像蕭壠香、西港仔香、土城仔香會搭配王醮科儀，唯有每逢 12 年（辰年）才會配合遶境，舉行祈安醮典。

---

16 黃文博《南瀛刈香誌》，頁 124-130。

3. 至龍喉鳳池取聖水

在麻豆王爺傳說之中，五王最早建廟之地便是龍喉及鳳池[17]，被視為地理靈穴，後該地逐漸荒廢，傳說正反映出麻豆昔日風華一時，如今繁華退去的景象。直到民國 45 年（1956）麻豆人循舊例迎鯤鯓王回麻豆，神靈降乩指示開龍喉及鳳池後，取出石車，重新冒出泉水，信眾視為聖蹟，其水視為聖水。在刈香一早香陣會行到龍喉地附近後，蜈蚣陣、王馬、王轎會進入龍喉地，乩童會到古井裡進行取聖水儀式，將聖水提供信眾取用。至龍喉鳳池取聖水有溯本追源之意。

圖 5-2-15 （左）乩童至龍喉取聖水；（右）取聖水 © 楊家祈攝於 2024 年 5 月 5 日

4. 以蜈蚣陣為首的文武陣頭

麻豆香雖不如其他刈香跨越好幾鄉鎮區，但幅員也十分遼闊，從村莊到街市一同參與，皆組織陣頭、藝閣出陣熱鬧一番。早期麻豆香有數量頗多的自組陣頭參與；文陣有南管、太平歌、牛犁歌等，武陣則有宋江陣、金獅陣、八家將等，藝閣有蜈蚣陣、龍鳳閣等。隨著麻豆都市化，雖許多陣頭流失，但依舊有許多傳統陣頭，世代傳承，其中不乏百年以上歷史者（表 5-2-4）。

---

17 今蘇荳古港文化園區內。

刈香開始前到結束，文武陣頭有一套自身的習俗，便是「開館」→「出陣」→「探館」→「謝館」。「開館」之義有二，一是陣頭開始練習，二是至麻豆代天府校閱演出。正式演出為隨神轎刈香遶境，稱為「出陣」，最後「謝館」結束，還有拜訪友宮、友館的「探館」，以上都是陣頭所保有的相關文化與習俗，是整個刈香期間不可錯過的部分。

　　麻豆的百足真人蜈蚣陣是由主辦廟宇麻豆代天府自行裝閣，異於其他四大香則是由其他聚落所組，裝閣神童數為 38 人，戲碼為「唐太宗征東」。

圖 5-2-16　（左）麻豆代天府蜈蚣陣；（右）草店尾良皇宮龍鳳閣 © 楊家祈攝於 2024 年 5 月 5 日（左）、2018 年 5 月 13 日（右）

圖 5-2-17　（左）磚仔井清水殿宋江陣；（右）寮仔廊護安宮宋江陣 ©（左）楊佳諠攝於 2018 年 5 月 13 日、楊家祈攝於 2018 年 5 月 13 日

圖 5-2-18 （左）埤頭永安宮宋江陣；（右）南勢保安宮十二婆姐 © 楊佳謹攝於 2018 年 5 月 13 日

圖 5-2-19 （左）巷口慶安宮太平清歌集英社；（右）磚仔井普濟堂八家將 © 楊家祈攝於 2018 年 5 月 5 日（左）、2024 年 5 月 5 日（右）

表 5-2-4　麻豆香轄下自組文武藝陣

聚落名	行政區	廟宇	自組陣頭	備註
-	南勢里	麻豆代天府	百足真人蜈蚣陣	-
關帝廟		文衡殿	龍陣	-
南勢		保安宮	十二婆姐	-
頂街	大埕里	北極殿普濟寺	八家將	不存
下街	新興里	護濟宮金蓮寺	八家將	-
			南管群英社	不存

聚落名	行政區	廟宇	自組陣頭	備註
安業	安業里	地藏庵	八家將	-
九塊厝		中安宮	八家將	停止活動
總爺	南勢里	范武堂	八家將	半職業性質
埤頭	埤頭里	永安宮	宋江陣	-
小埤頭		普庵寺	金獅陣	-
磚仔井	井東里	清水殿	宋江陣	-
			牛犁歌	停止活動
		普濟堂	八家將	半職業性質
寮仔廊	寮廊里	護安宮	宋江陣	-
謝厝寮	謝厝寮里	紀安宮	金獅陣	2009年㊉
草店尾	中興里	良皇宮	龍鳳閣	2018年成立
巷口	巷口里	慶安宮	太平歌集英社	2018年㊉
社仔	安正里	天后宮	宋江陣	不存
方厝寮		永安宮		
莊禮寮	海埔里	信安宮	宋江陣	不存
海埔		池王府	宋江陣	不存
			太平歌	不存
東勢	井東里	北極殿	太平歌	不存
四六廊		正安宮		
油車	油車里	仁厚宮	太平歌	不存
十字路		太子宮	太平歌	不存
港仔尾	港尾里	潮音寺	太平歌	不存

說明：㊉，表示登錄臺南市傳統表演藝術。
資料來源：（1）黃文博《南瀛刈香誌》，頁108-145。（2）田野調查。

四、佳里金唐殿蕭壠香

　　佳里位於現今臺南市佳里區，舊稱為蕭壠（Siau-lang），是臺南西拉雅族四大社之一。佳里金唐殿以朱、雷、殷三王爺為主神，初名為「簫隴庄代天府」，創建時間至少於清康熙37年（1698）之前，現存康熙37年（1698）「宏文求莫」匾額及乾隆54年（1789）石香爐，可為廟史最見證。佳里金唐殿廟史曾數次重修，嘉慶23年（1818）首次大修，改廟

名為「金唐殿」。咸豐5年（1855）進行重建，此次聘請嘉義交趾陶名師葉王，主持建廟，並負責裝飾事宜。日治昭和3年（1928）重修，延聘中國汕頭剪粘名匠何金龍重新為金唐殿設計尪仔堵及廟頂裝飾。民國45年（1956）再重修，特聘王石發、王保原父子補修剪粘，潘春源進行彩繪，施天福著手石刻。眾多的工藝大師成就金唐殿成為華美的傳統祠廟建築，民國74年（1985）公告佳里金唐殿為國家三級古蹟，後因文資法修正，改登錄為直轄市定古蹟。

圖 5-2-20　佳里金唐殿 ©楊家祈攝於 2016 年 8 月 19 日

圖 5-2-21　（左）1698 年宏文求莫匾；（右）何金龍剪粘作品 ©楊家祈攝於 2016 年 8 月 19 日（左）、2016 年 8 月 20 日（右）

（一）沿革

佳里金唐殿所主辦之蕭壠香（Siau-lang-hiunn/hionn）是臺南地區古老的民俗祭典之一。西港仔刈香於道光 27 年（1847）時已有刈香活動，

而部分科儀便是沿襲自金唐殿王醮，可推論佳里金唐殿的香科是早於1847之前[18]。日治時期於明治39年（1906）、明治42年（1909）、大正元年（1912）、大正7年（1918）、大正13年（1924）有醮典、遶境舉辦紀錄，之後便斷香；戰後民國35年（1946）、47年（1958）則舉行醮典。民國67年（1978）佳里仕紳組成「佳里金唐殿上元燈慈善會」[19]，促成了民國71年（1982）壬戌年大遶境。民國73年（1984）年舉辦「按察出巡」，直到民國76年（1987），才全面恢復蕭壠香五朝王醮大典（丁卯科），從此三年一科，每逢農曆子、卯、午、酉年舉辦[20]。蕭壠香科轄境隨著香科發展的逐漸擴張，最終形成了十七角頭、廿四庄。十七角頭全屬今佳里區轄內（表5-2-5），廿四庄則散布在鄰近的佳里區、西港區、七股區等地（表5-2-6）。

表5-2-5　金唐殿蕭壠香轄下十七角頭

角頭名	舊地名	行政區	廟宇	自組陣頭
第一角	中街公廨仔	建南里	金唐殿	-
第二角	潭墘	安西里	代天護國宮	龍鳳獅陣（2010年復陣）
第三角	三五甲	鎮山里	鎮山宮	天子門生（停）
				文武郎君（2018年復陣）
				吉興堂八家將（2009㊍）
			登天宮	-

18　西港所保存之年醮事簿可見「此篇蕭壠廟大概用之」、「此篇蕭壠廟存底」之字眼。劉枝萬《臺灣民間信仰論集》（臺北：聯經，1983），頁286。黃文博《南瀛刈香誌》，頁171。黃文博《南瀛王船誌》（臺南縣：臺南縣文化局，2000），頁118。謝國興主編《西港仔刈香：一個傳統王醮的數位紀錄》（臺北：中央研究院臺灣史研究所，2015），頁140-147、148-151。

19　黃名宏、洪瑩發、林柏奇、周志明、陳冠傑《蕭壠香：佳里玉敕皇敕金唐殿乙酉香科五朝王醮記實》（臺南：佳里玉敕皇敕金唐殿，2006），頁48。

20　黃文博《佳里金唐殿蕭壠香》（臺南市政府文化局，2014），頁46-65。

角頭名	舊地名	行政區	廟宇	自組陣頭
第四角	市場後	東寧里	寧安宮	蜈蚣陣
			寧安宮萬善堂	-
		忠仁里	雷明宮	北管（停）
			聖帝殿	宋江陣（停）
			南天宮	
第五角	三五甲	鎮山里	南天宮	-
			天元宮	-
第六角	東勢角（甲）	東寧里 六安里	六安宮	吉進堂八家將
			池安宮	-
			保安宮	-
第七角	新市場	安西里	地農殿	-
第八角	番仔寮	海澄里	應元宮	蜈蚣陣（不參加蕭壠香） 宋江陣（黃腳巾，不出陣）
			應龍宮	
			慶長宮	
	北頭洋		五府千歲宮	-
			極天宮	-
第九角	下廍	下營里	鎮安宮	宋江陣（黃腳巾）
			玉勅永安宮	
	頂廍		開基永安宮	南管安和社（2023年新組）
			陳塘關太子宮	
			南天忠義堂	八家將
第十角	柑宅	安西里	雷安宮	-
			朱澤宮	-
十一角	半角仔	忠仁里 建南里	下街四安宮	金獅陣（僅出2000年一科）
			佳池宮	大鼓陣
			佳池宮元帥堂	
十二角	大路尾仔	安西里	佛天宮	吉安堂八家將（2024㊝民俗）
十三角	光復路頭	建南里 鎮山里	聖安宮	-
			幽冥殿	-
十四角	田仔墘 大廟後	安西里	昭清宮育善堂	七響陣（停）
				牛犁陣（停）
				番舞陣（停）
十五角	-	建南里	太子宮	七響陣（停）
			廣安宮	-
			吉和堂	八家將（2009㊝）
			佳里天后宮	

角頭名	舊地名	行政區	廟宇	自組陣頭
十六角	南勢	南勢里	九龍殿	宋江陣（黃腳巾，2017㊁）
			慈聖宮	-
十七角	溪仔底	建南里	中興宮	跳鼓陣（停）
			北極玄天宮	-
			鎮濟宮	八美圖
				七響陣（停）
		鎮山里	青龍宮	-
			池王宮	-

說明：㊁，表示登錄臺南市傳統表演藝術；登民俗，表示登錄臺南市民俗。
資料來源：(1) 黃文博《南瀛刈香誌》，頁 161-162、202-206。(2) 黃文博《南瀛王船誌》，頁 117。(3) 黃文博《佳里金唐殿蕭壠香》，頁 107-125。(4) 黃名宏、洪瑩發、林柏奇、周志明、陳冠傑《蕭壠香：佳里玉敕皇敕金唐殿乙酉香科五朝王醮記實》，頁 66-84。(5) 田野調查。

表 5-2-6　金唐殿蕭壠香轄下廿四村庄

聚落名	行政區	廟宇	自組陣頭
許竹圍	佳里區六安里	仁德宮	-
黃竹圍仔	佳里區民安里	南聖宮	-
萊竿寮	佳里區海澄里	唐盟宮	-
同安寮	佳里區民安里	鎮安宮	-
砂凹仔	西港區沙凹里	金安宮	跳鼓陣（停）
下宅仔	西港區金砂里	進興宮	-
新寮	西港區金砂里	新安宮	-
施寮	西港區金砂里	保濟宮	-
後港東	七股區後港里	天后宮	-
後港西	七股區後港里	唐安宮	-
城仔內	七股區城內里	文衡殿	-
水師寮	七股區城內里	天南宮	-
大潭寮	七股區大潭里	龍安宮	-
謝仔寮	七股區大潭里	寶佛宮	-
頂潭	七股區大潭里	永安宮	-
頂山仔	七股區頂山里	代天府	王船藝閣
			宋江陣（黑腳巾，2010㊁，暫不出陣）

聚落名	行政區	廟宇	自組陣頭
西寮	七股區西寮里	西興宮	-
舊鹽埕	七股區鹽埕里	南聖宮	-
中寮	七股區中寮里	天后宮	八音（停）
篤加	七股區篤加里	文衡殿	宋江陣（不出陣）
七股市場	七股區玉成里	南千宮	高蹺陣
玉成（六成）	七股區玉成里	玉龍宮	-
七股寮仔	七股區七股里	九龍宮	跳鼓陣（停）
溪南寮仔	七股區溪南里	寶龍宮	跳鼓陣（停）
下山寮	七股區龍山里	龍山宮	宋江陣（停）

說明：㊉，表示登錄臺南市傳統表演藝術。

資料來源：（1）黃文博《南瀛刈香誌》，頁161-162、202-206。（2）黃文博《南瀛王船誌》（臺南縣文化局，2000），頁117。（3）黃文博《佳里金唐殿蕭壠香》（臺南市政府文化局，2014），頁107-125。（4）張明忠整理〈佳里玉敕皇勅金唐殿蕭壠香瘟王醮典〉，2017。（5）黃名宏、洪瑩發、林柏奇、周志明、陳冠傑《蕭壠香：佳里玉敕皇勅金唐殿乙酉香科五朝王醮記實》，頁88-104。（6）田野調查。

（二）民俗特色

1. 保西大人廟謁祖

蕭壠刈香科中異於其他王醮的特殊之處，便是往保西大人廟謁祖請火，並於路途中於交陪廟安定區港口慈安宮參香、休息[21]。

2. 接玉旨受天命

在王醮舉行前金唐殿會在廟埕置香案奉香三天來「接玉旨」。在接玉旨當晚迎「帶旨官」，帶來玉皇上帝所賜之玉旨，由前任旗牌官在香案旁擔任「護旨官」，王府外班於兩旁護衛，由王府正案接下玉旨，並宣讀玉旨內文，之後交給值年香科會長。當晚再奉送帶旨官返回天庭。此一過程是表示金唐殿起建王醮是由玉皇上帝允准的，並交代各轄下各宮廟之責任義務，也是讓信眾信服的一個過程。過去接玉旨透過「手轎仔」來傳遞玉

---

21 黃文博《南瀛刈香誌》，頁155-156。黃文博《南瀛王船誌》，頁115-116、120。黃文博《佳里金唐殿蕭壠香》，頁27-28。

旨，在能協助儀式進行的耆老過世後，便改成現今的置香案模式，並事前先請示千歲爺帶旨官降臨之時辰。在臺南地區王醮的舉行，並無「接玉旨」之俗，蕭壠香科為其慎重行事，舉行接玉旨之儀式，成為香科過程中的一項特色。

3. 完整五朝王醮

　　道教醮典多樣，各類型醮典的目的、醮期都有所不同，其中王醮，又稱瘟王醮，主要目的便是驅逐瘟疫。蕭壠香自民國76年（1987）丁卯科復香後便訂定為「五朝王醮」[22]，持續至今。雖為五朝王醮，從火醮、請王、起鼓、誦讀經文、放水燈普度、拍船醮到送王一共費時八日，比一般王醮醮典時程較長。早期道長為臺南陳榮盛（1927-2014），後改由漚汪林青雲（1951-）主持王醮至今。

4. 嚴謹王府行儀

　　「王府行儀」指的是王府內人員所負責指揮調度進行的各項禮儀，是臺南地區瘟王醮典的特色。區域不同，對於在王府內的工作人員亦有不同的稱謂，在安定蘇厝稱「房科」，佳里、西港則稱「王府內班」，目前臺灣以佳里、西港二地的王府行儀最為知名。王府是請王後千歲爺降臨居住、辦公之臨時空間，也稱為「行臺」，是整個王醮行儀的核心、神聖場域，嚴格限制進出人員，簡單而言王府是仿效古代官衙所建置[23]。

　　王府人員依造工作性質可分成「外班」、「內班」；外班職務有排衙、讚堂、鼓吹、砲手等，內班編制有正案、副案、總書辦、書辦、內傳喧、外傳喧等，其他有茶房、廚房。王府工作人員有一套工作守則及注意事

---

[22] 黃文博《南瀛刈香誌》，頁175。
[23] 吳明勳、洪瑩發《臺南王爺信仰與儀式》（臺南：臺南市政府文化局，2013），頁192。洪瑩發〈佳里金唐殿乙酉香科五朝王醮王府田調查記要〉，收入《民俗與文化》第3輯（臺中：臺灣淡南民俗文化研究會，2007），頁186-207。吳嘉瑜、周舜瑾〈佳里金唐殿乙酉香科旗牌官相關記實〉，收入《民俗與文化》第3輯（臺中：臺灣淡南民俗文化研究會，2007），頁209-225。

項，必須遵守[24]。

　　千歲爺為代天巡狩，神格之高，特重禮節，故王府行儀禮節仿效古代帝王之禮進行。王府的所有活動皆依照「掛牌」來行事，從金唐殿王府人員所掛的牌，我們可以清楚知道現在王府正在進行怎樣的行儀[25]。

　　（1）參謁：神明、道士每日會進行三朝，或神轎出發返回及貴賓朝拜時掛出。

　　（2）領文：遶境當日一早神轎前來領令，以及旗牌官領千歲令巡視時使用。

　　（3）稟事：遶境結束時神轎回廟繳令，或旗牌官回王府繳令時掛出。

　　（4）投文：如道士等人擬完榜文等文件，需千歲爺用印過目時掛出。

　　（5）放告：給陰陽兩界有冤屈者向千歲爺申冤時用，一般隨掛隨收，為象徵性掛放。

圖5-2-22　（左）金唐殿王府排衙；（右）神尊參謁 © 楊家祈攝於2017年2月19日

---

24 佳里玉敕皇敕金唐殿庚午香科建醮委員會《佳里玉敕皇敕金唐殿庚午香科五朝王醮王府工作守則科儀排衙體式》（臺南：佳里玉敕皇敕金唐殿，1990）。黃名宏、洪瑩發、林柏奇、周志明、陳冠傑《蕭壠香：佳里玉敕皇敕金唐殿乙酉香科五朝王醮記實》，頁358-364。

25 詳細行事可參照黃名宏、洪瑩發、林柏奇、周志明、陳冠傑《蕭壠香：佳里玉敕皇敕金唐殿乙酉香科五朝王醮記實》，頁372-387。

圖 5-2-23　王府掛「參謁」牌 © 楊家祈攝於 2017 年 2 月 19 日

5. 廣闊刈香地域

　　蕭壠刈香遶境地域大抵是以清末「蕭壠堡」為底，是地方拓墾史的縮影。參與聚落「十七角頭廿四村庄」來代稱全部參與的角頭、聚落；其中「廿四村庄」是習慣稱呼用法，聚落數量並不只 24 庄。連續三日的刈香遶境地域以今日的行政區來看，是橫跨佳里、西港、七股三大區，遼闊的香境，蔚為特色，抑是 2009 年登錄為文化資產的理由之一。

6. 108 人蜈蚣陣

　　蜈蚣陣（亦稱蜈蚣棚、蜈蚣座），由兒童裝扮成神話小說、歷史人物，安坐於以人力扛臺閣棚上，今多改裝成以車輪推行。臺南地區另稱「百足真人」，多為香陣的開路先鋒，具有綏靖地方、掃除不祥之神格。

　　佳里區內有兩組蜈蚣陣，分別是第八角番仔寮應元宮蜈蚣陣及第四角市場後寧安宮蜈蚣陣。民國 76 年（1987）蕭壠香復香，金唐殿原欲敦請番仔寮應元宮負責籌畫蜈蚣陣裝閣事宜，並希望能依照金唐殿雷府千歲指示，以「三十六天罡七十二地煞」為主題，但因雙方協調不成，應元宮便放棄，並退出蕭壠刈香；後搬出北港朝天宮媽祖神諭彌平紛爭，並由雷府千歲指定市場後寧安宮籌組蜈蚣陣至今[26]。108 人的蜈蚣陣為整個蕭壠香

26　黃文博《南瀛刈香誌》，頁 197-202。陳丁林《南瀛藝陣誌》（臺南縣：臺南縣

綿長香陣中最具特色、最受注目之陣頭，民國100年（2011）辛卯科，以201.8公尺長打破金氏世界紀錄，榮獲「世界最長遊行花車」[27]。

圖 5-2-24 （左）第四角市場後寧安宮蜈蚣陣；（右）蜈蚣頭上的三十六天罡七十二地煞星君令、代天巡狩劍旨令 © 楊家祈攝於 2017 年 2 月 17 日（左）、2020 年 2 月 16 日（右）

7. 文武陣頭及相關習俗

幅員遼闊的蕭壠香由眾多角頭、聚落一同共襄盛舉，為共享千歲爺之庇蔭和護佑，各村莊皆發動陣頭、藝閣出陣熱鬧一番。在民國76年（1987）復辦之丁卯香科時，便有數量頗多的自組陣頭參與[28]。雖然隨著佳里的都市化，許多陣頭流失，但依舊有許多傳統自組陣頭世代傳承下來，如第四角三五甲鎮山宮吉興堂八家將（近年不參與蕭壠香，以西港香為主）及文武郎君、十五角佳里吉和堂八家將、十六角南勢九龍殿宋江陣（蕭壠香、西港香都參與）、頂山仔代天府宋江陣（近年活動量低）、第四角市場後寧安宮蜈蚣陣、十七角溪仔底鎮濟宮八美圖、十二角大路尾仔佛天宮吉安堂八家將、十一角半角仔佳池宮大鼓陣、第九角頂廊南天忠義堂八家將、第九角下廊鎮安宮宋江陣、第八角番仔寮應元宮宋江陣（已許久不參加蕭壠香）、玉井後旦仔福德爺廟宋江陣等；以上都是蕭壠刈香的陣

立文化中心，1997），頁 280-284。周政賢〈刈香前鋒蜈蚣陣——臺南五大香蜈蚣陣的觀察比較〉，《南瀛文獻》第 5 輯（2006），頁 251-264。

27 此紀錄於同年年底由佳里應元宮以 205 公尺之蜈蚣陣所打破。

28 黃文博《南瀛刈香誌》，頁 202-206。

頭亮點。

　　在王醮刈香開始前到結束，文武陣頭有一套自身的習俗，便是入、開、探、謝館；陣頭開始練習為「入館」，集訓完成到金唐殿展演為「開館」，再隨神轎刈香遶境，最後「謝館」結束，還有拜訪友宮、友館的「探館」，都是陣頭所保有的相關文化與習俗[29]，是整個醮典刈香不可錯過的部分。

圖 5-2-25 （左）十六角南勢九龍殿宋江陣；（右）十七角溪仔底鎮濟宮八美圖 ©楊家祈攝於 2023 年 2 月 12 日（左）、2023 年 2 月 13 日（右）

圖 5-2-26 （左）頂山仔代天府王船；（右）十二角佛天宮八家將 ©楊家祈攝於 2020 年 2 月 16 日（左）、2023 年 2 月 11 日（右）

---

29 黃名宏、洪瑩發、林柏奇、周志明、陳冠傑《蕭壠香：佳里玉敕皇敕金唐殿乙酉香科五朝王醮記實》，頁 208-216。

圖 5-2-27 （左）十一角半角仔佳池宮大鼓陣；（右）潭墘代天護國宮龍鳳獅陣 © 楊家祈攝於 2023 年 2 月 13 日（左）、12 日（右）

五、西港慶安宮西港仔香

　　西港仔香（Sai-káng-á-hiunn/hionn）一直以來是臺灣瘟王醮典的代表之一，而醮典歷史、規模皆是全國第一，是臺灣重要的民俗文化資產之一，被稱為「臺灣第一香」；並於民國 97 年（2008）登錄臺南市民俗，民國 98 年（2009）公告為國家重要民俗。西港慶安宮是主祀天上聖母之廟宇，其創建時間為康熙 51 年（1712）[30]，之後歷代修建，戰後民國 76 年

圖 5-2-28　1744 年安定里向忠亭碑 © 楊家祈攝於 2016 年 8 月 19 日

---

[30] 相良吉哉《臺南州祠廟名鑑》（臺南：臺灣日日新報社臺南支局，1933），頁 111。涂順從《南瀛古廟誌》（臺南：臺南縣立文化中心，1994），頁 142-157。

（1987）重修後，因建築繁複雕工安覆金箔裝飾，所以又稱「金大廟」，也稱「西港仔大廟」。

慶安宮歷史悠久，藏有許多古匾，如「后德配天」匾（1713）、「威靈廣濟」（1827）、「恩威竝濟」（1847）、「代天府」（1848）、「赫濯聲靈」（1848）等5古匾；另有乾隆9年（1744）「安定里向忠亭碑」，見證朱一貴事件始末。

（一）沿革

「西港仔香」是在每逢丑、辰、未、戌年的農曆四月舉行，由主祀媽祖的西港仔街慶安宮所主辦，刈香全名為「西港〇〇科大醮典」。

圖5-2-29　2018戊戌年西港仔香 © 楊家祈攝於2018年5月30日

西港仔香歷史久遠，且傳承不斷，最早由姑媽宮所主辦，歷史發展階段可分成七大時期，反映臺南西部沿海的地方拓墾歷史：

1. 姑媽宮請水時期

相傳清乾隆49年（1794）姑媽宮居民在曾文溪「十八欉榕凹湖仔」處發現一艘王船，居民將王船迎回，並進行遶境活動，並決定每三年舉行一次，這次醮典被視為西港仔香歷史上的首次（甲辰科）；參與聚落一共有13庄；此13庄也被稱為「古十三庄」。

因為醮典越發盛大，逐漸吸引鄰近聚落參與，增加成24個聚落，後再增加到36個聚落。

2. 慶安宮曾文溪請水時期

而後八份姑媽宮遭受到大洪水，無力承辦祭典，將活動主辦權讓給西港慶安宮，至於慶安宮確切接辦時間有道光 3 年（1823）、道光 6 年（1826）等兩個說法。

3. 慶安宮香醮請水時期

道光 27 年（1847），並配合慶安宮重修落成，祭典活動逐漸整合成「香醮合一」，也就是今日所見王醮與刈香合辦之樣貌。

圖 5-2-30 「赫濯聲靈」匾見證了道光年間刈香 36 庄參與盛況 © 楊家祈攝於 2016 年 8 月 19 日

4. 慶安宮北汕尾鹿耳門媽祖宮請水時期

咸豐 6 年（1856）慶安宮將請水地點從原本的「十八欉榕凹湖仔」改至北汕尾鹿耳門媽祖宮（古鹿耳門天后宮），西港刈香的影響範圍逐漸往西海岸推進。

5. 慶安宮往鹿耳門請水時期

同治 10 年（1871）古鹿耳門天后宮被大水沖毀，請水活動改成在舊廟址水路（今鹿耳門溪）請水；此時期參與聚落擴張成 72 庄。

6. 慶安宮往土城仔（正統鹿耳門聖母廟）請媽祖時期

昭和 15 年（1940）因認為往鹿耳門溪請水交通不便，剛好受土城仔之邀，於是改至土城仔保安宮（今土城鹿耳門聖母廟）請媽祖，並奉為主壇。民國 47 年（1958），慶安宮同時請來「土城仔媽」與「北港媽」，北港媽被奉於上位，令土城仔人士不滿，土城地區聚落因而退出刈香。

7. 慶安宮往媽祖宮（鹿耳門天后宮）請媽祖時期

土城地區聚落退出西港仔刈香後，民國 50 年（1961）整個香陣改到鹿耳門天后宮請媽祖。接著西港仔香的規模更進一步擴張，陸續演變成「78 村鄉」（1988）、「90 村鄉」（1991），至 2012 年成為「96 村鄉」至今，西港仔香大致底定。[31]

（二）民俗特色

西港仔刈香從清代以來迄今未曾中斷，其信仰儀式與文化經過百年來的發展、沉澱，成為地方社會的一種秩序與風俗，深具在地特色，大致上有五大民俗特色。

1. 反映在地拓墾歷史

西港仔刈香從清代開始發軔、發展，由姑媽宮主辦移轉到慶安宮，歷經不同發展階段祭典活動歷代傳承，除了昭和 18 年（1943）因太平洋戰爭未舉行之外，至今從未間斷。祭典影響範圍從西港地區逐漸向西、向南擴張，現今佳里區、七股區、安南區、安定區都含括其中，可說形成一個「大西港地區」；且文武陣頭也反應聚落拓墾與彼此的競合，以及水患災難之間的複雜歷史關係[32]。

2. 刈香地域廣闊

西港香遶境一共 4 天（若加上南巡[33]為 5 天）；三日香前一天為請媽祖日，目的為到鹿耳門天后宮恭請鹿耳門媽祖，主要遶境範圍為臺南市安南

---

31 黃文博《南瀛刈香誌》，頁 224-247。黃文博《西港刈香》，頁 36-59。

32 相關研究可參考方淑美〈臺南西港仔刈香的空間性〉（臺北：國立臺灣師範大學地理研究所碩士，1992）。李淑玲〈西港鄉聚落的拓墾與開發之研究〉（臺南：國立臺南大學臺灣文化研究所碩士，2006）。

33 南巡，主要目的為至佳里青龍宮迎請保生大帝、往臺南府城陞廟謁祖及拜訪臺南各友誼宮廟，早期南巡約在刈香前半個月舉行，2024 年甲辰科開始改到請王後舉行。

區與七股區部分。三日香的第一天香路為西港西北部、七股區部分及佳里區南部。第二天香路為西港西南部，安南區溪南寮、公親寮與安定區新吉、海寮和管寮等聚落。第三天香路為西港區東半部與佳里南部區域。遶境範圍橫跨臺南市西港、安定、七股、安南、佳里、新市、中西等 7 區，地域廣闊，是西港刈香的特色之一。

3. 傳承不間斷的王府行儀

「王府行儀」指的是王府內所進行的所有禮儀稱之為王府行儀，由王府人員所負責指揮調度，是臺南地區瘟王醮典的特色，在瘟王醮舉行期間會組織王府人員來進行「王府行儀」。地區不同對於在王府內的人員亦有不同的稱謂，在西港、佳里則稱「王府內班」。王府是千歲爺降臨（請王）後的辦公之臨時空間，也稱為「行臺」，是整個王醮的核心、神聖場域，嚴格限制進出人員，簡單而言王府是仿效古代官衙所建置，空間層次有別，由內而外主要分成「行臺」、「儀門」、「代天府」，嚴禁閒人進出，以「掛牌」來說明王府所進行的行儀為何[34]。

圖 5-2-31 （左）王府行儀之點卯；（右）西港王府 © 楊家祈攝於 2021 年 7 月 17 日（左）、15 日（右）

---

[34] 吳明勳、洪瑩發《臺南王爺信仰與儀式》，頁 192。

西港仔王府成立何時並不可考，而西港仔王府卻是隨著醮典的舉辦而歷代傳承至今，主要由西港王李家族所負責；戰後協助佳里金唐殿復興王府，也協助南關線王醮之王府行儀工作，民國108年（2019）以「西港玉敕慶安宮王府行儀」之名登錄臺南市民俗。

4. 嚴謹的三朝王醮科儀

王醮，便是瘟王醮，目的為是驅逐地方瘟疫，達到合境平安。西港香自道光27年（1847）起王醮舉辦，並延續至今。西港之瘟王醮典為三朝王醮，雖為三朝，但從火醮、請王、起鼓、誦讀經文、放水燈普度、打船醮到送王一共費時5日，也就是「三朝虛、五朝實」，至古至今依照古禮嚴謹進行，一絲不苟[35]。

圖5-2-32　2018戊戌年請王（左）及送王（右）©楊家祈攝於2018年5月30日（左）、6月2日（右）

5. 以蜈蚣陣為首的各類文武陣頭

西港仔香幅員遼闊，由眾多角頭、聚落一同共襄盛舉，為共享千歲爺之庇蔭和護佑，各村莊皆發動陣頭、藝閣出陣熱鬧一番；西港仔刈香轄下自組陣頭一直維持著穩定的數量；文陣有北管、南管、太平歌、文武郎君、大鼓花、牛犁歌、鬥牛陣、八家將、高蹺陣等，武陣則有宋江陣、金獅陣、白鶴陣、五虎平西等，藝閣有蜈蚣陣、八美圖、紡車輪等眾多藝

---

35 黃文博《南瀛刈香誌》，頁252-265。黃文博《西港刈香》，頁167-205。

閣[36]。香境內大量的傳統自組陣頭世代傳承下來，更被登錄臺南市傳統表演藝術或民俗，成為在地人的文化驕傲。

圖 5-2-33 （左）海寮普陀寺南管清和社；（右）後營普護宮宋江陣 © 楊家祈攝於 2015 年 5 月 28 日

圖 5-2-34 （左）海寮普陀寺八美圖；（右）東竹林澤安宮牛犁歌 © 楊家祈攝於 2015 年 5 月 29 日

圖 5-2-35 （左）港墘仔港興宮太平歌；（右）蚶寮塭仔內永昌宮金獅陣 © 楊家祈攝於 2015 年 5 月 29 日（左）、2024 年 5 月 19 日（右）

---

36 黃文博《南瀛刈香誌》，頁 202-206。

圖 5-2-36 （左）溪埔寮公塭仔蜈蚣陣；（右）新港天后宮水牛陣 © 楊家祈攝
於 2018 年 6 月 1 日（左）、2012 年 5 月 6 日（右）

圖 5-2-37 （左）竹橋七十二份慶善宮牛犁歌；（右）三五甲文武郎君 © 楊家
祈攝於 2018 年 4 月 29 日（左）、2024 年 5 月 18 日（右）

圖 5-2-38 （左）雙張廍保天宮大鼓花；（右）公地仔吉安宮太平歌 © 楊家祈
攝於 2021 年 4 月 11 日（左）、2018 年 5 月 19 日（右）

表 5-2-7 西港仔香轄下文武陣頭

行政區	聚落	祠廟	傳統陣頭
西港區	西港瓦厝內	吉善堂	八家將
	西港南海埔	境主公殿	水族陣
	大竹林	汾陽殿	金獅陣（黃腳巾）
	大塭寮	保安宮	五虎平西（黃腳巾）
	劉厝	聖帝宮	紡車輪
			北管慶樂軒（2024 年 9 月復陣）
			北管
	東港仔	澤安宮	車鼓牛犁歌（停）
	新港	天后宮	水牛陣（黃腳巾）
	雙張廍	保天宮	大鼓花（黃腳巾）
	下面厝	慈聖宮	太平歌（停）
			大鼓花（停）
	砂凹仔	金安宮	大鼓花（黃腳巾、外聘）
	中社		
	烏竹林	廣慈宮	金獅陣（紅腳巾，2007㊉）
	八份	姑媽宮	宋江陣（綠腳巾，2019㊉民俗）
			北管小樂社（停）
	東竹林	保安宮	牛犁歌（紅腳巾，2015㊉）
	檨仔林	鳳安宮	宋江陣（紅腳巾，2024㊉民俗）
	後營	普護宮	宋江陣（藍腳巾）
			太平歌
	中港仔	廣興宮	宋江陣（紅腳巾）
新市區	移民寮	榮安宮	
佳里區	埔頂東勢寮	通興宮	宋江陣（藍腳巾，2023㊉民俗）
	南勢	九龍殿	宋江陣（黃腳巾，2017㊉）
	港墘仔	港興宮	太平歌（2015㊉）
	三五甲	鎮山宮	太平歌（停）
			文武郎君（2018 年復陣）
			吉興堂八家將（2009㊉）
	外渡頭	厚德宮	宋江陣（黃腳巾）
	中社		
	塭仔內	永昌宮	金獅陣（綠腳巾）
	蚶寮		

行政區	聚落	祠廟	傳統陣頭
七股區	樹仔腳	寶安宮	白鶴陣（淺綠腳巾，2007 ㊣）
			正音逸樂社（停）
	七股市場	南千宮	高蹺陣
	大寮	龍安宮	宋江陣（黃腳巾）
	三股仔	龍德宮	大鼓花（黃腳巾，2015 年復陣）
	竹橋七十二份	慶善宮	牛犁歌（綠腳巾）
	公地仔（永吉）	吉安宮	太平歌（2015 ㊣）
	竹仔港	德安宮	金獅陣（綠腳巾，2023 ㊣民俗）
	麻豆寮		
	南平社		
安定區	海寮	普陀寺	南管清和社（2009 ㊣）
			八美圖
	管寮	聖安宮	金獅陣（黃腳巾）
	新庄仔	保安宮	宋江陣（紅腳巾）
安南區	溪南寮	興安宮	金獅陣（紅腳巾，2013 ㊣）
	本淵寮	朝興宮	金獅陣（黃腳巾，2023 ㊣）
	公親寮	清水寺	太平歌（2015 ㊣）
	公塭仔	萬安宮	百足真人蜈蚣陣
西港區	溪埔寮	安溪宮	

說明：㊣，表示登錄臺南市傳統表演藝術；㊣民俗，表示登錄臺南市民俗。
資料來源：（1）黃文博《南瀛刈香誌》，頁 289-295。（2）黃文博《西港刈香》，頁 94-124。（3）黃名宏〈吟歌演武誓成師——西港仔香境傳統陣頭的宗教性格〉（臺南：國立臺南大學臺灣文化研究所教學碩士論文，2009）。（4）田野調查。

六、土城鹿耳門聖母廟土城仔香

土城仔香全名為「正統鹿耳門聖母廟○○科禳災祈安香醮大典」，一般略稱為「土城仔香（Thôo-siânn-á-hiunn/hionn）」，是臺南五大香科中最晚形成。2013 年以「鹿耳門聖母廟土城仔香」之名，登錄公告為臺南市民俗文化資產。

土城仔指的為臺南市安南區土城仔聚落，庄廟為主祀鹿耳門媽祖與五府千歲之鹿耳門聖母廟。並以鹿耳門聖母廟為中心分成「頂堡」、「下

堡」。頂堡含括溪埔仔、砂崙腳、下什分塭、青草崙（西北寮）4 角頭；下堡則是中州角、土城仔角、虎尾寮、郭岑寮、蚵寮、鄭仔寮、港仔西等 7 角頭[37]。上述 11 角頭聚落形成了鹿耳門聖母廟的核心信仰圈，角頭聚落間相互扶持、構築土城仔香之基礎，在含括七股、佳里、安南區其他聚落形成碩大的土城仔香。

圖 5-2-39　刈香前的鹿耳門聖母廟 © 楊家祈攝於 2018 年 4 月 23 日

（一）沿革

　　土城仔地區鹿耳門媽祖信仰源自於清康熙 58 年（1719）由各官捐俸所建的「鹿耳門媽祖廟（天后宮）」[38]。道光 3 年（1823）臺灣發生大風雨，鹿耳門以內內海，海沙淤塞變為陸地，此時有百餘年歷史的古鹿耳門媽祖廟尚存[39]。同治 10 年（1871），曾文溪改道，天后宮遭沖毀，鹿耳門庄南遷，也就是現今的顯宮里「媽祖宮仔」[40]，神明移祀三郊水仙宮及三郊海安宮，稱「鹿耳門寄佛」，後形成「鹿耳門寄普」之俗。日治大正 2 年

37　周宗揚、吳明勳《鹿耳門聖母廟土城仔香》（臺南：臺南市政府文化局，2016），頁 34-39。

38　（清）陳文達《臺灣縣志》（臺北：臺銀，1961），頁 211。

39　（清）姚瑩《東槎紀略》（臺北：臺銀，1957），頁 30-32。

40　黃文博《南瀛刈香誌》，頁 323-327。

（1913）拾獲從福建泉州富美宮[41]所放之王船[42]，土城仔庄民將王船上神明迎回；大正 5 年（1916）年土城仔庄民至海安宮迎古鹿耳門天后宮之神像回庄建廟奉祀，稱「保安宮」[43]。民國 49 年（1960）改廟名為「鹿耳門聖母廟」，民國 64 年（1975）遷廟至現址重建，民國 72 年（1983）重建落成北方宮殿式建築，占地面積二萬餘坪，並更名為「正統鹿耳門聖母廟」。

圖 5-2-40　土城聖母廟永祀王船 ©楊家祈攝於 2018 年 4 月 23 日

　　土城仔保安宮與鄰近角頭於清末日治出開始參與西港仔刈香，民國 47 年（1958）西港仔戊戌香科，因迎請北港媽作客事件，土城仔保安宮方面極為不滿，此後斷香，土城仔及鄰近角頭、聚落退出西港仔刈香[44]。民國 48、49 年（1959、60）連續二年土城人士以鹿耳門媽祖聖誕之名義辦理媽祖出巡安南區，鞏固鹿耳門媽之信仰，成為日後辦理土城仔香的基

41　一說為莆田湄州島。

42　正統鹿耳門聖母廟《正統鹿耳門聖母廟沿革》（臺南：正統鹿耳門聖母廟，1985），中文頁 3。吳明勳、洪瑩發《臺南王爺信仰與儀式》，頁 272-273。臺南土城正統鹿耳門聖母廟《2018 戊戌狗年文化民曆》（臺南：正統鹿耳門聖母廟，2018），頁 3。

43　吳明勳、洪瑩發《臺南王爺信仰與儀式》，頁 273。

44　黃文博《南瀛刈香誌》，頁 334-338。

礎[45]。民國50年（1961）首辦辛丑年土城仔香科[46]，後便訂於每逢丑、辰、未、戌年之三月中下旬舉辦，每科刈香遶境三日[47]。因脫自西港仔刈香，辦理時間特別早於西港，香科的發展也與鹿耳門媽信仰正統之爭有一定的關聯。鹿耳門聖母廟所辦理之刈香，其內容某些程度與西港類似，也是香、醮合一。而聖母廟為與其他宗教活動有所區別，喊出「鹿耳門媽香‧五府千歲醮」，舉辦至今第19科，穩定成熟，名列臺南五大香。

（二）民俗特色

土城仔香迄今未曾中斷，其信仰儀式與文化經過數十年的發展已臻成熟穩定，深具在地特色，大致上有五大民俗特色。

1. 醮前請佛

在醮典啟建前三日迎請友宮廟至醮壇一同鑑醮，雖然他處建醮也會有眾多神祇來參與鑑醮，而聖母廟廟方十分重視此禮，親自到友廟請眾神佛，形成自身傳統。依照迎請對象的可分成以下幾類[48]：

（1）分靈廟：鄭仔寮福安宮李府千歲、鄭仔寮陵興宮吳府千歲、北區寮內雙良宮、大銃街糖宮內糖安宮。

（2）交陪廟：祀典武廟、草寮後菱洲宮、四聯境金安宮、南勢街西羅殿。

（3）三郊廟：鎮港海安宮、營仔腳朝興宮溫陵廟、祀典大天后宮。

（4）主壇：海尾寮朝皇宮保生大帝[49]。

---

45 黃文博《南瀛刈香誌》，頁338。吳明勳、洪瑩發《臺南王爺信仰與儀式》，頁273。

46 黃文博《南瀛刈香誌》，頁318、339。吳明勳、洪瑩發《臺南王爺信仰與儀式》，頁273。

47 黃文博《南瀛刈香誌》，頁339。周宗揚、吳明勳《鹿耳門聖母廟土城仔香》，頁45。

48 周宗揚、吳明勳《鹿耳門聖母廟土城仔香》，頁94-95。

49 迎請2尊，1尊主壇、1尊出巡。

（5）先鋒官：學甲寮慈興宮池府千歲。

2. 配合地方傳說的三朝王醮

從西港刈香斷香以來，並自辦王醮發展以來，配合地方傳說舉辦三朝王醮，發展成「鹿耳門媽香、五府千歲醮」。半天的入門火部，極為受到重視，送火王時全庄熄火，並出動境內武陣將火王送至庄南鹿耳門溪畔。請王，依據地方傳說在面對拾到王船的西爿湖仔進行請王，迎請五王登殿。而因王船為撿拾之神物，故只祭不送，不同一般的王醮；也因不送王船，便延伸送五瘟桶之俗。因地方傳說而發展出異於他地的習俗。

圖 5-2-41　戊戌科土城仔香（左）請王及（右）打船醮 © 楊家祈攝於 2018 年 5 月 3 日（左）、6 日（右）

圖 5-2-42　送五瘟桶 © 楊家祈攝於 2018 年 5 月 6 日

3. 肅秘的王府行儀

王府是千歲爺降臨（請王）後的居住、辦公之臨時空間，也稱為「行臺」，是整個王醮的核心、神聖場域，簡單而言王府是仿效古代官衙所建置[50]，臺灣各地王醮大都可見王府的設置。整體而言土城聖母廟之王府是承襲自西港王府及蘇厝房科，吸納演化而來，且王府空間分配明確，嚴格限制進出人員，氣氛神秘肅穆，秩序嚴謹。

圖 5-2-43 （左）掛「放告」牌；（右）進菜碗 ©楊家祈攝於 2018 年 5 月 5 日

4. 媽祖出巡王爺陪同

土城仔刈香的發展從鹿耳門媽祖遶境發展而來，故在出巡刈香的核心本質仍是媽祖作為遶境的主角。每三年一科恭請鎮殿大媽出巡，成為整個香陣的焦點。每一科皆會指定不同的王爺陪同鹿耳門媽出巡，成為土城仔刈香的一個特色。

在民國 50 年（1961）聖母廟舊廟時期香路以土城仔聚落周邊為主要遶境範圍，到了民國 104 年（2015）乙未科香路範圍已經穩定，刈香第一日七股區、第二日安南區、第三日則為土城仔及學甲寮。

---

50 吳明勳、洪瑩發《臺南王爺信仰與儀式》，頁 192。

圖 5-2-44　三日香鹿耳門媽出廟 © 楊家祈攝於 2018 年 5 月 5 日

5. 文武陣頭及相關習俗

　　土城仔刈香所參與之自組文武陣頭最早亦是參加西港仔刈香的成員，隨著土城自理辦理刈香後，都成為了土城仔刈香的專屬陣頭，依舊保有許多深具傳統性之文武陣頭。以土城本聚落而言早期自組陣頭十分多[51]，目前仍在 11 角頭範圍內自組動員的有郭岑寮金獅陣、虎尾寮宋江陣、蚵寮宋江白鶴陣[52]、砂崙腳清聖宮八家將、青草崙紫金宮蜈蚣陣，加上學甲寮慈興宮宋江陣，一共 6 陣的自組文武陣頭為土城仔香的基本陣頭組成。另外還可見海尾朝皇宮宋江陣、樹仔腳寶安宮代天府白鶴陣、外渡頭中社厚德宮宋江陣、塭內蚶寮永昌宮金獅陣、新吉庄保安宮宋江陣、公地仔吉安宮天子門生等自組陣頭。[53]

　　土城轄下虎尾寮、郭岑寮、蚵寮三陣武陣，除了陣頭祖師爺及角頭爐主佛之外，在入館後會從聖母廟迎請五府千歲來駐館，虎尾寮迎請池王、郭岑寮迎請吳王、蚵寮迎請范王；而自行建廟的砂崙腳便無此俗[54]。

51　中洲仔角門牛陣、鄭仔寮牛犁歌、港仔西鼓花陣、郭岑寮太平歌均已消失。
52　2019 年登錄臺南市民俗，2018 年未出陣。
53　海尾朝皇宮宋江陣於 2003 年加入，2024 登錄民俗；出第三日香的有樹仔腳寶安宮代天府白鶴陣（與蚵寮白鶴陣為師承交陪）、外渡頭中社厚德宮宋江陣（與頂什份塭為兄弟庄）、塭內蚶寮永昌宮金獅陣，以及新吉庄保安宮宋江陣（於 2012 年加入）；公地仔吉安宮天子門生於 2015 年登錄臺南市傳統表演藝術，2018 年起未出陣參與。
54　周宗揚、吳明勳《鹿耳門聖母廟土城仔香》，頁 58-68。

在刈香期間，陣頭所保有的相關文化與習俗，是整個醮典刈香不容錯過的部分，展現人群與聖母廟之間的連結及權利義務。

圖 5-2-45 （左）蚵寮仔宋江白鶴陣；（右）砂崙腳清聖宮八家將 © 楊家祈攝
　　　　　於 2018 年 4 月 28 日（左）、5 月 6 日（右）

圖 5-2-46　郭岑寮金獅陣 © 楊家祈攝
　　　　　於 2018 年 4 月 28 日

七、結語：眾神之都到國家級民俗活動

臺南的信仰蓬勃，堪稱「眾神之都」，而民俗類文化資產數量更是全國之最。國家重要民俗數量也是全國第一。

傳說、神蹟、災難在這區域內不斷發生，形成了臺南五大香。定期的刈香活動成為了這片土地、人民的共同生活經驗，也展現地方秩序的角力及互動。因應刈香所自組文武陣頭，十分多元，宛如臺灣藝術、文化的萬

花筒！五大香中，除了麻豆香之外，學甲上白礁、蕭壠香、西港仔香、土城仔香都具有臺南市民俗類無形文化資產身分，其中西港仔香與學甲上白礁於 2009 年與 2022 年被文化部公告為國家重要民俗。

　　本文精要地提出五大香的重點特色，希望讀者透過本文的閱讀，對於五大香能有深入淺出的認識。來吧！請帶著您的好奇心，一輩子至少體驗一次臺南五大香科吧！

引用文獻

(一) 史料
姚瑩（1957〔1829〕）《東槎紀略》，臺北：臺灣銀行經濟研究室。
相良吉哉（1933）《臺南州祠廟名鑑》，臺南：臺灣日日新報社臺南支局。
陳文達（1961〔1720〕）《臺灣縣志》，臺北：臺灣銀行經濟研究室。

(二) 專書
吳明勳、洪瑩發（2013）《臺南王爺信仰與儀式》，臺南：臺南市政府文化局。
周宗揚、吳明勳（2016）《鹿耳門聖母廟土城仔香》，臺南：臺南市政府文化局。
　　順從（1994）《南瀛古廟誌》，臺南縣：臺南縣立文化中心。
陳丁林（1997）《南瀛藝陣誌》，臺南縣：臺南縣立文化中心。
黃文博（1994）《南瀛刈香誌》，臺南縣：臺南縣立文化中心。
黃文博（2000）《南瀛王船誌》，臺南縣：臺南縣政府文化局。
黃文博（2013）《學甲上白醮暨刈香》，臺南：臺南市文政府化局。
黃文博（2014）《佳里金唐殿蕭壠香》，臺南：臺南市政府文化局。
黃名宏、洪瑩發、林柏奇、周志明、陳冠傑（2006）《蕭壠香：佳里玉敕皇敕金唐殿乙酉香科五朝王醮記實》，臺南縣：佳里玉敕皇敕金唐殿。
劉枝萬（1983）《臺灣民間信仰論集》，臺北：聯經。
劉還月（1994）《臺灣民間信仰小百科（迎神卷）》，臺北：臺原。
謝國興主編（2015）《西港仔刈香：一個傳統王醮的數位紀錄》，臺北：中央研究院臺灣史研究所。

(三) 學位論文與期刊論文
方淑美（1992）〈臺南西港仔刈香的空間性〉，臺北：國立臺灣師範大學地理研究所碩士論文。
吳嘉瑜、周舜瑾（2007）〈佳里金唐殿乙酉香科旗牌官相關記實〉，《民俗與文化》第3輯。
李淑玲（2006）〈西港鄉聚落的拓墾與開發之研究〉，臺南：國立臺南大學臺灣文化研究所碩士論文。
周政賢（2006）〈刈香前鋒蜈蚣陣——臺南五大香蜈蚣陣的觀察比較〉，《南瀛文獻》第5輯，頁251-264。
洪瑩發（2007）〈佳里金唐殿乙酉香科五朝王醮王府田調查記要〉，《民俗與文化》第3輯，臺中：臺灣淡南民俗文化研究會。

黃名宏（2009）〈吟歌演武誓成師——西港仔香境傳統陣頭的宗教性格〉，臺南：國立臺南大學臺灣文化研究所教學碩士論文。

（四）祠廟資料

正統鹿耳門聖母廟（1985）《正統鹿耳門聖母廟沿革》，臺南：正統鹿耳門聖母廟。

佳里玉敕皇敕金唐殿庚午香科建醮委員會（1990）《佳里玉敕皇敕金唐殿庚午香科五朝王醮王府工作守則科儀排衙體式》，臺南：佳里玉敕皇敕金唐殿。

陳丁林（2014）《學甲慈濟宮志》，臺南：學甲慈濟宮。

臺南土城正統鹿耳門聖母廟（2018）《2018 戊戌狗年文化民曆》，臺南：正統鹿耳門聖母廟。

（五）影片

（2018 年 5 月 13 日）蜈蚣陣、五王入水堀頭龍喉鳳池請取龍喉水：https://www.youtube.com/watch?v=pwctRibPVDE&fbclid=IwAR2636K9tzSFW0ty65rw5hrjikxJaB_6brVu0Xo05tZ6nh1_XX6RLIJBII4。

附錄

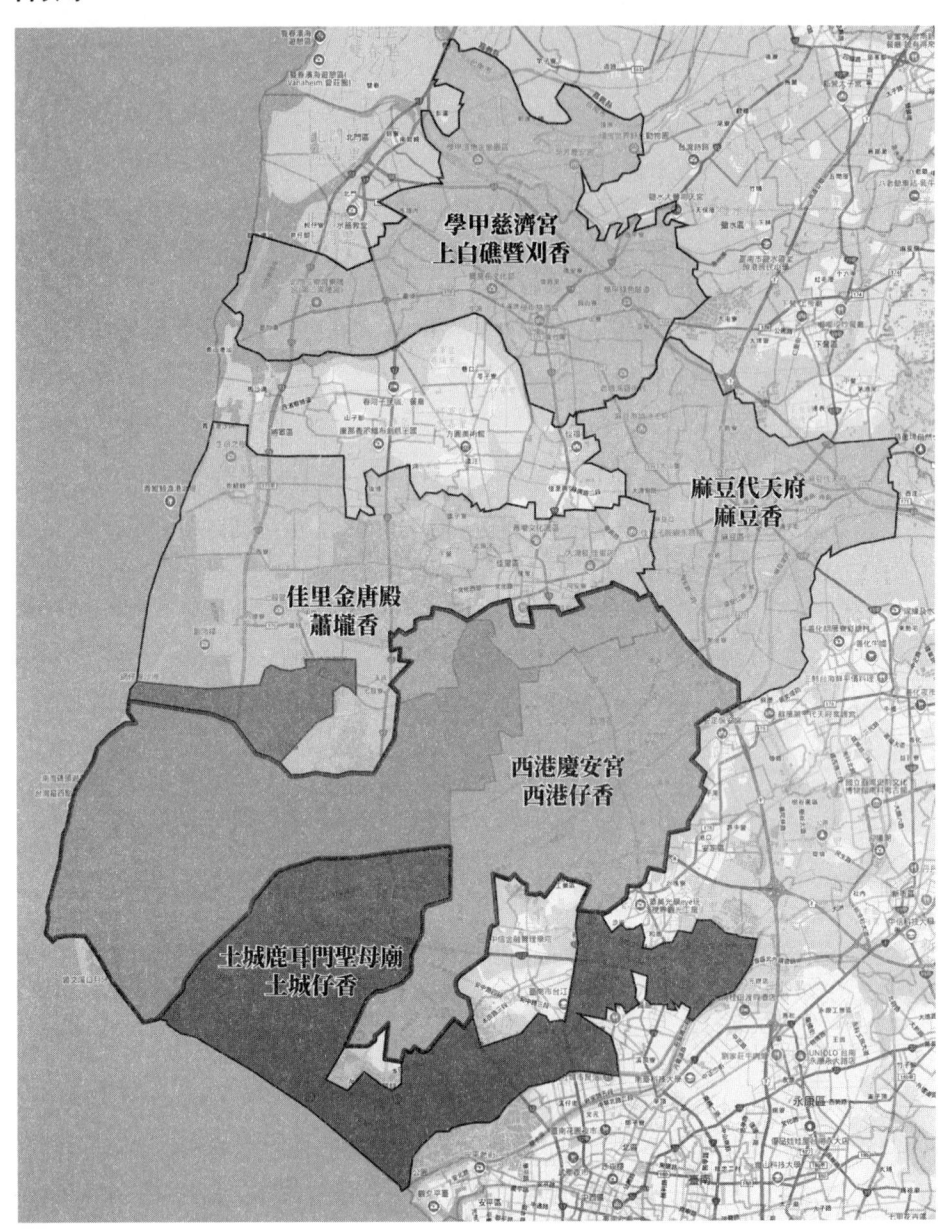

圖 5- 附 -1　臺南五大香遶境地域示意 © 中研院 GIS 中心「臺南市百年歷史地圖」之〈行政區 _ 村里界【NLSC】〉套疊，圖層資料來自內政部國土測繪中心；出版社繪製標示

說明：因蕭壠香、西港仔香與土城仔香地域重疊，另以深色（土城仔香）或粗框（西港仔香）標示。

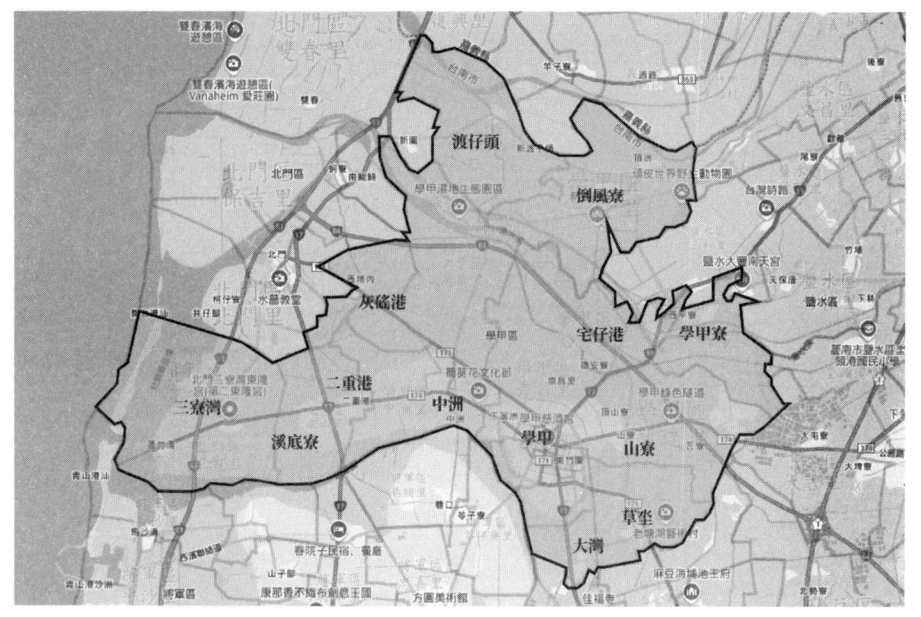

圖 5-附-2　學甲慈濟宮上白礁暨刈香遶境地域示意 © 中研院 GIS 中心「臺南市百年歷史地圖」之〈行政區_村里界【NLSC】〉套疊，圖層資料來自內政部國土測繪中心；出版社繪製標示

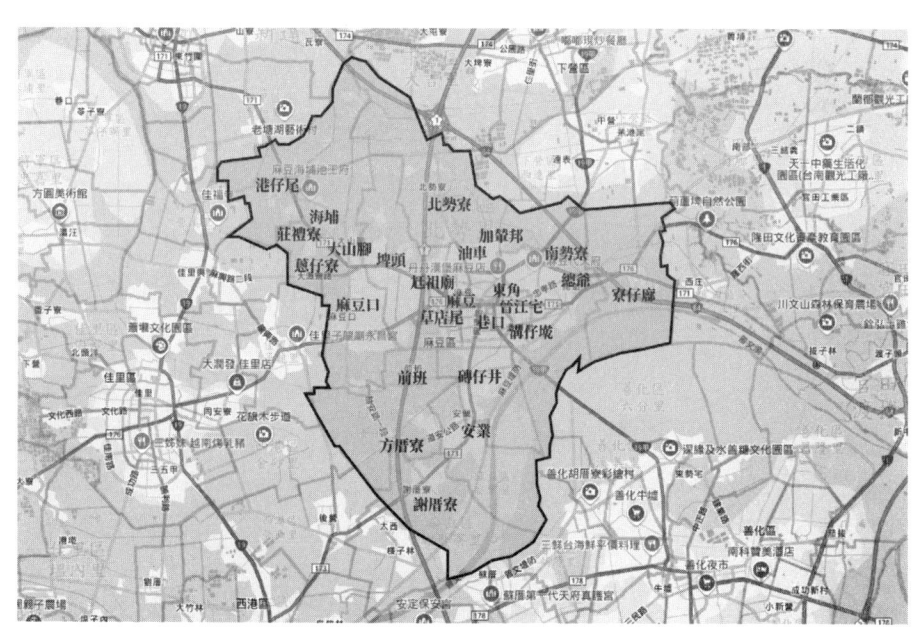

圖 5-附-3　麻豆代天府麻豆香遶境地域示意 © 中研院 GIS 中心「臺南市百年歷史地圖」之〈行政區_村里界【NLSC】〉套疊，圖層資料來自內政部國土測繪中心；出版社繪製標示

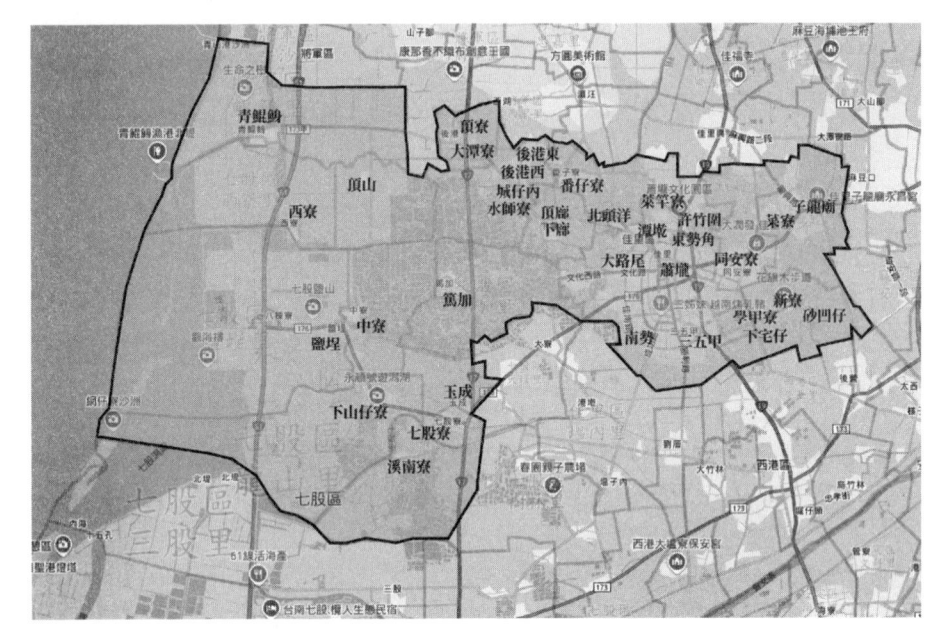

圖 5-附-4　佳里金唐殿蕭壠香遶境地域示意 © 中研院 GIS 中心「臺南市百年歷史地圖」之〈行政區_村里界【NLSC】〉套疊，圖層資料來自內政部國土測繪中心；出版社繪製標示

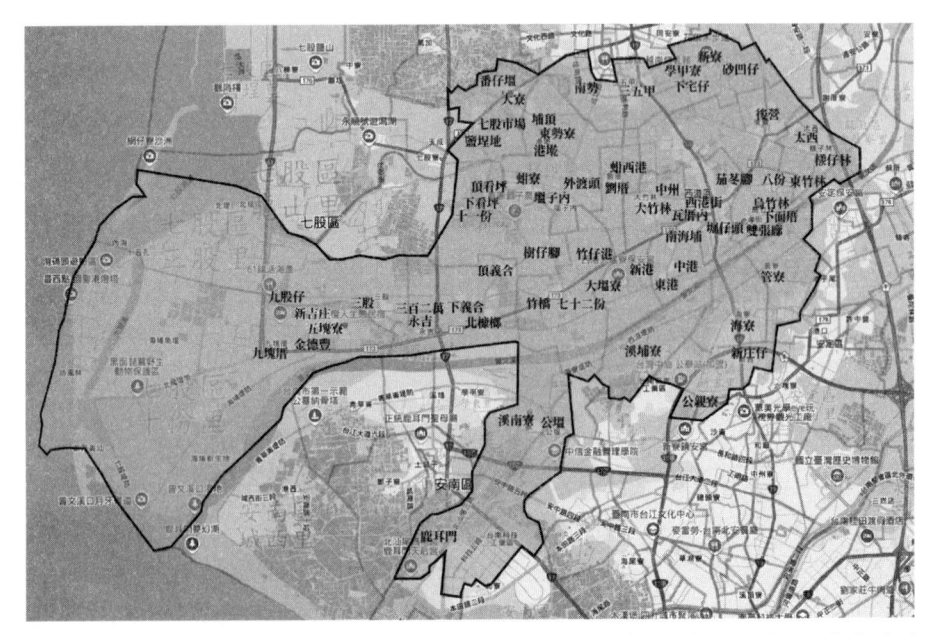

圖 5-附-5　西港慶安宮西港仔香遶境地域示意 © 中研院 GIS 中心「臺南市百年歷史地圖」之〈行政區_村里界【NLSC】〉套疊，圖層資料來自內政部國土測繪中心；出版社繪製標示

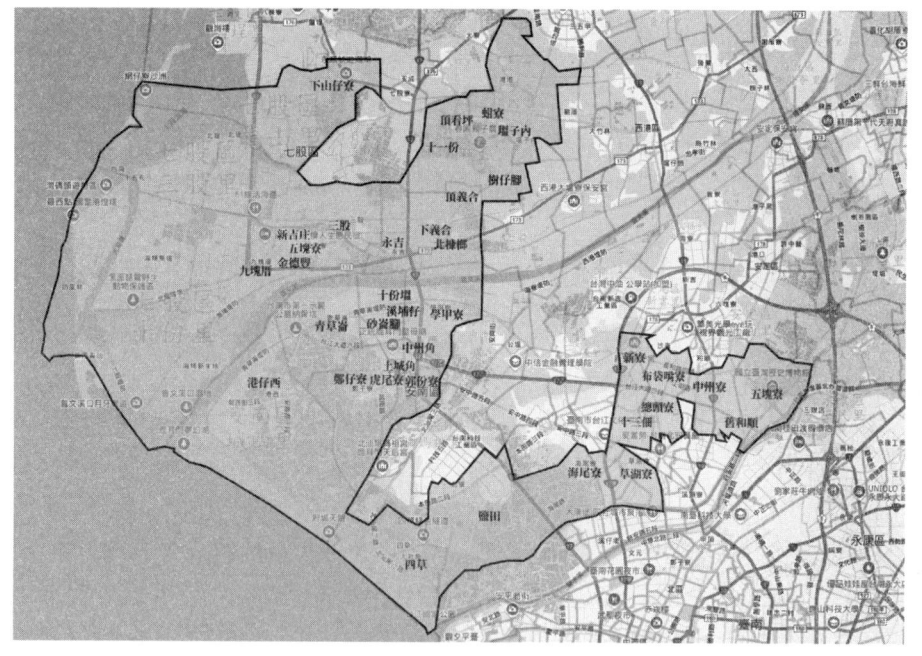

圖 5-附 -6　土城鹿耳門聖母廟土城仔香遶境地域示意 © 中研院 GIS 中心「臺南市百年歷史地圖」之〈行政區 _ 村里界【NLSC】〉套疊，圖層資料來自內政部國土測繪中心；出版社繪製標示

陸
臺南民俗與宗教

中央研究院、國立臺南大學兼任副教授
葉春榮

本文部分照片得到左鎮林榮昭先生（普度公燈及紙戲）及國立臺南大學臺灣文化研究所多位同學提供，特此伸謝。他們是黃柳腕（狀元府）、楊家祈（拜溪墘）、李孟芳（午時水）、張淑賢（放山燈、冬至送火王及貼圓仔）。

臺南的民俗

一、前言

　　民俗是一種地方文化,「地方」的範圍可大可小,譬如小到一個村落,大到整個國家甚至超出國家之外。本文的重點在講述臺南地方的民俗文化,臺南作為一個行政單位,有近百萬人口,地理上包括從海邊到深山,也可以說是個相當遼闊的地方。在這麼大的一個地方,除了西拉雅背景的平埔族,以及戰後跟隨國民政府移民來臺的外省人之外,大部分人都是閩南後裔,其中主要來自漳州、泉州。這些閩南後裔,來得最早的可以追溯到荷、鄭時期,之後在清朝時期還有更多的移民來臺,因此臺南號稱文化古都,在臺灣保有歷史悠久的民俗文化。

　　因為傳播、模仿、創新等等原因,文化的特點之一就是文化一直在改變之中,民俗當然也一樣。從荷、鄭到現在,固然有長期保存的民俗,譬如祭祖、拜神、端午綁粽子、冬至吃湯圓等等,但同樣也有許多消失的民俗,譬如穿唐衫(或稱臺灣衫)、觀青蛙神、女子綁小腳、收養媳婦仔、牽豬哥、入贅等等。文化一直改變在全世界各地都一樣,是無可避免的,這是人類的通性。

　　本文著重在臺南的民俗文化,然而我們也難以避免因為移民、模仿、通婚等等原因,其他地方也可能有同樣的習俗。所以本文的重點雖然講述臺南的民俗,然而或許在別處也會看到,畢竟閩南後裔分散在全臺各地。

　　反過來說,有些當初可能全臺各地都有的習俗,可是現在只保留於某些地方,這類的例子則不是本文的重點。譬如送肉粽、送火煞、牽水狀,[1] 筆者認為臺灣各地以前都有這種習俗,只是規模大、小而已,然而現在送肉粽以彰化地方(尤其是鹿港)保存的較為完整。

　　因為重點在臺南,因此全省都有的習俗,譬如春節、端午扒龍船、中

---

[1]「狀」字一般寫為「車+藏」,但電腦無此字,此處以閩南語同音字代替。

秋、冥婚、觀落陰這些習俗就不在這裡贅述。此外，臺南作為文化古都，市政府一直都很重視民俗文化的保存與發揚，所以一些知名的市定民俗，譬如頭社夜祭、西港刈香、東山迎佛祖、學甲上白礁、鹽水蜂炮等等大型民俗活動已為大家所熟知，也就不必再介紹。

以往有關臺南、臺灣甚至中國的民俗著作，譬如從中川忠英的《清俗紀聞》（1894）、片岡巖的《臺灣風俗誌》（1921）、鈴木清一郎的《臺灣舊慣冠婚葬祭と年中行事》（1934）開始，[2] 日本人甚至還辦《民俗臺灣》雜誌（1941-1945）。一直到現在的民俗學著作，全部都是描述性的通俗介紹，沒有一本有什麼理論的企圖，而且幾乎都是民間學者熱心的蒐集、調查。民俗研究之所以成為民間學者的天下，主要是因為大學裡沒有民俗學的科系，這現象全世界都一樣，只有很少數的國家有獨立的民俗學系。在中文世界裡，就算有少數學院內的學者從事民俗學的「研究」，也因為缺少有理論深度的論文，連提出一點說法的意圖都沒有，甚至連「研究」都談不上，就跟民間學者的著作沒什麼兩樣，因此所謂的民俗研究就像是採集奇風異俗一樣，免不了蝴蝶標本採集（butterfly collecting）之譏。[3]

少數學院內的學者沒有理論、說法之外，更糟糕的是幾乎所有的民俗學著作都是陳陳相因，譬如說每一本都在寫年中習俗，完全沒有新意。本課程作為臺南學的一部分，以介紹臺南的各方面為主，讓學生多瞭解我們的傳統文化。因此我們也不擬在這裡講述民俗學的理論，這是我們得事先說明的地方，但是本文將會講述許多民俗書上沒有的民俗。

什麼是民俗？這是個沒有統一定義、沒有大家都接受的定義的問題。一般民俗書上把歌謠、諺語、謎語、繞口令、神話、傳說、童話、民間故事、遊戲、民間舞蹈等等也都算是民俗，那麼民俗的範圍幾乎無所不包。

---

[2] 中川忠英《清俗紀聞》（東京：博文館，1894）。片岡巖《臺灣風俗誌》（臺北：臺灣日日新報社，1921）。鈴木清一郎《臺灣舊慣冠婚葬祭と年中行事》（臺北：臺灣日日新報社，1934）。

[3] Alan Dundes. Folkloristics in the Twenty-First Century (AFS Invited Presidential Plenary Address, 2004). *The Journal of American Folklore 118* (470)(2005), p. 388.

新化以東的山區鬥蟋蟀是民俗嗎？一個民俗藝陣（如牽亡歌陣）是民俗嗎？虎姑婆的故事是民俗嗎？絲線吊銅鐘的傳說算民俗嗎？這些都牽涉到定義的問題。本文不擬涉入這樣的討論，因此侷限在比較沒有爭議的年中行事的範圍內。

二、歲時習俗

過年探墓厝

探墓厝是南臺灣特有的習俗，尤其是臺南市府城較為普遍，原來的臺南縣及高雄也可見到這種習俗。

府城探墓厝的習俗在清朝時已經看到記載。《安平縣雜記·節令》說：「臺人多於正月巡視墳墓，名曰探墓厝。」[4] 從這記載也可以看出探墓厝並不是清明掃墓，只是巡視墳墓，因為不是掃墓，因此探墓厝只要準備簡單的祭品，譬如水果、鮮花等，但最重要的是要有春捲（又稱為潤餅），但是拜春捲也只有閩南人的習俗，客家人不用春捲祭拜。

探墓厝就是府城人利用農曆春節放假期間到祖先墳墓清理雜草，看看墳墓是否有什麼損壞須要修繕的地方，假若有的話可以及早處理，在清明掃墓之前及時修繕完成。府城這項特殊的習俗，使得有些窮人家的小孩甚至大人，在春節時拿著鐮刀、鋤頭在公墓等待被僱用來除草或簡單的修繕，在春節期間賺一點外快。現在因為政府禁止土葬，新墳越來越少，靈骨塔越來越多，府城春節探墓厝的習俗也轉移到探靈骨塔塔位了。當然，在公墓等待被僱用的窮人家的收入也就越來越少了。

農曆春節本來是家人團聚、到觀光景點遊玩的時機，然而府城人利用這時間到大家不喜歡去的墓仔埔去探望祖先，可說充滿人情味。

4　不著撰者《安平縣雜記·節令》，臺灣文獻叢刊第52種（臺北：臺灣銀行經濟研究室，1959），頁3。

拜天公

　　正月初九天公生是全臺灣大家都很熟悉的習俗，臺南人也不例外。筆者在前言裡說過，既然是全臺性的習俗，就不必在這裡介紹。然而此處講天公生，主要目的是要大家瞭解漳泉習俗的不同。

　　現在臺灣人對於祖籍漳泉的分辨已經很不清楚。我們先說臺南人拜天公的情形，一般民家及奉祀天公的廟宇都在農曆正月初八晚上11點過後拜天公。家裡的小孩在初八晚上可能先去睡覺，大人則開始準備，傳統的農家把供桌放在大門前的院子裡，擺好供品，等晚上11點一到，叫醒熟睡中的小孩，全家人朝外跪在供桌前拜天公。

　　府城最著名的兩間天公廟（天壇及開基玉皇宮）也在初八晚上11點拜天公，這時到兩間廟來拜拜的信眾人山人海，把廟內外擠得水洩不通，這情形一直延續到初九一整天。兩間天公廟除了香客絡繹不絕外，還有個特殊的場景就是聚集很多乞丐。天公生聚集乞丐是福建、廣東、香港各地所有天公廟的特色，臺灣有些天公廟還特地搭設狀元府（簡易寮房）供乞丐休息。乞丐為什麼在天公生日時得到特別的待遇，因為傳說姜子牙封神時，還沒封玉皇上帝，人問其故，姜子牙說這位置是有人的，話一出口，一位叫張有仁的乞丐就坐上了那位置，於是乞丐當了玉皇大帝，因此天公生日時，乞丐也得到大家的尊重。

　　乞丐是一種特殊的工作，在傳統社會裡被列為下九流。大約在1970年代之前，我們還可以看到全家扶老攜幼沿街乞討的乞丐，但現在乞丐已

圖6-1-1　天壇（2018）© 葉春榮拍攝

陸　臺南民俗與宗教

經比較少,而且多半是個人在固定的地點行乞。

　　以前沿街乞討的乞丐到人家家裡或商店去乞討時,一定不能進到人家家門,只能站在門外。假如是在吃飯時間,主人家給予食物,也只能在門外、走廊上、或屋簷下找個地方吃,不能進到屋裡吃。

　　乞丐一年有兩個較好過的時候,一是正月初九天公生,所有的天公廟都會容許乞丐乞討,已如前述。另一個時候是農曆七月普度,因為家家戶戶都會準備供品祭拜,所以容易要到食物。臺灣有句俗語說:「長工望落雨,乞食望普度,司公望寄庫」,就是這個意思。長工望落雨指下雨時長工就可以休息;司公望寄庫意思是司公(也就是道士)是處理喪事的儀式專家,寄庫是指有人過世時,親友利用燒庫錢的機會,燒庫錢給其他已過世的親友。因為庫錢由司公代買,因此買得越多,司公就賺得越多。

　　此外,臺南有些宮廟做王醮時,也會在廟邊臨時搭建乞丐寮,供乞丐休息、住宿。將乞丐寮稱為狀元府,這是另一種婉轉語。

圖 6-1-2　狀元府(關廟山西宮,2018)© 黃柳腕提供

　　天公生日在臺灣還有些特殊的習俗,譬如說不能在外面曬便器及女人內衣褲、要用閹過的公雞祭拜,不能用母雞。傳統臺灣人所居住的三合院,因為風水觀念的影響,認為廁所不能建在房子裡,因此晚上要到外面上廁所就很不方便。因此以前三合院的房間裡就有尿桶、屎桶。這些便器用久了就有味道,因此幾乎每天都要拿到屋外去曬太陽。然而天公生日是個神聖的重要日子,便器及婦女內衣等當天不能拿到屋外曬太陽,免得天公看到了對祂不敬。當然,當天也不能口出惡言。

臺灣拜天公的這些習俗現在已經沒有漳、泉之分。臺灣的閩南人以來自泉州、漳州兩地的人比較多，然而這兩地的習俗也有些不同，譬如泉州人比較重視拜天公，漳州人則比較重視正月十五拜三官大帝。這差別並不表示漳州人不敬天公，而是漳州人認為玉皇大帝是皇帝才能拜的，我們平頭百姓最高的神只能拜三官大帝而已。因此，在傳統三合院的正廳裡，進大門後往上就可看到的燈樑，泉州人稱為天公樑、天公燈，漳州人稱為三界公樑、三界公燈。然而現在臺灣的漳州人後裔也都跟泉州人一樣，在正月初八晚上慎重地拜天公。

三日節／清明

　　臺灣人掃墓主要在清明節，但也有人在農曆三月初三掃墓。為什麼有這種差別，說法之一是鄭成功認為「清明」一詞把清放在明之前，因此鄭成功把清明節改為三日節。實際上清明節與三日節是漳泉兩地不同的習俗。《安平縣雜記・節令》說：「清明日，各家祀祖先，祭掃墳墓。惟漳州及同安人不做清明節，祀其祖先於三月初三日，名曰三日節。」[5]

午時水

　　午時水是端午節正午到水源處取水的習俗，以前曾廣泛流傳於臺灣各地，現在則只保存於臺灣少數地方，譬如淡水、大甲鐵砧山、鹿港、朴子等地，臺南則有鹽水橋南老街、府城中西區開基白龍庵安慶堂五瘟宮、善化慶安宮、安平湯匙山公墓旁的窯尾古井等地還保有這種習俗。其中開基白龍庵安慶堂的午時水，是由神明決定取水時間，是較為特別的例子。

　　午時水就是農曆五月初五午時（中午11點到下午1點）從水源處取得的水，因為那是一年當中陽氣最盛的時間，因此也稱為極陽水、純陽水、龍目水等。水源指山泉水、井水，但是現在水井越來越少，也有人取自來水代替。

---

[5] 不著撰者《安平縣雜記・節令》，頁3。

圖 6-1-3　午時水（鹽水，2017）©李孟芳提供

　　一般認為午時水有避疫癘、健康、美容、治痘、明目、解毒甚至治病的效果，因此端午節的中午，許多人會攜帶各種容器到水源處取水，在太陽底下曝晒約兩個小時，然後帶回家放在家裡的陰涼處，大家相信午時水永遠不會變質。

　　臺南鹽水橋南老街區有 13 口古井，每到端午節就會有許多人到古井取水。老街上的一家打鐵鋪每年都會汲取午時水供一年之用，因此一整年都用午時水來打鐵，店家相信午時水打造出來的各式鐵具更為耐用。

　　端午節除了包粽子、取午時水習俗外，也有人認為利用中午極陽時間晒東西，有些道士、法師在那段時間晒符令、法器等，認為會增強法力。

半年圓

　　農曆六月十五日為一年的一半，因此也稱為半年節。

　　在臺南的許多地方，譬如新化、關廟、歸仁、仁德等地都有半年節的習俗。圓仔在臺灣人的生活裡具有團員、圓滿的象徵意義，臺灣人只要是家裡有喜事，譬如嫁娶、新屋落成等，一定會吃圓仔。在一年的年節裡，半年節及冬至是兩次固定吃圓仔的日子，兩次都是以牲禮及圓仔先祭拜神明、祖先，然後全家人在一起吃圓仔，因此半年節與冬至吃的圓仔分別稱為半年圓與冬至圓。吃了冬至圓也表示長了一歲。

　　半年節原來是漳州及泉州同安人的習俗，在清朝時就已見於臺灣方的記載。劉良璧重修的《重修福建臺灣府志》卷六〈風俗／歲時記志〉

載:「六月一日,各家雜紅麴於米粉為丸,名曰半年丸,亦頌禱團圓之意云。」[6] 清代臺灣詩人鄭大樞的〈風物吟〉中也描述「半年節」說:「六月家家作半年,紅團糖餡大於錢;嬌兒痴女頻歡樂,金鼓叮鼕嚷暑天。」[7] 以前半年節熱鬧的景象今已不復再見,臺南以及臺灣大部分的地方連半年節、半年圓的名稱都不知道了。

做十六歲／出鳥母宮

在七夕當天做十六歲是府城的傳統,在新竹、北港等地也可以看到,但都比不上府城這樣的熱鬧與規模。范咸《重修臺灣府志》記載:「七夕,家家設牲醴、果品、花粉之屬,夜向簷前祭獻,祝七娘壽。」[8] 范咸記載的是當時臺南七夕向七年媽祝壽的熱鬧情景,現在臺南府城的臨水夫人媽廟在七夕時仍然非常熱鬧。連橫的《臺灣通史》卷二十三〈風俗志／歲〉時裡則記載做十六歲／出鳥母宮的情形:「富厚之家,子女年達十六歲者,糊一紙亭,祀織女。刑牲設醴,以祝成人,親友賀之。」[9] 看來清末時只有「富厚之家」才流行或有能力做十六歲,現在則幾乎是府城所有的人的風俗。

臺灣人相信小孩從出生開始就受到床母／鳥母的照顧,譬如嬰兒會在睡覺時微笑,臺灣人解釋為那是床母／鳥母在逗嬰兒玩。因為相信有床母／鳥母的照顧,所以臺灣人在嬰兒成長的過程裡,在年節時,特別是七夕七娘媽生日時,會以麻油雞酒、油飯在小孩床上、房裡祭拜祂,感謝祂的

---

6 劉良璧《重修福建臺灣府志》,臺灣文獻叢刊第74種(臺北:臺灣銀行經濟研究室,1961〔1741〕),卷六〈風俗／歲時記志〉,頁97。

7 余文儀《續修臺灣府志》,臺灣文獻叢刊第121種(臺北:臺灣銀行經濟研究室,1962〔1764〕),頁983。

8 范咸《重修臺灣府志》,臺灣文獻叢刊第105種(臺北:臺灣銀行經濟研究室,1961〔1747〕)頁767。

9 連橫《臺灣通史》,臺灣文獻叢刊第128種(臺北:臺灣銀行經濟研究室,1962),頁600。

照顧。祭拜床母的時間不能太長，因為擔心祂吃了太多雞酒喝醉了因而疏於照顧小孩。

小孩被床母／鳥母照顧到十六歲，臺灣人認為已經成年，已經可以出鳥母宮了。然而家家戶戶所拜的床母／鳥母是誰？為什麼稱為鳥母？筆者認為鳥母原來應該是「姐母」，因為發音相近以訛傳訛。一般認為床母／鳥母就是七娘媽的化身，因此所謂出鳥母宮、做十六歲，就是在農曆七月初七七娘媽生日那天祭拜七娘媽，感謝七娘媽的照顧。

做十六歲沒有什麼「標準」的儀式，在家裡、到廟裡做都可以，府城的臨水夫人媽廟、開隆宮、安平開臺天后宮以及其他許多廟宇也都舉辦做十六歲的儀式，讓大家都可以參加。在家裡做十六歲，主要就是買個七娘媽亭，表示請七娘媽到此，以牲禮、雞酒、油飯祭拜七娘媽，表示感謝床母／鳥母／七娘媽十六年來的照顧。參加廟方主辦的做十六歲，主要也就是從一個大型的七娘媽亭底下爬過，表示出鳥母宮之意，至於其他的戴狀元帽、騎馬遊街等節目，都是額外增加的噱頭而已。

府城做十六歲，外婆家得要送禮，這是臺灣人的傳統習俗，小孩出生、滿月、滿四個月、周歲、做十六歲的這幾個階段，外婆或舅家都得送禮及前來祝賀。以前送的衣服在衣領上都還得繡一個「卍」字。滿十六歲是比較大的一項，媽媽的娘家如果還過得去，得要扛siā（一種長方形木盤禮盒，雙人扛）來祝賀，禮物通常是衣服、皮鞋、手錶、項鍊、腳踏車等。因此無論在家裡自己做十六歲或參加宮廟的儀式，都一樣會有外婆家的賀禮。

做十六歲是臺南府城最具特色的民俗之一，府城之外的地方並不流行。關

圖 6-1-4　做十六歲　開隆宮 ©葉春榮拍攝

於做十六歲的起源,一般認為是因為以前在五條港碼頭區,工人在碼頭當搬運工,16歲以下算童工,因此做十六歲有宣示已經成年的意思,可以拿到成年的工資。其實泉州的晉江、惠安、南安、安溪一帶都有做十六歲的習俗,筆者認為這習俗應該是來自泉州,然而在五條港地方因為特殊的條件因而發揚光大。

臺灣許多地方雖然沒有做十六歲出鳥母宮的儀式,但是脫絭也表示同樣的意思。臺灣人相信人有三魂七魄,假如元神不穩或一條魂失落,人就會變成身體或精神狀況不正常。小孩好動喜歡玩,尤其是晚上睡覺時,元神(魂)也可能離開身體出去玩。因此臺灣人喜歡在小孩脖子上掛一個從各地神明取回來的香火袋或護身符,保護小孩的魂不會離開身體。小孩到了16歲,三魂七魄已經比較穩固、穩定地存在於身體內了,就可以不用再戴香火袋了,稱為脫絭,跟出鳥母宮同樣的意思。

假如元神失落,輕者收驚,重者由法師、乩童到地府找元神,稱為「落地府」或「探宮」,乩童找到元神後,安回當事人身上,即可痊癒。

普度

普度可分為公普與私普。公普主要由宮廟主辦,此外社區、市場等等也常會辦理普度。私普指的是一家自己在門口普度(或稱拜門口)。普度已經是全臺農曆七月到處可見的習俗,因此我們就不在此多講,此處只講與普度相關的特殊習俗。

普度公燈

在日本時代,除了市區,其他地方一到天黑就漆黑一片。一直到光復之初,雖然許多人家有了電燈,但臺南的許多鄉下地方,並沒有路燈。到了農曆七月,許多人家都會在路旁設普度公燈,就是立一根大約1公尺高的竹竿或木桿,在竿上掛或釘一個木盒,盒裡有一盞燈,光復初期以前用的都是油燈,稱為普度公燈。入夜之後,在黑暗的道路兩邊,每隔不遠就有一盞閃爍的燈火,在夜裡也構成一道別有詩意的景致。這樣的燈火每晚

從天黑點到天亮，連續一個月，因此每天都要在燈裡添煤油。

圖 6-1-5　普度公燈（安定，2017）
© 林和正提供

　　普度公燈做什麼用？當然是給好兄弟照路、引路之用。因為時代的改變以及路燈的普及，現在普度公燈已經越來越少。現在有普度公燈的地方也都改用燈泡，而不再用煤油。而且，有人在普度公燈裡放胭脂、水粉、針線盒、香菸等，充滿了人情味。

紙戲

　　紙戲指的是紙紮的戲臺，在普度時，放在供桌前面，表示演戲之意，讓好兄弟飽吃一頓時順便可以看戲，這種習俗還保留在左鎮、新化等山區，府城也可以看到紙戲。

圖 6-1-6　紙戲（左鎮，2017）
© 林榮昭提供

孤棚祭

這是安平靈濟殿特有的習俗。靈濟殿鄰近運河，普度時廟方會在運河邊搭一座孤棚，棚上放滿各式食物，再從孤棚上拉一條白布直到運河裡，白布兩側都插著香，意思是讓不幸溺水的孤魂沿著香路走在白布上面上孤棚。靈濟殿作為運河旁的宮廟，對水中孤魂的關心讓人感到非常溫暖。

圖 6-1-7　安平靈濟殿孤棚
ⓒ 葉春榮拍攝

超度

超度與普度是兩件不一樣的事情。普度是施食給無主、無名的孤魂野鬼；而超度則是超度有名有姓的親人或者與自己相關的人或超自然物。

自己的親人過世時通常都已經請道士做過超度（功德）法事，可是臺灣過去大約三、四十年來，許多宮廟開始流行在普度時兼做超度，本來超度只是超度自己過世的親人，但是數十年來發展的結果，超度的對象越來越多，包括冤親債主、嬰靈、寵物靈、地基主等等。

因為超度得要自己付費，對宮廟來說也是增加一筆可觀的收入。當臺灣的宮廟越來越流行普度兼超度時，現在各地的宮廟幾乎都以超度為主，普度變成超度的附屬品而已。農曆七月辦超度可以說是全臺灣新發明與流行的民俗，然而在這樣的潮流與壓力下，府城除了極少數私人宮廟外，絕大部分的宮廟都堅守傳統原則，七月只辦普度不辦超度，因為府城人認為

農曆七月不宜辦喪事、不能超度，東嶽殿在農曆七月也不打城。

放山燈

　　放山燈顧名思義就是相對於放水燈而言，放水燈全臺灣到處都有，然而放山燈則是臺南府城及安平特有的習俗。

　　放水燈要到水邊、海邊、甚至海上去放，意思是邀請不幸溺斃的水中孤魂前來參加普度；放山燈則是到墳場或山裡去邀請那裡的孤魂滯魄。放水燈有真正一座座的水燈，但放山燈並沒有山燈，只是由道士到現場唸孤魂牒，邀請好兄弟前來。然而有時道士並不到現場，譬如安平城隍廟放山燈就是到大眾廟廟埕，面朝遠處的公墓唸牒文，並不到現場去。

圖 6-1-8　放山燈（安平大眾廟，2018）
© 張淑賢提供

陰陽醮

　　陰陽醮指的是安平城隍廟農曆七月四日的普度。安平城隍廟是地方公廟，安平每年農曆七月的普度，都是由安平鎮城隍廟最先舉行，因此安平有句俗語說：「城隍廟沒普，無人敢普」。城隍廟的普度之所以被稱為「陰陽醮」，是因為當天上午的祈安醮為「陽醮」，包括起鼓、發表、啟請、祀旗、宣經演懺、午供等科儀；而下午的走赦馬、牽水狀與普度施食則是

「陰醮」，所以稱為「陰陽醮」。

拜溪墘

所謂拜溪墘就是一些容易發生水災的溪流旁邊的居民在溪邊祭拜，希望河流不再氾濫。臺灣許多地方都有有拜溪墘的習俗，然而以中南部為多。在臺南境內的曾文溪兩案的幾個地方，譬如麻豆東溪洲祭溪、西港區中港仔拜溪王、西港溪埔寮拜溪神、安南區公親寮拜溪墘，還有歸仁八甲等地，都有拜溪墘的習俗。

圖6-1-9　拜溪墘 © 楊家祈提供

拜溪墘除了由神明決定日期外，通常在端午節前後至農曆七月底間舉行，也就是夏天洪水容易氾濫的時候，可見在水利整治不完善的時代，老百姓的自力救濟只能無奈地求超自然的力量幫忙，希望河神手下留情。

拜溪墘時，村民聚集在河畔，準備三牲（甚至有些些方殺豬宰羊）、粿、粽、水果、便菜飯等祭拜。

插圜頭

這是一種曾經流傳於臺灣各地的習俗，但是現在已逐漸消失，只是在臺南鄉下各地我們還可以看到這樣的習俗。

民間傳說農曆八月十五日中秋節是土地公的生日或說是升天得道的日

子,因此有人會在這天祭拜土地公。臺南農村傳統上還有個特殊的習俗,就是在中秋節之前或當天,在田裡插一根竹竿(或木桿),竹竿上綁著、夾著或掛著幾張或一束祭拜土地公用的「福金」,竹竿上有時也會插香。這種竹竿或木桿被認為是給土地公巡視田園的枴杖,因此又稱為「土地拐」。由此看來插園頭其實是幾種意思的結合,給土地公一根枴杖,以便祂巡視田園;在竹竿上夾一些福金,用以感謝土地公一年來對田園的照顧。此外也有人認為插土地公拐另外有一種象徵意義,以土地公拐及福金表示此地有土地公看守,妖魔鬼怪才不會騷擾。

圖 6-1-10　插園頭(山上)© 葉春榮拍攝

拜園頭／拜豬稠腳

　　以前農家的主要收入來源就是種田及養豬。田地收成之後,要準備供品到田裡去拜拜,感謝土地公的照顧,也感謝好兄弟的不騷擾。豬仔出售之後,也同樣要準備供品拜豬稠腳(豬圈),同樣是感謝土地公的照顧,以及好兄弟的幫忙。

　　此外,在普度、中秋時,除了拜門口之外,也有人到田頭、豬圈(豬稠)去拜,拜託好兄弟不要作祟,拜託土地公幫忙,畢竟養豬、種田是農家很重要的收入。

冬至／餉耗:復振的民俗

　　冬至吃圓仔,這是全臺灣都流傳的習俗。以前在臺灣,冬至時還有個

特殊的民俗，臺語稱為「貼圓仔」，也就是把圓仔貼在家具上，桌椅、衣櫃、門窗、甚至農具、掃帚等等，都貼一粒圓仔，意思是給家具吃圓仔。貼圓仔的意思是認為家具也有神，雖然是地位卑微的小神，給祂們吃圓仔以感謝祂們一年來的辛苦。

圖 6-1-11　貼圓仔（將軍苓仔寮，2017）© 張淑賢提供

因為圓仔是甜的，所以很容易可以黏貼在家具上，然後就讓圓仔自然風乾掉下。也有人認為這些圓仔有特別的力量，所以在風乾之後取下，要是小孩有什麼不順的小事，刮一點圓仔的粉末放在水裡喝就可痊癒。

《安平縣雜記》說：「冬至節，家家作米丸及菜包以祀神及祖先，門扉各粘一米丸，俗名『餉耗』。是日，長幼賀節，亦略如元旦。」[10] 我們不知道為何「貼圓仔」在中文裡稱為「餉耗」，而且臺灣人現在已經不在冬至時貼圓仔，但是臺南將軍區苓仔寮近年來開始推動冬至貼圓仔的傳統民俗，也是一種文化復振。

送火王

臺南將軍區苓仔寮除了推動餉耗之外，當地也在冬至前一天下午送火王。送火王又稱送火神，其實這是修辭學上的婉轉語（euphemism），漢人認為發生火災的原因固然有人為、自然的因素，但是也有超自然的因素，那就是火鬼、火獸、火煞作祟，在冬至前把這些可能造成火災的火鬼、火獸、火煞送走，卻非常禮貌、婉轉地稱他們為火王，就好像稱鬼為

10　不著撰者《安平縣雜記》，頁 7。

好兄弟一樣。

現在送火王都請道士來做儀式。臺灣南部的道士在五朝醮的前一天要做「火醮」，或「入門火部」，兩者都是送火王的意思，只是規模大小的差別而已。火醮也就是把境內的火鬼、火煞送走之意。因為道士是大家公認的送火王專家，因此將軍區苓仔寮保濟宮就請當地的道士來送火王。

送神關廟門

臺灣的習俗一般是農曆十二月二十四日送神，家裡送家裡的神，廟方送廟裡的神。送神的儀式有繁有簡，簡單者稍微拜拜即可，隆重者廟方及信徒集體跪在廟埕恭送眾神回天庭。

臺南府城的特殊習俗是送神之後封印、關廟門，表示送神之後不再辦事。

封廟門的方式各有不同，以前常見在兩條紅紙上寫某某宮封等字樣，交叉貼在大門上，有人認為交叉貼好像是查封一樣，現在多半是平行貼在門上。

圖 6-1-12　關廟門　東嶽殿 ©葉春榮拍攝

府城關廟門不一定是二十四日，從十五日開始就有廟關廟門，這是各廟自己的傳統。雖然說封廟門，其實各廟都還是會開側門或小門，以便大家出入。

送灶神

以前臺灣家家戶戶都有灶神，在廚房供有灶神的神像，正廳的神明掛軸裡也有灶神的畫像。然而自從瓦斯爐興起之後，大家認為瓦斯爐不是灶，現在幾乎所有的人家廚房裡都沒有灶神畫像了。

以前廚房供奉灶神的年代，農曆十二月二十四日送神時，家家戶戶都要送灶神。送灶神很簡單，大約是過年時會準備的甜食為主，譬如甜粿、

圓仔、糖果等等,希望灶君向玉皇報告時,能多講好話。晚清詩人羅昭隱的〈祭灶〉詩說:

圖 6-1-13　灶神 © 葉春榮提供

  一盞清茶一縷煙,灶神老爺上青天;
  玉皇若問人間事,為道文章不值錢。

這詩向灶神表達窮困文人的無奈,但也寫實地記述祭灶的習俗。

  送灶神還有「女不祭灶」的說法,其實這說法出自清朝富察敦崇所著的《燕京歲時記》,說中秋節:「至十五月圓時,陳瓜果於庭以供月……供月時男子多不叩拜。故京師諺曰:男不拜月,女不祭灶。」男人不拜月可以有很多解釋,譬如說月神嫦娥是漂亮的仙女,因此男人應該迴避。此處要說的是京師的諺語傳到臺灣後居然變成完全相反的「男不拜灶,女不拜月」[11],而且還可以有解釋。

三、結論

  筆者在前言裡提到民俗的定義問題,什麼是民俗,民俗包括哪些範圍,沒有一個「標準」或大家都遵從的定義。對筆者而言,民俗是一個地

11　李秀娥《臺灣民俗節慶》(臺北:晨星,2004),頁 24。

方的人遵從的習俗與行事，是一個地方人所了解的一套生活的知識，就像 Bourdieu 所說的 habitus[12]。因此歌謠、諺語、謎語、繞口令、神話、傳說、童話、民間故事、遊戲、民間舞蹈等等不是民俗。牽亡歌是陣頭不是民俗，但是喪事請牽亡歌陣來表演則是民俗。

對筆者而言，民俗是一套文化系統，民俗是一套日常生活的常識以及行事的依據，而且在另一方面，這樣的文化系統也提供一套意義的解釋。

---

12 Bourdieu, Pierre. *The Logic of Practice*. Richard Nice, Trans. (Stanford, CA: Stanford University Press, 1990).

引用文獻

中川忠英（1894）《清俗紀聞》，東京：博文館。
不著撰者（1959）《安平縣雜記》，臺灣文獻叢刊第 52 種，臺北：臺灣銀行經濟研究室。
片岡巖（1921）《臺灣風俗誌》，臺北：臺灣日日新報社。
李秀娥（2004）《臺灣民俗節慶》，臺北：晨星。
余文儀（1962〔1764〕）《續修臺灣府志》，臺灣文獻叢刊第 121 種，臺北：臺灣銀行經濟研究室。
范咸（1961〔1747〕）《重修臺灣府志》，臺灣文獻叢刊第 105 種，臺北：臺灣銀行經濟研究室。
連橫（1962）《臺灣通史》，臺灣文獻叢刊第 128 種，臺北：臺灣銀行經濟研究室。
鈴木清一郎（1934）《臺灣舊慣冠婚葬祭と年中行事》，臺北：臺灣日日新報社。
劉良璧（1961〔1741〕）《重修福建臺灣府志》，臺灣文獻叢刊第 74 種，臺北：臺灣銀行經濟研究室。
Bourdieu, Pierre (1990). *The Logic of Practice*. Richard Nice, Trans. Stanford: Stanford University Press.
Dundes Alan (2005). Folkloristics in the Twenty-First Century (AFS Invited Presidential Plenary Address, 2004). *The Journal of American Folklore* 118 (470): 385-408.

臺南的宗教

一、前言

本章講述臺南各宗教概況。臺灣當前主要的宗教大致有西方傳來的基督教、天主教，以及漢人的佛教、道教、民間宗教等。這些宗教在全臺灣的現況各地大同小異，真正具有臺南特色的宗教可能只有西拉雅平埔族的阿立祖信仰，然而西拉雅也分布在高雄、屏東，甚至移民到花蓮、臺東等地，因此也不能說臺南獨有。本文只從全臺各地大同小異的宗教現象中介紹臺南的特色。

此外，臺南還有許多或大或小的教派，譬如一貫道、晚近以來從國外傳入臺灣及臺南的許多新興教派、靈山派、藏傳佛教等等，本文因為篇幅的關係，不擬寫成百科全書式無所不包的介紹性文章，因此只著重在傳統為人所熟知的宗教，不包括所有的教派。

二、西拉雅祀壺信仰

西拉雅是臺南最為知名的原住民，他們祀壺的習俗也為大家所熟知，可是西拉雅人因為長期跟閩南人相處，可說已經完全漢化，而且多數的西拉雅後裔已經改信基督教或天主教，在生活上比較特別的是還有些西拉雅後裔保有祀壺的習俗。全臺南境內，尤其是山區的許多地方，我們還可以看到祀壺的人家、公廨、田間／野外的太祖祠，但是與祀壺相關的宗教儀式已經逐漸式微，家裡祭拜太祖的人越來越少，田間／野外的太祖祠常被誤認為或改建為土地公或其他神明的小祠，只在大內頭社、佳里北頭洋、官田番仔田、白河六重溪、麻豆尪祖廟、吉貝耍等地還可以看到西拉雅特色的夜祭。

西拉雅主要分布在嘉義、臺南以南，語言學家把西拉雅分為三支：西拉雅、馬卡道、四社熟番（Taivuan）。西拉雅支族分布在嘉義、臺南、高

雄一帶，馬卡道分布在高屏一帶；四社熟番又稱為大武壠，主要分布在高雄甲仙、荖濃以及臺南白河一帶。[1]

我們對西拉雅平埔族宗教的瞭解，主要從荷蘭人的紀錄開始。David Wright 記載西拉雅人有 13 位神，[2] 有的管打雷，有的管下雨，有的管戰爭，有的管造人，而這 13 位神當中，並沒有「阿立祖」這個稱呼，然而也有人認為「阿立」就是「神」的意思。17 世紀荷蘭人到臺灣時，已經有許多漢人住在西拉雅聚落裡，西拉雅人已經受到漢人的影響，開始學漢人拜拜，[3] 但隨著荷蘭人要求他們改信基督教，他們逐漸放棄原有的宗

---

[1] 近年來有民間學者自創新詞稱大武壠為「大滿族」，這是個無知的奇怪名稱。人類學家對少數民族的稱呼一向根據他們的自稱，譬如加蚋埔、老埤、加匏朗等地的人自稱為 Makatao，我們才稱他們為馬卡道；荖濃、小林當地人自稱 Taivoan，我們才稱他們為大武壠（Tsuchida, Shigeru, Y. Yamada & T. Moriguchi [eds.]. *Linguistic materials of the Formosan sinicized populations, I: Siraya and Basai* [Tokyo: Department of Linguistics, The University of Tokyo, 1991], p. 29）。歷史上既然已經習慣稱 Taivoan 為「大武壠」，節外生枝生出「大滿」一詞就顯得莫名其妙，因為「大滿」一詞既不見於歷史記載，也不是出自土著的自稱，更不是學界通用的名稱，更何況「大滿族」一詞還可能造成與中國東北「滿族」混淆的聯想。因此學術界一直使用四社熟番或大武壠，而不使用大滿族。

[2] Wright, David. Notes on Formosa (An appendix to Sinicized Siraya Worship of A-li-tsu, by John R. Shepherd). *Bulletin of The Institute of Ethnology, Academia Sinica* 58(1986): 56-76. (Originally published in Montanus [1671], pp. 17-37). 葉春榮譯，〈福爾摩沙筆記〉，收入於葉春榮譯，《初探福爾摩沙：荷蘭筆記》（臺南：臺南市政府，2011），頁 134-172。

參見 Montanus, Arnoldus. *Atlas Chinensis: Being a Relation of Remarkable Passages in Two Embassies from the East-India Company of the United Provinces to the Vice-Roy Singlamong, General Taising Lipovi, and Konchi, Emperor* (London: Thomas Johnson, 1671), pp. 32-33.

[3] Schmalkalden, Caspar. Reise von Batavia Nach Tayonan auf die Insel Formosa 1648. In *Die wundersamen Reisen des Caspar Schmalkalden nach West-und Ostindien, 1642-1652.* (Leipzig: Veb F. A. Brockhaus verlag, 1983), pp. 146-147.

教，拋棄家裡的偶像。[4] 荷蘭人把 250 位伊尼婆[5] 放逐到諸羅山，到了 1652 年，有 202 位死在那兒，只有 48 位回來。[6]

根據現有的紀錄，荷蘭人說西拉雅人家家戶戶都有祭祀的地方，但沒有說神靈是否有具體的表徵（representation），因此現在西拉雅人的祀壺起源於何時並不清楚。18 世紀初的中文文獻裡屢次提到西拉雅人的作向，如周鍾瑄《諸羅縣志》〈風俗志〉說：

> 結草一束於中柱為向。向者，猶云鬼神也，莫敢指按摩觸。過年賽戲，或露立竹柱，設向以醉。作法詛咒亦名向。先試樹木，立死，解而復蘇，然後用之。不[否]則，恐能向，不能解也。不用鎖鑰，無敢行竊，以善向故也。善其技者，多老番婦。田園阡陌，數尺一代，環以繩；雖山豬、麋鹿弗敢入。漢人初至，誤摘啖果蓏，唇立腫；求其主解之，輒推托而佯為按視，轉瞬平復如初。近年附郭諸社，畏法不敢；稍遠，則各社皆有。[7]

這是作向的最早紀錄。其他文獻如黃叔璥〈番俗六考〉[8] 也都提到作向的故事，只是沒有直接提到阿立祖或祀壺。關於西拉雅祀壺最早的文獻是俄國海軍准尉 Paul Ibis 在 1874 年來臺灣時所留下的紀錄。[9] Ibis 在 1874

4　荷蘭文獻裡一再記載要西拉雅人拋棄偶像，但是從未具體地描述西拉雅人偶像的形狀。

5　Inibs，西拉雅之神媒，類似於漢人之乩童或尪姨。

6　Campbell, William, Rev. *Formosa Under the Dutch: Described from Contemporary Records, With Explanatory Notes and a Bibliography of the Island* (London: Kegan Paul, Trench, Trübner & Co., 1903), p. 289.

7　周鍾瑄主修，《諸羅縣志》，臺灣文獻叢刊第 141 種（臺北：臺灣銀行經濟研究室，1962〔1717〕），卷八〈風俗志／番俗／雜俗〉，頁 174。

8　黃叔璥〈番俗六考〉，收入《臺海使槎錄》卷五至卷七，臺灣文獻叢刊第 4 種（臺北：臺灣銀行經濟研究室，1957〔1724／1736〕）。

9　Ibis, Paul. Auf Formosa: Ethnographische Wanderungen [On Formosa：

年 12 月到達打狗港（高雄），他先到屏東萬金庄等地，然後往北到達頭社。Ibis 說頭社居民是 pepowang（平埔番），但其中有少數人信基督教，其他人則祭拜鹿頭蓋骨及鹿角，他說他在臺灣的遊歷只在頭社看到土著的公廨，他畫了頭社兩個公廨中的一個，因為另外在田裡的一個已經幾乎傾倒。Ibis 說平埔人進入公廨時要脫下纏在頭上的頭布，鞠躬拍手之後把供品放在祭壇前。新郎、新娘結婚當天要到公廨，新郎把酒含在嘴裡，然後噴向鹿頭蓋骨。[10] 公廨內後面牆上掛著鹿角，鹿角左右兩邊各有一支豎立著的鐵矛，牆上掛了一個鹿角及四個豬頭壳，地上擺著兩個裝水的罐子，還有檳榔。Ibis 所畫的頭社公廨，具有臺南一帶西拉雅公廨的許多元素，譬如壺、鹿角、豬頭壳、長矛、檳榔等，一直到今天，我們還可以在許多西拉雅公廨看到。

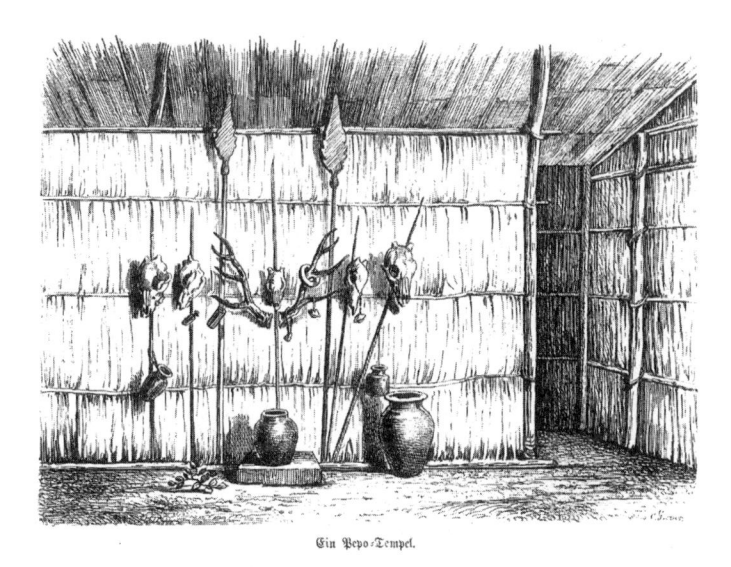

圖 6-2-1　1874 年 Ibis 所繪之頭社公廨 ©Ibis 1877: 231（見註 9），葉春榮提供

Ethnographic Travels] (1877). *Globus* 31: 149-52, 161-71, 181-87, 196-200, 214-19, 230-35.

10　李福清《蘇聯所藏關於臺灣的資料及臺灣研究的概況》（淡水：淡江大學，1991），頁 9。

圖 6-2-2　臺南大內頭社公廨（左），與供奉於廟內之太祖（左鎮菜寮復興宮）（右）© 葉春榮拍攝

　　1860 年代中期，英國傳教士到臺南、高雄等地傳教。西拉雅人改信基督教後，就得拋棄家中原來供奉的太祖（阿立祖，以壺為表徵），他們把太祖丟棄在田裡、野外，而西拉雅人原來的土地後來賣給漢人後，流落在這些土地上的太祖，往往要求漢人地主建一小祠供祂棲身，然後再慢慢發展成較大的太祖祠。因此我們現在看到供奉太祖的地方大約可分為幾類：

　　（1）傳統公廨：如頭社、吉貝耍、北頭洋、六重溪等地之公廨。

　　（2）家裡：未改信基督教之西拉雅後裔，仍然在家裡供奉太祖。

　　（3）田裡：改信基督教的西拉雅人把太祖拋棄在田裡、野外，太祖要求新地主在田裡建祠供奉。

　　（4）漢人廟裡：改信基督教的原來主人拋棄家裡供奉的太祖，被漢人廟宇收留；或原為太祖公廨被漢人改建為漢人宮廟，在廟裡收留太祖。

　　這些大小規模不一的祀壺（太祖）公廨，以臺南縣大內鄉的龍頭忠義廟及東山鄉吉貝耍的五大公廨最具規模，也一直舉行祭祀儀式，對傳統宗教信仰的堅持，這也是平埔文化維繫不墜的原因之一。頭社的夜祭遠近馳名，每年農曆九月十四日下午村人就開始準備到公廨祭拜。去年曾許願的人更要殺豬還願。晚上 11 點，供桌朝外拜天公，然後村內女子開始圍圈圈牽曲，一邊唱歌一邊跳舞。拜天公之後，供桌轉向朝內面對公廨，開始

拜太祖。西拉雅祀壺儀式深深維繫著族人的認同，也因而才能具有長久不曾中斷的歷史，因此這類傳統文化跟語言一樣重要。

圖 6-2-3　頭社夜祭牽曲（2023）
© 葉春榮拍攝

三、基督教

1624 年荷蘭人領有臺灣後，很快就瞭解到應該向臺灣的原住民傳播福音，前後共有 Rev. Georgeius Candidius 及 Rev. Robertus Junius 等 32 名牧師來臺傳教。在 1639 年的時候，西拉雅幾個大社的人口、受洗人數、就學學童的人數分別是（表 6-2-1）：

表 6-2-1

社名	人口	受洗人數	就學學童
新港社	1,047 人	1,047 人	45 人
蔴豆社	3,000 人	215 人	140 人
蕭壠社	2,600 人	282 人	130 人
目加溜灣社	1,000 人	260 人	87 人
大目降	1,000 人	209 人	38 人

資料來源：Campbell, William, Rev. *Formosa Under the Dutch: Described from Contemporary Records, with Explanatory Notes and a Bibliography of the Island* (London: Kegan Paul, Trench, Trubner & Co., 1903), p. 179, 183.

從上表可以看出每個社接受基督教的程度不一樣，離荷蘭統治中心大員（即今安平）最近的新港社（今新市）全部都改信基督教，可是稍遠的大目降就只有五分之一的人改信。下圖所繪的是1643年Robert Junius牧師在蕭壠（今佳里）的講道及施洗圖，這是最早的一幅臺灣的教會寫實圖，那時的基督徒去教堂雖然盛裝打扮，但絕大部分人都打赤腳，而且男女分開坐，男人坐前面靠近講臺的地方，女人坐後面。男人坐在前面女人坐在後面應該是和基督教創造神、基督、男人、女人的次序有關。

圖6-2-4　1643年Junius牧師講道及施洗圖©Adriaen Souter（1628-1670），https://www.christies.com/lot/lot-6183910，公有領域（Wikimedia Commons）

　　1865年，英國蘇格蘭長老教會派馬雅各（James Laidlaw Maxwell）醫師來臺傳教福音。6月18日馬雅各醫生在臺南看西街租屋開佈道所及醫館，一邊治病、一邊傳道，因此基督教訂此日為臺灣設教紀念日。一般講述臺灣基督教傳教史的著作都把馬雅各當成最早來臺傳教的基督教牧師。嚴格說來這種說法並不正確，因為早在荷蘭統治臺灣時期，就有許多基督教牧師在臺南的西拉雅部落傳教，譬如新市、麻豆、蕭壠等地，只是因為他們傳教的對象是當時的西拉雅人而不是漢人，而且他們的傳教工作隨著荷蘭人的離開之後就中斷了，因此現在的基督教在臺灣的傳教史把英國的長老教會來臺傳教當作起點，嚴格說來並不正確，那是基督教的第二次傳入臺南。

　　馬雅各在臺南的傳教為民眾迫害，不得已只好遷往高雄。1868年底馬雅各重返臺南，在舊樓（看西街亭仔腳）建立醫館。馬雅各當時的傳教

對象也是臺南山區的西拉雅平埔族，而非漢人。因為漢人已經有根深柢固的民間宗教，而基督教不准信徒拜偶像也就罷了，還不准信徒拜祖先，這樣的教義讓漢人很難接受，然而西拉雅人因為醫療、貧窮等其他因素的考量，因此比漢人更容易接受基督教。基督教在 1860 年代末期開始在高雄木柵、柑仔林、臺南左鎮、崗仔林等地建立教堂，現在基督教在臺南地區有 200 多個教會，僅在左鎮一地就有拔馬、崗仔林、澄山、光和四個教會，其中拔馬最早設立教堂、崗林次之。

早期基督教傳教士深入臺南山區，因此許多西拉雅村落都有基督教，也因此大部分的西拉雅人放棄他們的祀壺習俗，改信基督教。就文化保存而言，這點當然十分可惜，然而相對的，基督教在臺南的傳教，尤其是早期對西拉雅人的「教化」，有非常傑出的貢獻。譬如基督教的教育工作，在荷蘭時期開設教會學校，在清末時期各教會廣設識字班，教導信徒認識漢字與羅馬字。識字這件事現在並沒什麼了不起，然而在一百年前，臺灣大部分的漢人都不識字，更不用說原住民了。在這樣的背景下，基督教在各地教會廣設識字班，使許多西拉雅人有受教育的機會。

之後，基督教會在 1885 年臺南創設長老教中學（長榮中學前身）、1887 年成立臺南新樓女學校（長榮女中前身），這是臺灣最早的中學，而且是西式教育的中學，廣招來自各地的基督徒男女學生，培養出新一代的社會中堅。在日本統治後期、臺灣光復之初，臺南的許多漢人還不識字，而西拉雅平埔人因為在教會、在長榮唸過書，因此他們得以在各地公家機關或私人企業裡就業。我們只舉一個實際例子就知道，臺南左鎮岡仔林是個偏遠山區的貧困村落，岡仔林李家在大約一百五十年前就改信基督教，家族裡有許多子弟唸過長榮中學，後來有許多人當了傳教士，更有人成為醫師、教授、飛行員、公職人員等等，可以說基督教徹底改變了這個家族的命運。當左鎮大部分的漢人還不識字、還在種田時，李家的子弟已經成為白領階級。基督教會對臺灣教育水準提升的貢獻是值得大家尊敬的。

然而，無論是荷蘭時期或清末這兩次基督教的傳入，改信基督教就意味著要放棄原來的宗教信仰，也就是放棄祀壺及祭祀祖先。

四、天主教

　　天主教在臺南的發展比基督教晚得多。1626年西班牙人登陸臺灣北部時曾設立諸聖教堂，1642年荷蘭人發動雞籠之戰，西班牙被迫離開臺灣，天主教在臺灣因而中斷。1858年菲律賓聖道明會玫瑰省派遣西班牙籍道明會傳教士郭德剛神父（Rev. Fernando Sainz, O.P.）及洪保律（Angel Bofurull）等人經廈門抵達打狗港（今高雄港）到臺灣傳教，同年12月在靠近今日高雄愛河河口的地方購地興建簡易傳教所（即今玫瑰聖母聖殿主教座堂），成為天主教會在臺灣的第一個據點。因為鳳山縣知事之阻撓，郭神父在1861年前往屏東萬金（屏東縣萬巒鄉萬金村）傳教，得到相當大的進展，建立萬金聖母聖殿（俗稱萬金天主堂）。[11]

　　因為府城為臺灣之首邑，郭神父一直計劃到府城傳教，1866年郭神父派人到府城傳教，租民房一間，收容棄嬰，但是購屋、傳教都極不順利，一直到1920年代才稍有進展。最先有林水龍先生領洗，成為臺灣之最初傳教傳道員。現在天主教臺南教區共管轄47個堂區，共有約30位神父及60位修女服務，教友近萬人。

　　跟基督教相比，天主教不只是發展較晚，信徒數量也比不上基督教。這主要有兩個原因，一是傳教對象的問題。基督教起初無法在漢人地區傳教時，在山區的西拉雅部落卻很受到歡迎，因此基督教可說先馳得點，先占盡地利，等到天主教一來，多半的平埔村落已經皈依基督教了。其次，基督教的傳教士比天主教多得多。天主教在漢人社會裡很難開展，人力又遠不如基督教，因此天主教在臺南的發展比基督教慢得多，也困難得多。

　　雖說同樣是西方基督宗教，然而天主教有其貼近本土宗教的特點。天主教不反對信徒拿香祭拜祖先，而且有些教堂還融入民間宗教的元素。譬如中西區開山路中華聖母主教座堂，宮殿式的建築，紅色的柱子，題對

---

11 萬金天主堂始建於1861年，現有教堂則在1870年啟用，是臺灣現存最古老的教堂建築。

聯，稱聖母瑪利亞為天上聖母，建築及裝潢都充滿濃濃的中國風，跟臺灣民間宗教的繪畫風格兼容並蓄。鹽水天主聖神堂的「最後的晚餐」圖，耶穌跟他的門徒都畫成華人面孔而非原先達‧芬奇所畫的西洋人物，每個人都穿傳統漢服，使用筷子吃包子饅頭，用爵飲酒，看來十分親切，在在都可以看出天主教為融入民間的努力。

總結來說，基督教與天主教是一種建立在「信仰」（belief）上的宗教，是一種意識形態。信徒需要信仰、相信，需要專業的神職人員來傳教、組織領導信徒；相對的，漢人民間宗教並不是建立在「信仰」之上，漢人民間宗教是一種生活態度，沒有人傳教，也沒有人勸導你該不該信，這是一種建立在「靈驗」為基礎的宗教。

圖 6-2-5　中華聖母主教座堂 © 葉春榮提供

五、佛教

佛教在明鄭時期就已從大陸傳入臺南。連橫《臺灣通史》記載：「東寧初建，制度漸完，延平郡王經以承天之內，尚無叢林，乃建彌陀寺於東安坊，延僧主之。」[12] 由此可知彌陀寺為臺灣最早之佛寺。此外，在寧南坊有觀音堂、準提堂，在鎮北坊有觀音亭、萬福庵，在六甲有龍湖巖等佛教寺廟。清代在臺南最初建設之佛寺，有法華寺、海會寺（即今開元寺）

---

12 連橫《臺灣通史》，臺灣文獻叢刊第 128 種（臺北：臺灣銀行經濟研究室，1962），頁 576。

等，府城地方有「七寺八廟」的說法，七寺為開元寺、法華寺、竹溪寺、彌陀寺、龍山寺、重慶寺、黃檗寺，可見佛教在當時的興盛。

佛教是大家熟知的宗教，不用筆者多介紹。除了正統的佛教寺廟、叢林之外，還有些不剃髮、不出家、不一定吃素的佛教團體，譬如佛教誦經團、釋教、齋堂、藏傳佛教等。藏傳佛教有貢噶寺、噶瑪噶居寺等。誦經團有職業團也有業餘誦經團，職業誦經團在臺南，尤其是府城的中元普度時經常可以見到。釋教由不出家的佛教徒組成，專門處理喪事，因為臺南的道士也是處理喪事的專家，因此釋教只流傳於北部，臺南沒有釋教。此處要說的是大家較不留意的齋堂。齋堂是佛教的一支，是沒出家的佛教徒修行的地方，臺語稱為「菜堂」。有些婦女以齋堂為家，臺語稱她們為「菜姑」，她們長年吃素，留頭髮。

府城有德化堂、報恩堂、擇賢堂，及西華堂、佳里善行寺等齋堂。臺灣的齋教有龍華、金幢、先天等三派，其中德化堂為龍華派、西華堂金幢派、報恩堂及擇賢堂屬先天派。這三派中先天派最晚傳入，但戒律最嚴。擇賢堂是光緒5年（1879）由報恩堂分來，而且許多信徒是來自高雄、屏東的客家人，因此擇賢堂可說是府城唯一一家帶有客家色彩的齋堂。

圖 6-2-6　德化堂 © 葉春榮提供

齋堂除了是沒出家的佛教徒修行的地方，以前有些齋堂還有個重要功能，就是讓人家停棺出殯，類似殯儀館。以前政府還沒設立殯儀館的時代，一般人多半住在三合院裡，因此也就在家裡辦喪事；但是有些窮人或家裡不方便的人，沒有地方辦喪事，有些有足夠空間的齋堂，譬如佳里善

行寺，提供地方讓人停棺辦喪事。佛教這種慈悲心比其他宗教更見愛心。

六、道教

　　什麼是道教，這是學術上一個嚴肅的議題。一般人或許會把祭拜祖先、神明稱為道教或佛教，可見這是個不清楚的定義問題。為了便於討論，我們暫且把道士作為道教的代表，實際上這也是個無可奈何的辦法，因為大部分的道士都來自民間宗教的家庭，只因為他的工作是道士而已。

　　臺南的道士以曾文溪為界可分為溪南、溪北兩大派。溪南的範圍從曾文溪以南一直延伸到高雄的永安、路竹以北。溪南、溪北兩派所使用的科儀本大致相同，只是唱唸的方式有些差別而已。然而因為府城為文化古都，又有地利之便，因此臺南山區甚至遠到嘉義、高雄等地，都有道士前來府城拜師學習。

　　府城的道士傳統上有陳、曾、黃、吳、施、嚴等家，乾隆年間陳家從漳州龍溪來臺，曾家自泉州晉江來臺，[13] 其中陳家流傳的歷史較久，徒弟眾多，我們可以說府城流傳的是漳州為主的道法。

　　臺南道教（不分溪南、溪北）最明顯的特色是既從事紅事也從事喪事。這點要是跟臺灣北部的道士對照來看就更為清楚。臺灣北部（大約新竹以北）的道士只做紅事（也就是只做廟方及活人的工作，不做喪事），因此他們自稱為正一派，稱南臺灣紅、黑都作的道士為靈寶派。其實南臺灣的道士也是正一派，「靈寶」一詞只是北部道士對南部紅、黑兼做的道士之稱呼而已。臺灣南、北道士工作內容不同乃是源自於大陸故鄉的傳統，中國各地每個地方的儀式專家都因不同的緣由而造成不同的分工，因此移民到臺灣的道士就依照其故鄉的方式工作，並沒有什麼可議的。臺灣

---

13 丁煌〈臺南世業道士陳、曾二家初探：以其家世、傳衍及文物散佚為主題略論稿〉，收入成大歷史系編，《臺灣史研究暨史蹟維護研討會論文集》（臺南：臺南市政府，1990），頁97。

南、北道士之分工如表 6-2-2：

表 6-2-2　臺灣南、北道士分工

	紅事	黑事	法事
北部（約新竹以北）	是	否	較多
南部（臺南以南）	是	是	較少

資料來源：作者製表。

這裡說南臺灣的道士從事紅事、黑事，不做法事，其實並不是完全不做法事，而是說臺南的儀式專家，除了道士之外，另外還有法師，因此一般的法事以法師為多，道士較少。

表 6-2-3　道士與法師

	道士	法師
人員	道士、後場各數人	通常法師一人、後場鑼鼓一人
場地	三清壇為主	不特別布置，在民間神明面前
經懺	有	無
文檢	豐富	無
法器	笏、帝鐘、劍、五雷令、天蓬尺等	法索、牛角、劍、天皇尺等
裝扮	絳衣／道袍／海青、網巾、冠	日常衣服，紅頭巾／法眉、龍虎裙或白裙

資料來源：作者製表。

南臺灣的「靈寶」派還有個特點，就是臺南、高屏三地的道士都爬檳榔樹架成的 36 階刀梯奏職，這樣的傳統不見於臺灣其他地方。[14] 南、高、屏三地的道士要經過刀梯奏職並且到天師府奏職才能晉升為道長，但是臺灣北部的道長往往以主持大型重要科儀的能力來認定，譬如可以主持早、午、晚朝各種朝科、大普等科儀，主要是師父的認可，也不講求天師府奏職。南臺灣的道士理論上也要有主持大型科儀的能力，然而實際上也

---

14 臺灣其他地方也有爬刀梯的儀式，但那跟南臺灣的道士奏職無關，而且南臺灣的道士奏職都用 36 層的檳榔梯，其他地方都用鐵梯，不一定是 36 層。

難免有越次躐等之人，學藝不精就想要有道長的頭銜。就細節而言，臺南與高屏兩地也有相當差異，表面上可見的最明顯的差別是高屏的道士往往兼學法師的法事，道士綁紅頭巾吹牛角在高屏較為常見，臺南的道士則比較少學法師的法事。

其次是科儀唱唸的方式相當不同。高屏的唱唸速度比較快，乍聽之下如萬馬奔騰，頗為熱鬧；臺南的道士音樂則顯得溫文儒雅。舉例來說，臺南的道士諷誦五斗經之前，都先唱雁過沙，每本經結束時唱小開天，那音樂非常柔和優美，跟高屏那種急如星火的鏗鏘氣勢完全不同。再譬如臺南的道士在諷誦玉皇經之後要演出「補謝」，向玉皇悔過，說如有錯謬缺漏之處，請玉皇原諒。補謝全場的氣氛非常婉約柔和，似是向玉皇出自內心的懺悔，委婉傾訴，請玉皇諒解。音樂性質的差異是臺南與高屏非常明顯的差異。

其他如高屏道士奏職文檢要有12道公牒，臺南沒有；高屏道士奏職前要閉關數天，臺南較為寬鬆等等，算是大同中的小異。

圖6-2-7 補謝（道士在玉皇大帝面前高高跳起然後跪下）© 葉春榮提供

七、民間宗教

民間宗教是中國歷史最悠久的宗教，在家裡拜神明、祖先，到廟裡拜神明就是民間宗教，這是臺灣最大的宗教。此處要講的是傳統的民間宗

教，對於從民間宗教發展出來的許多派別，如靈山派、一貫道，因為牽涉到不同的見解，為免爭議，此處就不介紹。

從荷蘭時期開始就有漢人住在臺南，荷蘭的文獻自然不會記錄當時漢人是否有廟宇。然而我們知道明鄭時期就有小南天、開山宮、興濟宮、北極殿、東嶽殿、五妃廟、普濟寺（普濟殿）等宮廟。臺南為文化古都，保有許多特殊的宗教傳統與習俗，譬如過年關廟門、農曆七月不超度、刈香、燒王船、蜈蚣陣、請天師、不見天等等，這些民俗已廣為人所熟知，我們就不重複，只稍微提一下燒王船。

根據筆者的統計，臺灣本島燒王船（及僅供遶境而不燒的王船）的宮廟共81家宮廟，[15]臺灣本島除了不靠海的南投，所有靠海的縣市除了臺中之外，都有宮廟燒王船，其中以臺南為最多，共有44家宮廟燒王船，占全省的一半以上。

此外，臺南的宮廟雖然外表上與臺灣各地沒什麼差別，但是在裝飾上則頗見講究，譬如門口大多有黑旗，廟門上有天燈，廟內神明桌上有五供[16]、菱角燈、主神前上方有琉璃光燈，這些細節在臺灣其他地方並不講究。

平常大家可能會聽到「三教合一」一詞，表示民間宗教是儒、釋、道三教合一。儒家講求祭拜祖先，但在其他方面並不像一個宗教。佛教是一個獨立的宗教，許多佛、菩薩被民間宗教尊奉為神，成為民間宗教的一部分。佛教的許多教義，譬如六道輪迴、業、西方極樂世界等等觀念也被民間宗教所採用，然而佛教仍然有其主體性，獨立存在而且蓬勃發展。

民間宗教的儀式專家有乩童與法師兩種。乩童類似於薩滿（shaman），這是全臺都有的普遍現象，因此不必在此多說；法師則北部較少，[17]中南部較多。法師是個多義詞，此處專指閭山派、三奶派這類的

---

15 臺灣燒王船都由宮廟主辦，唯一例外是高雄茄萣崎漏楊家，純粹是私人家裡燒王船。

16 五貢，臺語稱為花矸五婿。

17 北部較少職業法師，法事通常由道士做。道士做法師工作時，通常在網巾上繫

法師，一般又稱為紅頭、紅頭法、法官、三壇等。法師分為業餘法師與職業法師兩種，職業法師以法師為業，他們所學的法事比較多，譬如打城、栽花換斗、梗元辰、進錢補運（天地進）、落獄探宮（落地府）、掩身脫卦、收內外煞等等，在臺南市區的東嶽殿、天壇、開基玉皇宮、幾乎每天都可以看到職業法師在那裡辦法事，其中以東嶽殿的打城較為特別，不但深具臺南特色，而且引起學者廣泛的討論，[18] 值得稍加講述。

打城是「打破枉死城」的簡稱，意思是死於意外、未能壽終正寢的人得先到枉死城度過餘生，等到他（或她）陽壽該終時才能進入輪迴，重新投胎。因此有許多早夭、死於意外者的家屬到東嶽殿或西港慶安宮尋求法師、乩童打城，希望經由打破枉死城把亡者救出來，能夠早日投胎。全臺各地都有專營打城的神壇，一個人若是遇到不順遂的事情，到這類的神壇去問，這類神壇的解答都是家裡有早夭、沒有人祭拜的祖先作祟，要去臺南東嶽殿打城才能解決。這類的神壇都跟臺南的一些職業法師有固定長期配合的關係。

乩童藉由神明的「診斷」[19]，法師則負責一

圖 6-2-8　臺南的職業法師吳龍清 © 葉春榮提供

一條紅布帶，表示當時的身分為法師。

[18] 呂理政〈臺南東嶽殿的打城法事〉，收入呂理政，《傳統信仰與現代社會：臺灣民間信仰研究論文集》（頁 147-206、223-274）（臺北：稻鄉，1992）。陳信聰《幽冥得度——儀式的戲劇觀點：臺南市東嶽殿打城法事分析》（臺北：唐山，2001）。Nickerson, Peter. Attacking the Fortress: Prolegomenon to the Study of Ritual Efficacy in Vernacular Daoism. In Poul Andersen and Florian C. Reiter (eds), *Scriptures, Schools and Forms of Practice in Daoism: A Berlin Symposium* (Pp. 117-183) (Wiesbaden: Harrassowitz Verlag, 2005).

[19] 說當事人家裡早夭、沒人拜的祖先作祟。

天的打城法事。打城的過程可分為超過十節的法事：請神、召魂、拜懺、路關（去程逆時鐘方向）、卜赦旨、打城、路關（回程順時鐘方向）、吃藥、拜飯、過橋、送亡、牽亡。這些法事因不同的法師做法稍有不同，譬如有的法師認為召魂（請亡者到場）、拜懺很重要，有的法師卻認為可以省略。至於最後的牽亡也是可有可無，因為乩童不一定到場。[20] 依筆者的理解，「卜赦旨」才是打城最核心的重點，其他節次並非必要。一個人通常是走頭無路才去問神，神明若有能力、要幫一個人，根本不必打城。

　　至於業餘法師，以臺南山區的宮廟為多，他們只在鄉下的村廟幫忙，替村廟做放兵、賞兵、過火、造橋過限、觀乩童、收魂、祭解之類的工作，這類的業餘法師平時有自己的工作，因此替地方宮廟服務完全是義務性質，不向信眾收費，譬如以前左鎮菜寮復興宮的胡明法法師就是如此。但是村廟的乩童、法師逐漸減少，現在的村廟也面臨無以為繼的困境。南化的八卦神農殿是迄今還維持業餘特色的宮廟之一，值得稍加介紹。

　　八卦神農殿的乩童和法師相互配合處理宮廟的各種法事，譬如放兵、賞兵、造橋過限、過火等等。信徒問事時，主神神農大帝及池府千歲、中壇元帥都可能降駕。假如遇到需要馬上處理的狀況，法師跟乩童會當場處理，否則看狀況再另外安排時間。譬如2024年初，廟裡80多歲的老法師臥病在家，池府千歲的乩童在一次降駕時，直接走到老法師家，跟他說他身體精神狀態不好，要安排某天晚上到地府贖元神，也就是落地府。

　　法事在八卦神農殿的正殿進行，正殿中央放了一個鋁質長方盤，盤裡用米排成一個人形，人形胸部的位置放著一碗油，油上有三條長油芯，每條油芯由四縷細油芯組成，表示十二元神之意。鋁盤內左右兩邊各放了一桿秤及一個秤鎚。

　　法事開始時，當事人坐在一旁的椅子上，法師將兩個銅錢及神明的印

20　專門介紹打城的神壇遍及全臺各地，乩童跟當事人談好費用、時間後，會安排當事人及法師到臺南打城，但乩童不一定會到場。假如是乩童帶當事人前來，在打城法事結束後就開始牽亡，讓亡者附身講話，亡者都說法事圓滿，現在過得很舒服等等，以取信當事人。假如乩童未到場，當然就沒有牽亡。

章用紅布包起，綁在乩童的左手手腕，乩童左手還拿著一枝桃枝，桃枝上繫著兩張符。法師另外先用當事人的衣服包著一小包米，連同一個圓鏡拿在手上，法師請神之後，開始唸合壇官將咒、毫光咒，然後開始和乩童前往地府。法師走在前面，一路走一路唸路關，從草埔路上，後來在水府乩童表示已找到當事人之元神，再走路關順時鐘方向回來。

走路關回來後，由家屬端起鋁質元神盤，法師高喊「某某某元辰回來喔」12次，每喊一次家屬就回答說「回來喔」，之後家屬把元神盤放入神桌下，由神明看顧。乩童開3張符，燒入一杯中甌茶中，[21] 讓患者象徵性地喝下，法師將元辰米放到當事人懷裡。

傳統上，法師並沒有「正式」的服裝。以前臺南各地鄉下的法官做法事時多半穿尋常服裝，打赤腳，有時在頭上綁紅頭巾或戴法眉，或在腰上繫白裙或龍虎裙。近年來，法師受到道士的影響，服裝越來越講究，甚至穿著道士的道袍、絳衣等。臺南地區的職業法師大約有四、五十人以上，他們經常在東嶽殿、開基玉皇宮，或西港慶安宮等地打城或做其他法事。近年來有人稱法師屬於法教、閭山教、巫教、閭山法教等，甚至也有人把三奶、普庵、法主公、徐甲等派別稱為教，筆者不同意這樣的名詞，因為稱為閭山教、巫教都意味著那是個獨立的宗教，既不是道教也不是民間宗教。然而筆者認為閭山、三奶、徐甲等等都是民間宗教的法師傳統裡不同

圖6-2-9 落地府（左起陳基得執行長、池府乩童、法師陳益章）（南化八卦神農殿）©葉春榮攝於2024年4月6日

---

21 中甌茶，神明座位正前方的三杯茶。

的派別而已，不屬於道教，也不是獨立於民間宗教之外的「法教」。最明顯的證據是法師的宇宙觀，他們所奉祀的神明都是民間宗教的神明，而且他們對死後世界的安排跟民間宗教並無不同，最少在臺灣如此。

八、結語

臺南是臺灣歷史上開發最早的地方，除了西拉雅平埔族的祀壺，其他宗教多半來自福建原鄉，尤其是漳泉兩地。因為臺南學也有其他課程介紹臺南宗教的不同面向，為避免重複，此處講述其他課程較少觸及的部分。

此處筆者擬用三個指標來分辨臺南的幾種宗教（表 6-2-4）：

表 6-2-4　臺南各宗教差異

	西拉雅祀壺	佛教	基督教／天主教	道教*	民間宗教
書本式宗教	✕	○	○	○	✕
信仰式宗教	✕	○	○	○／✕	✕
人性化宗教	○	✕	✕	✕	○

說明：道教分為中國北方的全真派與南方的正一派，全真派要求出家、素食，正一派則不要求。此處以全真派來評斷，但臺灣的道教屬正一派。
資料來源：作者製表。

所謂書本式宗教指的是經典。信仰式宗教指依靠信仰、信念、相信的宗教，也就是一種意識形態的宗教；相對的，西拉雅祀壺及漢人民間宗教則與信仰、意識形態無關，宗教就是生活的一部分，一個人隨時可以拜或不拜，沒有人會勸你拜或不拜。「人性化」一詞容易造成誤解，這裡指的是基督教、天主教、佛教、道教要求信徒捐獻、出家、不能結婚、吃素等等違反人性的要求。雖然說只有西拉雅祀壺及民間宗教對信徒沒有這些要求，但越是違反人性的要求卻使得佛教、基督教、天主教發展成為世界性的大宗教。

筆者贊同美國人類學家 Clifford Geertz 的看法[22]，把宗教看成是一套象徵的意義系統，也就是說宗教提供一套意義的系統，使得信徒得以理解人生的意義，因而使人選擇了不同的宗教，甚至是嚴格要求吃素、出家、常伴青燈古佛的宗教。在這樣的理解下我們並不介入信仰的爭議，也因為篇幅關係本文以講述傳統宗教為主，不觸及新興教派，而且介紹傳統宗教旨在讓大家了解傳統在地文化，不在宣揚任何宗教。

---

[22] Geertz, Clifford. Religion As a Cultural System. In *The Interpretation of Cultures, Chpt. 4* (New York: Basic Books, 1973), pp. 87-125.

引用文獻

丁煌（1990）〈臺南世業道士陳、曾二家初探：以其家世、傳衍及文物散佚為主題略論稿〉，收入成大歷史系編，《臺灣史研究暨史蹟維護研討會論文集》（頁 97-142），臺南：臺南市政府。

李福清（1991）《蘇聯所藏關於臺灣的資料及臺灣研究的概況》，淡水：淡江大學。

呂理政（1992）〈臺南東嶽殿的打城法事〉，收入呂理政《傳統信仰與現代社會：臺灣民間信仰研究論文集》（頁 147-206，223-274），臺北：稻鄉。

周鍾瑄主修（1962〔1717〕）《諸羅縣志》，臺灣文獻叢刊第 141 種，臺北：臺灣銀行經濟研究室。

連橫（1962）《臺灣通史》，臺灣文獻叢刊第 128 種，臺北：臺灣銀行經濟研究室。

陳信聰（2001）《幽冥得度——儀式的戲劇觀點：臺南市東嶽殿打城法事分析》，臺北：唐山。

黃叔璥（1957〔1724〕）〈番俗六考〉，收入《臺海使槎錄》卷五至卷七，臺灣文獻叢刊第 4 種，臺北：臺灣銀行經濟研究室。

Campbell, William, Rev. (1903). *Formosa Under the Dutch: Described from Contemporary Records, with Explanatory Notes and a Bibliography of the Island.* London: Kegan Paul, Trench, Trübner & Co.

Geertz, Clifford (1973). Religion as a Cultural System. *The Interpretation of Cultures* (Pp. 87-125, Chpt. 4.). New York: Basic Books.

Ibis, Paul (1877). Auf Formosa: Ethnographische Wanderungen [On Formosa: Ethnographic Travels]. *Globus* 31: 149-52, 161-71, 181-87, 196-200, 214-19, 230-35.

Montanus, Arnoldus (1671). *Atlas Chinensis:Being a second part of A relation of remarkable passages in two embassies from the East-India Company of the United Provinces to the vice-roy Singlamong and General Taising Lipovi and to Konchi, Emperor of China and East-Tartary: with a relation of the Netherlanders assisting the Tarter against Coxinga and the Chinese fleet, who till then were masters of the sea : and a more exact geographical description than formerly both of the whole empire of China in general and in particular of every of the fifteen provinces / collected out of their several writings and journals by*

Arnoldus Montanus ; English'd and adorn'd with above a hundred several sculptures by John Ogilby. London: Printed by Tho. Johnson for the author.

Nickerson, Peter (2005). Attacking the Fortress: Prolegomenon to the Study of Ritual Efficacy in Vernacular Daoism. In Poul Andersen & Florian C. Reiter (eds.), *Scriptures, Schools and Forms of Practice in Daoism: A Berlin Symposium* (Pp. 117-183). Wiesbaden: Harrassowitz Verlag.

Schmalkalden, Caspar (1983). Reise von Batavia Nach Tayonan auf die Insel Formosa 1648. In *Die wundersamen Reisen des Caspar Schmalkalden nach West-und Ostindien, 1642-1652* (Pp. 140-149). Leipzig: Veb F. A. Brockhaus Verlag Leipzig.

Shepherd, John (1986). Sinicized Siraya Worship of A-li-tsu. *Bulletin of the Institute of Ethnology, Academia Sinica* 58: 1-81.

Tsuchida, Shigeru, Yamada Yukihiro, Moriguchi Tsunekazu (1991). *Linguistic Materials of The Formosan Sinicized Populations I: Siraya and Basai*. Tokyo: The University of Tokyo.

Wright, David (1986). Notes on Formosa (An appendix to Sinicized Siraya Worship of A-li-tsu, by John R. Shepherd). *Bulletin of The Institute of Ethnology, Academia Sinica*, 58: 56-76. (Originally published in Montanus 1671: 17-37). 葉春榮譯（2011），〈福爾摩沙筆記〉，收入於葉春榮譯，《初探福爾摩沙：荷蘭筆記》（頁134-172），臺南：臺南市政府。

臺南學與世界史

中央研究院院士　杜正勝

本篇講題始於 2023 年「臺南學大師講堂」，後刊於國立臺南大學《人文研究學報》，第 58 期（2024 年 10 月），頁 69-96；2024 年改寫

臺南在世界的定位

我最近看到，廣告都出來了，明年（2024）是臺南建城四百週年嘛！在座各位也許也有人已經參加了臺南市政府特別規劃的活動，那麼，我們該怎麼看待臺南建城四百年這件事呢？首先，明年臺南市舉辦臺南建城四百年相關活動的時候，一定會引起其他人的質疑，那就是：你所謂的四百年，是從誰的角度來看的四百年？他們可以舉原住民來說啊！從原住民的角度來看，什麼四百年？中國人也會跳出來罵你，什麼四百年嗎！對不對？這個問題我不需要替臺南市政府解答，這是臺南市政府要好好去思考的問題。當然，若從歷史時間上看，說臺南建城四百年，一定是從 1624 年開始算，當時荷蘭人正式進入台江內海，在大員嘛！那我們該怎麼看待這件事呢？各位同學也可以想想這個問題啊！譬如 2024 年會辦很多活動，你們參加這些活動的時候，是不是也要想想，為什麼要辦這些活動？這些活動有什麼意義？對不對？

我想，所謂臺南建城四百年的意義，最主要就是，因為臺南的建城，於是連帶著把臺灣帶入——或者說是拉進——到世界體系裡面去。本來臺灣是相對封閉的島嶼，當然它不是跟外界完全沒有半點關係，但要說跟外界有正式的關係或者明顯的往來，坦白講，在更早之前是談不上的，但就是因為四百年前荷蘭這個外來族群，他們把臺灣從一個組織比較簡單的社會，我也不好說算不算是一種原始社會，很快地就拉進近代世界體系；這個世界體系，可以說是從 1500 年以來，已經運作了幾百年了，是世界各

個族群一起共同參與的一種「世界化」的運動。最初這個運動的推動,當然靠的是船隻,後來有了飛機,現在則是靠電腦、智慧型手機等等,這些溝通、傳播工具的不斷進化,其實就是整個「世界性」運動的一環。而臺南的建城,可以說就是整個臺灣融入世界的一個起點。

大航海時代

我今天就是要來談談我們臺南「在地性」和「世界性」有關係的一些面向,有些是關於歷史事實的考察,也有些是比較具有延伸性質的探討跟嘗試,例如從文學作品、神話傳說這些素材,也能看到臺灣跟世界的關係,這些都是我們該進一步去研究的。我先講鄭成功。雖然鄭成功在臺南活動的時間不長,前後大概一年幾個月而已,好像是一年兩個月吧?1661年4月30日他在臺南開元寺附近登陸,第二年陰曆六月二十三日過世,所以差不多不到一年兩個月,但卻具有代表性的意義。一講到鄭成功,就要講到他父親鄭芝龍,鄭芝龍當然也有到臺灣來。再者當然要講到像荷蘭、葡萄牙、西班牙這些西歐國家,就是所謂「大航海時代」到臺灣來的外國勢力,這當然都跟臺南有關係。我先跟大家很快地回顧一下大航海時代,我剛剛其實已經講到過,大體上是以1500年來算,我就不必提那些你們以前讀書可能讀過的達伽馬(Vasco da Gama,1460-1524)過好望角(Cape of Good Hope)啦!到印度啦!或者是哥倫布(Cristóbal Colón,1451-1506)1492年進入美洲啦!這些很細節的事你們都不必記,知道一個粗略的概念即可,細節可以查。重點記住就好。西元1500年這個年頭,我做了一個年表,我們可以從臺南的角度來看整個大航海時代的年表。這裡一定要讓大家看到,中國那邊是怎麼樣?也一定不要忘記日本那邊是怎麼樣?還有游移在這兩個國家、這兩個社會中間的,比較是邊緣性的那種人物,也就是我們一般所說的「海盜」。大家對海盜要有一種新的觀念,我們要知道海盜在這整個歷史關聯裡面的位置;再來就是在大航海時代來到臺灣的那些國家,像葡萄牙、西班牙、荷蘭等等,當然後來還有

英國這條線,雖然他來的時間比較晚,但是跟臺南這裡也是有一點關係,只是相對於西班牙、荷蘭那些國家來說,跟臺灣或臺南的關係沒有那麼密切,所以英國那一條線,在圖 II-1 裡頭我沒有畫出來。

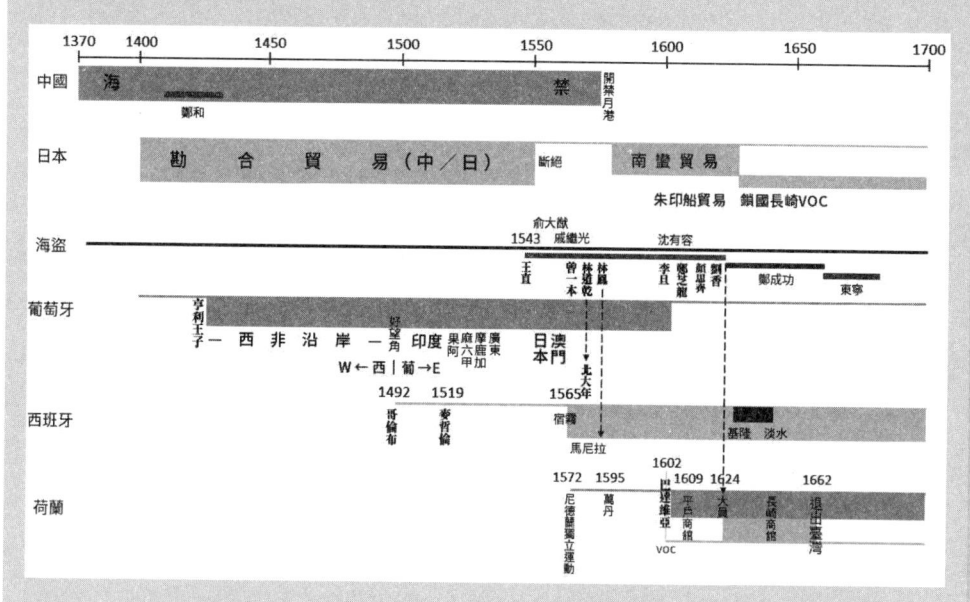

圖 II-1　大航海時代年表 © 作者手繪,編輯部後製

　　總之,我畫了一個從公元 1400 年到 1500、1600、1700 年的年表。這個年表我們當然可以把它填得更細,讓裡面所涵蓋的歷史事項更多、更豐富。為了讓大家能有一個基本的概念。譬如說,在中國的這條線上,就有「海禁」,像 1400 年以前朱元璋設的海禁,也就是 1368 年設的海禁,這是中國海禁的開始,在那裡只有中間那條線,我畫的是「鄭和」,那當然是一種國家政策主導下的、有強烈政治意圖的海洋運動,我們當然可以去查得更細,看到底是從哪一年到哪一年,鄭和進行了所謂七次下西洋的任務,但除此之外,其餘的時間,就是處在海禁的狀況底下。到了明朝中期時,開始開放一個港口,讓中國可以對南洋,尤其是對馬尼拉進行貿易,就是漳州海澄的月港。當時雖然有海禁,但沿海區域的居民必須生活啊!當然就會走私或變成海盜等等。但是啊!說那些人是海盜,那是從官

方的角度看，學術界一般稱之為「海商」，他們也搶人家的東西沒錯，必要的時候要搶，但大部分主要都是做生意、要貿易。

　　大家要知道，西洋人也是要跟中國做生意，但中國政府就不願意和西洋人做生意，中國政府允許的是「朝貢貿易」。所謂朝貢貿易就是說：你是來向我朝貢的，所以他規定，不同國家分別幾年能來一次，每來一次可以有多少條船，有多少人可以來，是有名額配置的。像琉球就是當時最頻繁去中國的，可以一年一次，日本則十年才可以一次。這個概念就是：你來，尊我為老大，來朝貢我，我除了回贈你東西以外，你也可以帶著你的人、帶著你的東西來做買賣。當時去中國的船隻，基本上是去做生意的。這理所當然嘛！本來就是為了要做生意啊！葡萄牙、西班牙、荷蘭、英國他們去中國，都是為了這個目的，但中國有海禁的規定，不讓人自由貿易，所以最後只得硬來，靠戰爭，靠鴉片戰爭把中國打敗，所以開始簽不平等條約，然後開放這個、開放那個。這在以前的教育裡面，都是教我們說，是中國遭受外侮，其實人家也不是為了打你，人家是想跟你做生意，就是這麼簡單的道理。跟日本也一樣啊！跟日本的叫「勘合貿易」，但後來中國連十年一次進行的這種貿易也禁止了。

圖 II-2　末吉家朱印船圖 © 國立臺灣博物館提供

　　再來，我這邊寫了一個「南蠻貿易」，「南蠻」這個術語在日本史的使用上，主要就是指從南方來的外國人，像荷蘭人、西班牙人，這一些都叫做「南蠻」。他們基本上是從南洋，經過臺灣到九州，和日本進行貿易，這就是所謂的「南蠻貿易」。這當中日本有「朱印船」體制，政府給日本

商人發放特許狀，就是「朱印狀」，你就可以到海外做生意，變成政府出面當你的靠山嘛！政府出面保護你，外國不敢隨便對你怎麼樣，這是日本建立朱印船體制的用意。但從1633年開始，日本也開始鎖國，所以就不再發朱印狀了。朱印狀是豐臣秀吉時代開始頒發的，然後德川家康繼續，但到了德川家康的兒子就禁止了。

我們再看葡萄牙，葡萄牙起步比較早，葡萄牙去中國，是要尋找港口進行補給，不然一條船怎麼可能長年累月一直都在海上飄盪，所以他們需要有港口可以停泊，讓他們進行物資補給，所以後來就去到了澳門。再來是西班牙，他們先往大西洋那邊，先去了美洲，然後越過太平洋到呂宋。荷蘭又更晚，差不多1595年到了爪哇島的萬丹，這個時期的荷蘭還在打獨立戰爭。荷蘭本來是尼德蘭城邦的其中一員，尼德蘭城邦原本是西班牙王室的殖民地。這個尼德蘭（Netherland），就是「低地國家」[1]，他們底下有好幾個城邦，荷蘭是其中一個。[2]

以上我先對圖II-1的大航海時代年表進行簡要的解說，大家要在腦袋裡有一個骨架，這樣我們底下在談細節的時候，大家才知道同一個時代，大概都發生了哪些事情。現在大家再看回鄭成功那條線，這是從鄭成功出生的1624年，到後來他1661年進入臺灣，再到他的兒子鄭經、他的孫子鄭可塽，最後1683年結束。那鄭成功底下那條呢！就是荷蘭，荷蘭在大員登陸，就是現在的安平。我們現在說，明年是臺南建城四百年，就是從鄭成功出生算起的四百年，同年也是荷蘭人進入臺灣算起的四百年。所以如果大家要記年代，就是要記1624年。以這個表來說，跟我們整個臺灣關係最直接、跟臺南關係也最直接的，就是1624年這一條線。

像接下來這張圖II-3，葡萄牙從西非的沿岸這樣過來。但畫是這樣畫，其實當年他們走海路，在航行的時候都是靠著陸地航行，而且也不是

---

[1] 注：「尼德蘭」這個詞，在荷蘭語裡面是「低地之國」的意思。
[2] 參見國立臺灣博物館，《艾爾摩莎：大航海時代的臺灣與西班牙》（臺北：國立臺灣博物館，2006），頁16。

一次就航行到目的地。要航行到好望角,那是好幾年才做到的事,是要一步一步來的,當時他們都是在探險,他們對非洲也不了解,對亞洲也不了解,他們都是一步一步探索過來的。大家看到圖上這些航線,看起來好像很容易,但他們不是在做飛機,都是一步一步冒險航行過來的。像這些圖,我就不再細講了,裡面有的是法文,有的是西班牙文,都不是英文!

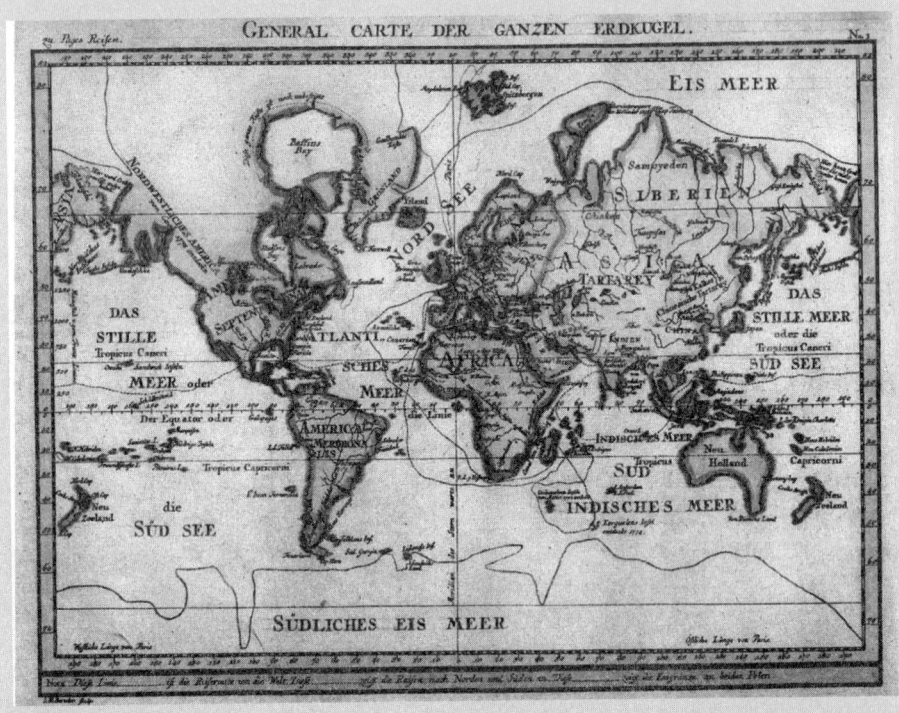

圖 II-3　歐洲東來航線,Deutsch: Karte der Welt (1800) © Wikimedia Commons

東亞海上風雲

那麼我們從大航海時代再回到臺南,大家有看到東北亞嗎?我們今天講東北亞,是指韓國、日本,但當時主要是指日本;說是指日本,也還不包括日本的幾個大島,主要就是指九州;但說是指九州,主要也是指兩個地方而已,一個是平戶,一個是長崎;平戶在先,長崎在後,這兩個是跟臺灣有直接關係的。再來往南就是東南亞,包括巴達維亞,包括呂宋的馬

尼拉,而臺灣在當時就是處在歐亞航線和太平洋航線的交會點,這是臺灣在整個大航海時代裡面,因為地理位置的關係所具有的重要性。[3]

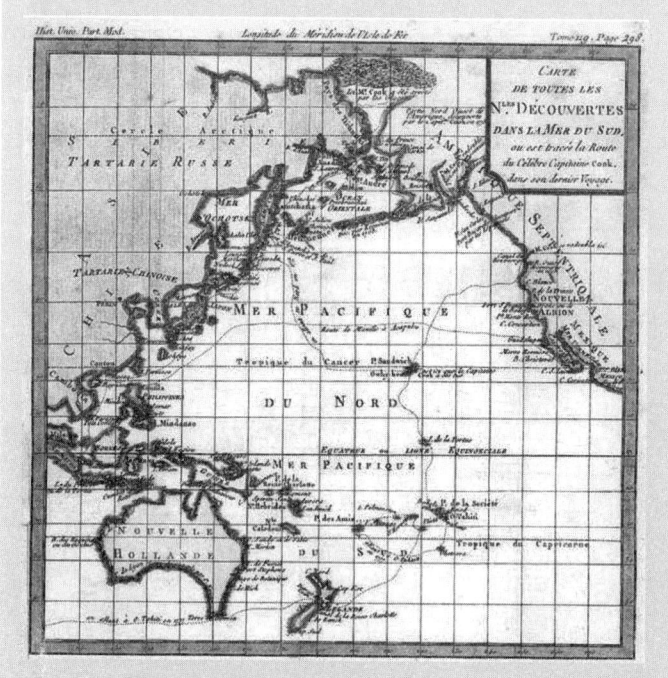

圖 II-4 橫渡太平洋,Itinéraire du Caitaine Cook © Wikimedia Commons

接下來我們把整個範圍再縮小一點,把目光放到東亞的海面上。我這裡所說的「東亞」,其實是指從東南亞到東北亞這一塊地方,西邊是中國,往南是越南,再來是印度支那半島,也就是中南半島;往北是朝鮮半島,再來東邊日本,然後琉球、臺灣、菲律賓,那整個南洋有婆羅洲、印尼、爪哇等等。當你有這個地理圖像的時候,你就知道這是一個島弧跟大陸、半島之間夾著一個地中海,這個地中海的南邊就是我們所講的南洋這一塊,再來臺灣海峽再往北邊一點,就是夾在中國大陸的東部沿岸到日本、琉球之間,這樣的一個海面,而臺灣就是剛好處在這一北、一南的地

---

3 東亞地中海地圖另可參見 The Times Atlas of the World, (Lodon: Times Books, 1993), p. 64.

理交會點、中心點,有個學者[4]把這個稱作是「東亞地中海」。

　　大家知道嘛!地中海在整個歐洲史裡面非常地重要,而剛剛上面講到的這個區域,就是「東亞地中海」;我們談東亞的海上風雲,就是在看「東亞地中海」上的各種活動。這一大片海面,長期以來都有一類人,一般稱之為海盜、海賊等等,有些文獻則稱之為「倭寇」。這一片海面長期以來都存在著這一類人,但事實上很多海洋區域都是有海盜的,而這一片海面之所以會有海盜,我剛剛有說了,就是因為中國不允許自由貿易嘛!但大家除了了解這個以外,也不能忽略一點,那就是這一切發展都不只跟海洋上的情況有關,也跟陸地有關,就是跟陸地上兩個重要的國家,中國和日本,這兩個國家最有關。這兩國政治上的變動會牽動到海洋上的活動和局勢。所以我這邊畫了一個圖(圖II-5),幫助我們從比較宏觀的角度來看待海賊這種存在,這裡是臺灣,然後那裡是日本、中國,還有西方來的勢力像西班牙、葡萄牙、荷蘭這些,還有海盜、走私商人,還有一些捕魚的人,這些都環繞著臺灣的四周圍,都跟臺灣有密切的關係。

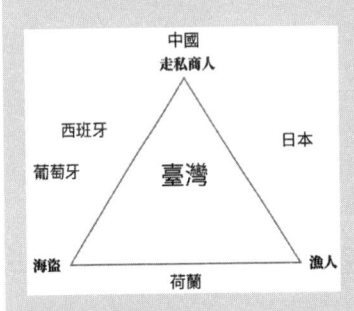

圖II-5　16、17世紀臺灣周邊 © 作者繪製,編輯部後製

海盜與倭寇

　　接下來我引用這一條資料,它說:「海者,閩人之田也。海濱民眾,生理無路,兼以饑饉薦臻,窮民往往入海為盜。」[5]這就是說,海是福建人

4　注:此學者指德國著名漢學家——蕭婷 Angela Schottenhammer。
5　注:語出傅元初〈請開海疏〉,引自顧炎武《天下郡國利病書》第26冊「福

的田，他們如果生計沒有著落、常常遭遇飢餓，那就只好入海為盜。那你想想，入海要怎麼為盜？他們入海後能有什麼東西？其實他們入海以後，就是要找東西來買賣，也就是去中國以外的地方拿東西回到中國賣，或者把中國的東西拿去別的地方賣，就是這樣交易賺錢的。這些人都是為了填飽肚子，所以聚集在一起。但當時官方的海禁從明太祖朱元璋開始就一直存在了，而且常常反覆申明：要海禁！要海禁！但當時的地方官都知道，人民都是迫不得已才到海上去走私交易的，但又不可能明著反抗中央政府，所以作法上就是對這些入海為盜的人民睜一隻眼閉一隻眼。一直就有這種型態的走私貿易，如果皇帝那邊把這種走私貿易縮得更緊、地方那邊也縮得更緊，那人民的生活就更加艱苦了！所以就更會鋌而走險，這就是一個惡性循環啦！大抵上這種惡性循環的情況，就是整個16世紀——也就是大概在西元1500-1600年之間發展的大勢，在1550年，江、浙這一帶受到比較大的騷擾，但是到了1560年，這些海盜的活動主要是在閩、粵一帶。你們從小時候讀到的那些中國民族英雄的故事，像俞大猷（1504-1580）、戚繼光（1528-1587），他們主要活動的時間都是在1550、1560這段時間，他們之所以在歷史上聞名，就是打了很多海盜、殺了很多海盜。

　　接下來談談這個人物，你們讀臺灣史都會讀到他，就是陳第，陳第他寫了一本《東番記》，可以說是歷史上第一部比較完整的臺灣民族誌。陳第為什麼到臺灣來呢？他是跟著沈有容來的；那沈有容為什麼來臺灣呢？沈有容就是來臺灣打海盜的，那些海盜在福建一帶破壞了海禁後，就跑到臺灣躲起來，也就是躲到臺南這邊，所以沈有容就追到臺南這邊來打海盜，所以他說：「萬曆壬寅（1602），臘月初旬，將軍沈有容率師渡海，破除東番。」[6] 沈有容不是來打臺灣原住民啦！他是跑到東番（東番是地名），就是臺灣，來打躲在臺灣這裡的海盜。這個沈有容啊！有一部《閩海贈言》，很多人寫詩恭維他，讚頌他的功績，其實他官職不是非常高，

建」，頁33。
6　註：語出陳第〈舟師客問〉。

但在那一段時間,他是一個非常有名的將軍,他後來也到過日本。

再來談談倭寇的問題,大家都以為倭寇指的就是日本人,其實並不是所有的倭寇都是日本人,鄭曉的《吾學編》就這樣記載:「自壬子倭奴入黃岩,迄今十年,閩浙、江南北、廣東,人皆從倭奴。大抵賊中皆華人,倭奴直十之一二。」所以倭寇只有百分之十、百分之二十是日本人,大部分的倭寇都是中國人!何喬遠〈嘉禾惠民碑〉甚至寫到:「比歲海上苦倭寇掠者,寧獨倭好亂?皆我中人誘掠彼人來。我中人所為掠彼人來者,皆坐苦無衣食,利其忘死而銳鬥,挾以為徒黨。」這些都是當時的人寫的。所以,很多時候根本是中國人去誘拐日本人,甚至是用綁架的,把他們綁過來加入海盜的行列裡面。所以說,大家不要誤以為都是日本人在做海盜。我們後來讀的那些帶有民族主義色彩的歷史,都是亂編的!

王直與林道乾

接著我們來談談王直。王直這個人,日本人把他看做是大明國的一個儒商。王直本來是讀書人,雖然他參與科舉不順利,但他是有些文學底子、有些文采的。1540年的時候,他在廣州學造船;因為造船,他就跟海外貿易有關係,從事一些走私的買賣,賣到日本,甚至賣到暹羅、賣到西洋。這裡說的西洋就是指馬來西亞以西,不是指今天所說的歐洲。後來他就投奔了許棟,許棟是在舟山群島那裡活動的海賊,他也是在那裡做生意,而且葡萄牙人最早就是在舟山群島那裡做生意的。為什麼洋人都要在那裡做生意呢?大家要記住一點,那就是:中國的市場是好的,尤其是一些在市場上具有高昂價值的商品,譬如絲綢、絲織品,這些東西都賣得很貴,很能賺錢;又譬如瓷器,也很能賺錢。中國生產這些高經濟價值的商品,所以西洋人就是希望帶這些東西回去賣,這樣他們才能賺錢啊!但因為中國鎖國嘛!他們不能進入中國,所以在中國沿海,像舟山群島那裡就聚集了許多願意鋌而走險的人,他們在那裡做走私貿易,把那些有高經濟價值的商品賣給葡萄牙人。王直和許棟就是在雙嶼港那裡從事走私貿易。

後來因為有一個巡撫派兵把許棟給剿了，王直就成了亡命之徒，跑到日本去！

王直到日本是受平戶的長官松浦隆信的邀請，以平戶為基地，因為王直是造船的，而且能建造很大艘的船，可以容納 2,000 人的船，那是非常先進的。後來王直他們也受到俞大猷的圍剿，所以他被胡宗憲拐騙回國，因為俞大猷把王直的家人都抓起來關了。其實王直也不是真的要在浙江、江蘇這些地方劫掠，他們都只是要做生意而已。因為王直他們的勢力很大，其他的海盜就都不敢在他們的活動海域裡輕舉妄動，所以王直還認為自己是在保衛大明國，是在為大明國服務，你們怎麼把我當成海盜？還抓了我的家人？這個胡宗憲，他是浙江的巡撫，就拐騙他說：我把你家人放了，你就來投誠吧！結果王直乖乖地去了，去了就被抓起來，被關到杭州的監獄裡面，後來就被斬首了！王直有留下一篇〈自辯書〉，他在裡面為自己辯白說：「覓利商海，賣貨浙福，與人同利，為國悍邊，絕無勾引黨賊、侵擾事情。」為什麼說是「與人同利」呢？因為他就是做生意嘛！那為什麼說「為國悍邊」？因為有他在，其他那些小海盜都不敢亂來，他們會聽王直的話，這不是「為國悍邊」嗎？所以他到死都不屈服。然後這裡面也涉及到官場裡面的黨派鬥爭，所以像王直這樣的人，很多都變成歷史大洪流中的犧牲品。

再來談另一著名的海盜林道乾。林道乾是潮州那一帶的人，在地方上很有人望，而且頭腦很好，但他們這種人也都不是什麼順民，有些時候也會做一些不法的事情。他曾經是揭陽縣令，逃到海上去的時候有一千多艘船，手下據說有萬餘人，他出沒在安南，也就是北越；還有占城，也就是越南的中部地區；還有舊港、三佛齊，就是蘇門答臘。據說他還在小琉球當了宰相，當時所謂「小琉球」是指臺灣，這就牽涉到林道乾有沒有到過臺灣的問題。總之，林道乾差不多是 1573 年進到南洋去的。他也是一個相當文雅的人，被稱作「盜俠之雄」，就是像武俠小說裡面的義賊、義盜一樣。我想，包含林道乾跟我上面談到的那些人，都可以從另外一個角

度，來讓大家了解，過去大家所說的海盜，到底是一種什麼樣的人物。[7]

港灣城市

接下來我來講一講港灣城市這個概念。以前臺南是一個港灣城市，大家都知道，即便是現在，國際上很多重要的都會，其實也都是港灣城市，或者至少離海港不太遠，而且有河流通過。在大航海時代，我們臺南這裡跟北部的基隆、淡水，都是港灣城市，後來中部的鹿港也一樣，它們都是港灣城市。這種港灣城市之所以能成為都會，就是因為它具有貿易功能，而且是一種對外的、國際性的貿易功能。大家也要知道，發揮對外貿易功能，盡量讓自己國際化，這其實也是當前的臺灣應該要努力發展的方向；甚至中國想攻打臺灣、想對臺灣施加限制，其實也就是想切斷臺灣的這條發展之路。

再說跟臺南最有關係的鄭成功。鄭成功是1624在平戶出生的，而且我剛剛談到的王直也是在平戶那裡發展，所以被中國人稱作大海盜、被日本人稱作是大明國的儒商。

平戶這個地方，從你們（臺下參與者）的那個方向來看，是在九州的最左邊，平戶當時那裡的領導人物就是松浦家，屬於當時肥前國的大名，像松浦隆信、松浦鎮信，就是松浦家前、後兩代的領袖，松浦隆信是第28代，松浦鎮信是第29代。松浦家有很多收藏品，像是渾天儀、地球儀，那個時代除了武器以外，較有價值的收藏品就是渾天儀、地球儀，這些都是從歐洲帶過來的。還有朱印船，這我剛剛講過了；甚至豐臣秀吉也想要招安高山國。所謂高山國，其實就是指臺灣；而臺灣其實也沒有所謂高山國，因為臺灣當時還沒有一個統一的政權。我們談17世紀初的歷史，這些都是必須要先了解的。所謂17世紀初，就是指1600年那個時候，那個時候的日本還沒鎖國。日本在鎖國以前，海外貿易非常盛行，葡

---

7 參見 Richard Overy (ed.), Hammond Atlas of World History, N. J. (1999), P. 174.

萄牙、西班牙人去日本除了貿易，傳教的成分也占很大，後來荷蘭人去日本，就單純只是貿易，不傳教。

另外一個跟平戶有關的人，我也稍微說一下，他是英國人，日本名叫三浦按針，什麼叫按針？按針就是領航員，大家要知道，船要入港的時候，需要領航員，領航員的薪水很高喔！比船長、輪機長都還高，總之，按針這兩個字的意思就是領航員。這個英國人的原名叫威廉・亞當斯（William Adams），他是從太平洋、從美洲那邊過來的，後來因為船難漂到九州，後來他去見了德川家康，德川家康非常開放，想了解西方的船堅炮利，想了解西方的貿易情況，德川家康也發行了朱印狀。三浦按針也去了當時日本最重要的港灣城市平戶。你看，王直去平戶，鄭芝龍去平戶，李旦也去平戶，李旦就是鄭芝龍的老大，這些人都是去平戶，荷蘭人在日本最早設的商館也是在平戶，英國也設商館在平戶，就是由三浦按針去負責的。因為德川家康很欣賞三浦按針，就賜了一個領地給他，就是三浦這個地方[8]，所以後來他的日本名就叫三浦按針。從這裡我們可以看到，17世紀初日本還沒有鎖國以前，那種整個想投入世界貿易的開放風氣，跟當時的中國完全不一樣的，當時的中國還抗拒和外國人做生意。

平戶之後，日本的對外貿易重鎮就變成長崎。因為在平戶開設的那些商館，後來日本政府都叫它們遷到長崎，像中國在長崎就有一個聚落，叫「唐人舖」，中國人把它用圍牆圍起來。外國人來到日本，居住的地方是有限制的，中國人就是住在唐人舖。長崎的「出島」（圖II-6）是荷蘭人在日本的居住聚落，就是建立在長崎外海的一個小島上，所以叫做「出島」。接下來這些，我很快帶過就好了，像是唐船（圖II-7），就是中國人的船；而這個是荷蘭人的船（圖II-8），我們可以看到，不同的國家建造的船，差異還是滿大的。日本一個畫家叫石崎融思，因為二十多年前我曾經在故宮博物院辦過一些活動，所以曾經去拜訪過日本的一些地方，也蒐集了一些書籍，其中就有一本這位日本畫家的畫作，裡面有一卷專門畫中

---

8 注：指當時的相模國三浦郡逸見村，今橫須賀市東北部。

國人的船,另一卷是畫荷蘭人的船,我在這邊分享幾張給大家看看,它們的年代大概是 1801 年。[9]

圖 II-6　江戶時代長崎港景圖與出島荷蘭商館 ©(左)國立故宮博物館典藏,編號:SB5K000074N000000000PAB(Opendata);(右)蘭頓博物館典藏,Plattegrond van Deshima(Wikimedia Commons)

圖 II-7　日本江戶時代唐船 © 國立故宮博物館典藏,編號:南購畫 000075N000000000(Opendata)

圖 II-8　長崎版畫〈荷蘭船〉© 國立臺灣歷史博物館提供

---

[9] 石崎融思 筆ほか,《唐館図蘭館図絵卷:長崎県立美術博物館蔵》(長崎縣:長崎文獻社,2005)(第二版改訂)。網址:https://www.e-bunken.com/view/item/004000000010。畫作可參見〈唐蘭館図卷〉,Cultural Heritage Online,網址:https://bunka.nii.ac.jp/heritages/detail/412185。

為什麼要給大家看這些呢?因為我們在這邊談這個階段的歷史,談當時的大員怎麼樣啦!安平怎麼樣啦!但我們都沒有具體的看過當時的船是什麼樣的船?那時候的港口是什麼樣的港口?而這個日本畫家畫了一些圖,西洋人也畫了一些圖,所以我們就利用這些圖來補足這個方面的欠缺,來增加大家的歷史想像。不然人家問:當時福建那邊的中國人來大員做生意,他們的船是怎麼航行的?他們的船長什麼樣子?我們都沒有相關的印象。所以我們來看看那個時代唐人的船是長什麼樣子?荷蘭人的船又長什麼樣子?大概就是像這些圖畫這樣。

圖 II-9　唐館房間與蘭館房間 ©(左)國立臺灣歷史博物館提供;(右)荷蘭船舶博物館出版品,Grote partij bij het opperhoofd van Dejima(Wikimedia Commons)

因為跟鄭成功有關係,所以我特別談了長崎、平戶的一些人事物。大家不要忘記,不只臺灣的大員、安平,在整個大航海時代底下,荷蘭人啊!西班牙人啊!跟其他國家一樣,都是在各個地方建造港灣城市,也建造城堡等等。我這邊分享幾張給大家看一下。像這個,是印度西北岸

的 Surat [10]（圖 II-10），大家來看看它這個城堡，為什麼要講城堡呢？因為我們等一下也會來講一下熱蘭遮城等等的地方；那像 Batavia，就是大家都知道的印尼的雅加達[11]，Batavia 也有華人區，中國人去到那裡做生意，都有一定的活動範圍；那像班達群島這個，它就是傳說中的香料群島。總之，這些港灣城市裡面，都有它們的城堡，像是墨西哥的 Acapulco（圖 II-11），它是墨西哥跟西班牙相互連絡的港口；再來是這個馬尼拉，馬尼拉也有華人區、唐人區（圖 II-12）[12]，在城牆裡面那些，有荷蘭人的區域，也有西班牙人的，馬尼拉就是有很多華人！

圖 II-10　蘇拉特港口（古吉拉特邦，Sūrat [Gujarāt]）景觀 © 典藏於阿姆斯特丹博物館，https://id.rijksmuseum.nl/20028073（Opendata）

圖 II-11　Acapulco 港 © 德州大學奧斯汀分校本森拉丁美洲收藏館典藏（Wikimedia Commons）

10　注：蘇拉特。
11　注：Batavia，華譯巴達維亞，是雅加達在荷蘭時期的舊稱。圖像紀錄可參見 Andries Beckmen 所繪〈Batavia〉（1660），收錄於江樹生譯註，〈梅氏日記——荷蘭土地測量師看鄭成功〉，《漢聲雜誌》，第 132 期，頁 55。
12　可參見國立臺灣博物館，《艾爾摩莎：大航海時代的臺灣與西班牙》（臺北：國立臺灣博物館，2006），頁 128。

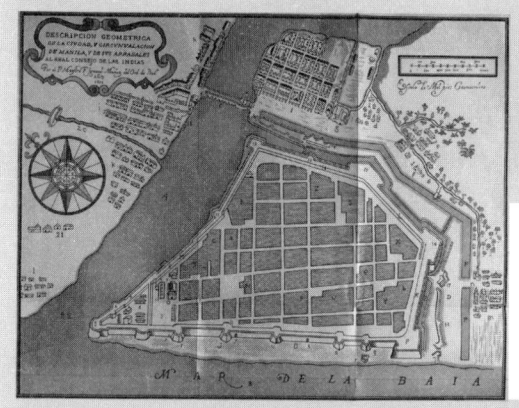

圖 II-12　1671 年馬尼拉城及其周邊區域圖（AGI, MP-Filipinas 10）© Colín, Francisco, 1592-1660; Chirino, Pedro, 1557-1635; Pastells, Pablo, 1846-1932, editor - https://archive.org/details/laborevangelicam03coli/page/824（Wikimedia Commons）

說明：QR Code 中是由墨西哥一博物館收藏的木箱，內部繪有 1640 年代的菲律賓馬尼拉，右下方梯形區域即為華人區。

再來就是我們臺灣的大員，我們要了解大員，就是要放在當時整個世界的互動網絡裡面去看。大員在那個時候之所以和整個世界文明有密切的聯繫，從城市管理來說，荷蘭人在 1629-1643 年這段時間，有發布「臺灣告令集」，就是荷蘭的 VOC[13] 所發布的各種公告、命令，主要是一些住在大員裡面的人必須遵守的規則，譬如：進出口貨物稅有隱匿的話，要重罰；繳交漁撈、燒磚、房地產交易、人頭稅等；進入林落的許可證、建築房屋的許可證、禮拜日公休的規定，還有禁酒令等等，相關的規定非常多，然後這有專書可以參考，有人把這些史料都翻譯出來，你去看這些資料，就知道，「臺灣告令集」就是一套近代城市的管理辦法。總之，當時的大員是我一再強調的港灣城市，它在荷蘭 VOC 的主導之下，進入當時荷蘭國際網絡的一環。

13　注：就是荷蘭聯合東印度公司，荷蘭語為 Vereenigde Oost-Indische Compagnie，簡稱 VOC。

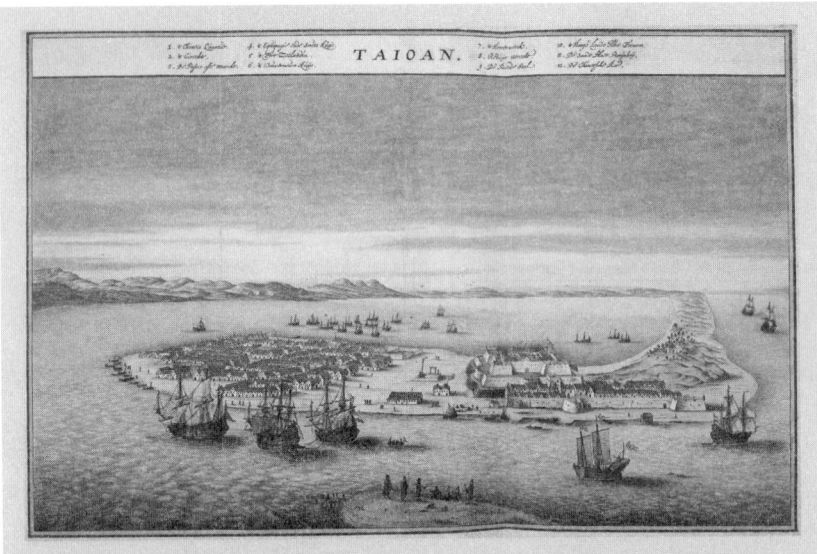

圖 II-13　大員港市 © 典藏於藏於荷蘭米德爾堡哲烏斯博物館，Atlas Blaeu-Van der Hem – Taioan（Wikimedia Commons）

稜形城堡

　　荷蘭人帶來新的建城方法，這種方法對當時的歐洲來說，也是一種新的建城方法，也就是：稜形城堡。這種方法不只跟中國傳統的建城方法完全不同，跟歐洲中古時代的城堡建築方式也不一樣。這些圖大家仔細看一下就可以知道，所謂大航海時代的那些殖民者，他們所到之處蓋的都是這種歐洲近代的稜形城堡，像安汶島（Ambon Island）蓋的城堡，也是稜形城堡，至於我們很熟悉的安平古堡，它有所謂上層、下層，用傳統中國的說法，就是內層、外層，現在安平古堡所保留的，就是上層，至於下層，就是一些殘存的遺跡而已，但如果你走進去仔細看，還是可以看到稜形城堡的樣子。在城碟[14]中間的缺口處，可以裝設砲臺。如果你們去安平玩，可以看到一個姚瑩建的砲臺，那個砲臺雖然很小，但它的結構也是這個樣子，在女兒牆上的凹陷處，會裝設砲臺。其實在當時，整個熱蘭遮城（圖

---

14 古代在城垣或城堡頂部以磚、石砌成矮牆，用以警戒與防衛。

II-14）及烏特勒支堡的城牆，都是這個樣子。

Ⓐ 立面
Ⓑ 平面
Ⓒ 烏特勒支碉堡

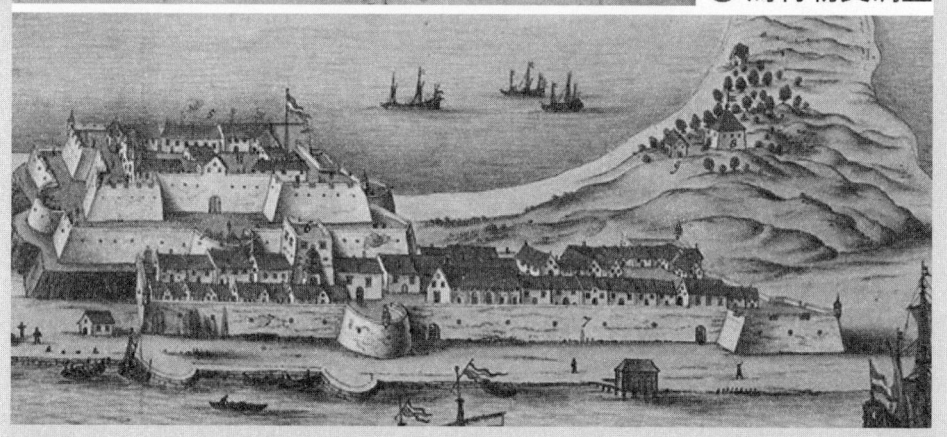

圖 II-14　熱蘭遮城 ©Wikimedia Commons
說明：上圖為 Albrecht Herport 所繪 Ostindianische Reißbeschreibung. 1669；
　　　下圖為〈大員港市鳥瞰圖〉，藏於荷蘭米德爾堡哲烏斯博物館（Zeeuws Museum）（commissioned by Laurens van der Hem）

當時鄭成功的軍隊是很會打仗的，因為鄭成功治軍甚嚴，所以在打仗的時候，他的部下都拚命作戰，你不拚命作戰，回去也會被砍頭。但鄭成功來到臺灣，就真的踢到鐵板。大家知道他進到鹿耳門，直取普羅民遮城

（Fort Provintia），就是赤崁樓，五天的時間赤崁樓就投降了，但他進一步回頭包圍安平古堡，也就是熱蘭遮城，是圍了九個月，為什麼呢？因為稜形城堡發揮了作用。當時熱蘭遮城這座孤城完全被包圍起來了，巴達維亞的援軍也到不了，甚至來了一批後，沒有登陸就回去了，但熱蘭遮城這樣孤軍奮鬥，卻能維持九個月，最後雙方議和，攻打的人退出熱蘭遮城。有些學者稱熱蘭遮城是文藝復興時代的城堡。

我這邊給大家看看這張圖作為對照，這是英國的科尼斯伯勒城堡（Conisbrough Castle），它位在英國的西南部，它就是一座中古時期的城堡（圖II-15）。中古時期的城堡主要是石頭砌造的，所以騎兵很難攻打進去，大家知道中古時期的武士是騎馬的，他們在戰場上對陣，如果遇到敵兵守在城堡裡面，騎兵是很難攻打進去的，騎兵發揮不了什麼作用，這種情形在中國也一樣，像蒙古的騎兵這麼厲害，但蒙古打南宋卻久打不下，因為南宋有城牆，這點大家要了解。

圖II-15 科尼斯伯勒城堡（Conisbrough Castle）及建築圖 ©Wikimedia Commons
說明：左圖為 Richard Bird, CC BY-SA 2.0, https://commons.wikimedia.org/w/index.php?curid=13171769；右圖為大英博物館藏，126 of "The History of Conisborough Castles, with glimpses of Ivanhoe-Land"。

但中古時期的城堡到了近代，也就是從文藝復興時代開始，碰到了很大的問題，因為那個時候的大砲，威力越來越強大，那種用石塊砌造的城

牆，最怕受到強力的震動，那個大砲一打過去，很快就能撼動城牆，然後城牆就一直鬆動，最後就會開始出現破口，然後垮下來。所以中古時期的城堡，沒辦法對付近代興起的新武器大砲也因為這樣，城堡的建築方法不得不改變，稜形城堡就這樣應運而生了。各種形式的稜形城堡，一層一層往外推，一座城堡變成有好幾重城牆，有的還非常複雜。[15]

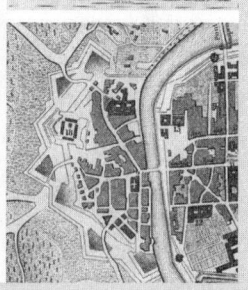

圖 II-16　法國貝桑松堡及建築圖 ©（左）Citadelle Besancon Vue Avion 1；（右）Plan de Besançon 1842 par VALLUET（Wikimedia Commons）

我們設想一下，鄭成功當時正在包圍、正在攻城，而荷蘭人守在城裡面，那荷蘭人應該是怎麼防衛的呢？守城也是具有攻擊性的，因為荷蘭人也是有火砲啊！他們的城堡也在女兒牆上有缺口，缺口上有裝設火砲，所以鄭成功在 1661 年 5 月 25 日發動了一次大規模的進攻，死傷慘重，荷蘭人就是在城牆上使用大砲攻擊鄭成功的軍隊。當然鄭成功也有大砲啊！但是效果不大，所以鄭成功就開始採取包圍的政策，總之稜形城堡是易守難

15　相關介紹及圖片，可參考 Jean-Denis G. G. Lepage, Vauban and the French Military Under Louis XIV, Jefferson, N. Carolina, McFarland & Company (2002) 頁 147。以及 Paddy Griffith; Peter Dennis (ILT), The Vauban Fortifications of France. Osprey Pub Co (2006). Internet Archive, https://archive.org/details/the-vaubanfortifications-of-france/mode/2up

攻。[16]

　　但是天底下的事情就是這樣，一樣事物有長處就有短處，不可能有一樣東西能具備所有的好處，卻完全沒有壞處，稜形城堡也是這樣。稜形城堡最怕的就是包圍，鄭成功採取包圍戰術是對的，鄭成功當然也知道稜形城堡的優點跟缺點，因為早在明朝末年的時候，西洋的傳教士已經把關於稜形城堡的知識傳到中國去了，只是這樣的軍事知識，不一定有進到國家軍隊的體系裡面去，中國明、清兩代，國家的軍隊體系向西方學習的，主要是大砲，所以商請了耶穌會的教士去幫忙製造大砲，但中國的城牆建築卻沒有改良。

　　總之，要對付稜形城堡，就是要死死地圍困住它，等它彈盡援絕，裡面沒東西吃、沒武器用，它就不得不投降，鄭成功就是採用這種辦法。當然守在裡面的人也會反擊，他們不會束手就擒。

　　接著我來談談那個時候的大砲。那個時候的「砲」，閩南話叫做「熕」（音同共），臺灣話裡有個詞「大熕」，現在很多人都不知道這個詞了！「大熕」就是「大砲」，這個在江日昇的《臺灣外記》裡面就有記載，福建那一帶的人所說的「大熕」，就是「大砲」；然後這個是稜堡的側翼，他們研究稜堡，其實處理的就是幾何力學的問題，稜堡上的每一個部位都有它們專門的名稱，整個稜堡的建築工程，跟機械、力學都是息息相關的，像達文西就會設計城堡。我們要守城，最怕的就是敵人逼到城牆腳，大家看中國的小說裡面寫的，或者古代關於攻城戰爭的歷史記載，也都是攻城的一方努力進攻到城牆腳，然後就用雲梯爬上去，先爬上去的一、兩個人當然會先死，但大家持續奮不顧身、前仆後繼地往上爬，上面的人怎麼防守，最後一定是怎麼殺都殺不完，只要一個人翻過去、兩個人翻過去，整座城就差不多要被攻破了。歐洲中古時期的城堡，是有很多死角的，所以

---

16 相關介紹及圖片，可參考 Jean-Denis G. G. Lepage, Vauban and the French Military Under Louis XIV, Jefferson, N. Carolina, McFarland & Company (2002), p. 31, 33, 60, 78, 80, 147.

守在上面的人打不到底下攻城的人，但稜形城堡就不一樣了，稜形城堡是沒有死角的，任何想接近城堡的人，稜堡上的人都可以將他們射殺，稜形城堡厲害的地方就在這裡。[17]

這些圖都是在說明稜堡的這種優勢，這些都跟幾何學上的原理有關，都是經過精密的設計。荷蘭雖然是一個小國，但是當時最先進的國家，在很多方面都有非常優秀的發展，他們的藝術，他們製作的武器，他們設計的城堡，在當時都是最進步的，並且影響了整個歐洲。所以大家要知道，熱蘭遮城雖然只是一座荷蘭在海外建造的城堡，但鄭成功當時等於就是面對了世界第一強國，大家一定要有這個觀念。

像這張圖，就是用剖面圖的方式，讓大家了解稜堡的結構。[18]它的城牆是一層一層的往外建造出去，在防守的時候，內層與外層一層一層之間的高度、角度都要經過嚴密的計算，你不能說待在較內層的人打出大砲，結果卻打到較外層的城牆裡面去，所以它每一層的角度、高度都要抓好，這張圖就是在說明這個。我剛剛說過，中古時期的城堡是石頭一塊一塊疊起來的，所以大砲一下、兩下、三下這樣打過去，它就會開始震動。近世的稜形城堡有一點是跟中國城牆一樣的，就是不怕大砲產生的震動。為什麼？你們去看目前臺南留下來的清代城牆，城牆寬厚，裡面當中都是土，那些土都是打得很結實的泥土，然後外面再用磚或者石頭包起來，這種城牆不怕砲擊，因為它夠寬、夠結實，能夠吸收砲火的撞擊力。稜形城堡就是一改中古時期城堡那種追求高聳的設計，它不高，它就是一層一層推出去，然後每一道城牆裡的土都夯打得很結實，這張圖裡那些黑色色塊就是夯土打結實的部分，而外面那些一格一格的，就是磚、石包圍起來的部分，這個跟中國城堡的構造是一樣的。

不過，稜形城堡就是怕包圍，像你如果要喝水的話怎麼辦？出去打

---

17 相關圖片參見：Paddy Griffith; Peter Dennis (ILT), The Vauban Fortifications of France, p. 28.

18 相關圖片參見：Jean-Denis G. G. Lepage, Vauban and the French Military Under Louis XIV, p. 86.

水，就會遇到鄭成功的軍隊啊！而如果你連水都沒得喝的話，那一下子就得投降了。但荷蘭人卻沒有缺水，因為控制大港出海的水道；甚至食物也很充足，他們退出熱蘭遮城以後，倉庫裡面甚至還有很多儲備糧食、肉品。這也可以從一個側面來說明，當時的臺灣在很多方面其實都位於世界文明的前沿，走在世界文明的前端。

海翁傳說與漢布魯克

最後我要談談關於臺灣的一些傳說故事，如海翁傳說。海翁就是鯨魚（圖II-17），傳說它跟鄭成功有關。這些故事有些是官員寫的，有些是文人寫的，民間也有一些流傳的版本，譬如說鄭成功是「東海長鯨」等等。這當然都是中國式的故事，江日昇《臺灣外記》寫鄭成功出生時，海面上有海怪在那邊盤旋幾天，但日本人只流傳說鄭成功母親就是在海邊的一塊石頭下把他生出來的（圖II-18、19）。反正身分比較特殊的人，就有人會把他的生平事蹟神怪化，這自古以來都是這樣，像鄭成功的手下夢見他「冠帶騎鯨魚」等等都是。後來鄭成功在中國的傳說系統裡面，包含和臺灣的關係等等，就都是和鯨魚有關係，拿鯨魚來做象徵。所以當鄭成功已經可以檯面化、可以公開被祭祀，這當然跟沈葆楨有關，就是祭祀鄭成功的廟已經可以獲得官方賜聯，福建巡撫王凱泰為新建的延平王廟題了一個楹聯：「精忠直貫七鯤身，跋浪騎鯨若有神；兩面是山四面海，特開半壁作完人。」這個就是已經肯定鄭成功了。所以先肯定鄭成功是精忠人物的代表，然後說他騎著鯨魚跋浪而來，然後開闢了半壁江山。像這樣的作品後來有很多啦！

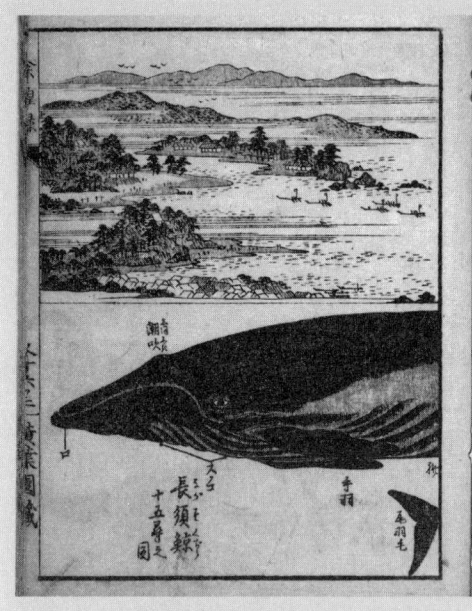

圖 II-17　美國大都會博物館典藏之《除蝗錄》（Jokō roku）內頁附圖
©Wikimedia Commons

圖 II-18　平戶千里濱©國立臺灣大學圖書館典藏，臺灣舊照片資料庫：pb01609190181

圖 II-19　鄭成功兒誕石©《臺南文化》，第8卷第4期（1968），頁7

臺南學與世界史

荷蘭那邊則有另外一種傳說，漢布魯克的故事。漢布魯克（Anthonius Hambroek，1607-1661）本來在麻豆地方傳教，鄭成功包圍熱蘭遮城的時候，他並沒有在城內，後來因為鄭成功包圍熱蘭遮城已經很久，所以叫漢布魯克進城去勸降，當時漢布魯克的太太、兒子還有一個女兒都在城外，但有兩個女兒待在城裡面，所以有這一段的故事。這個故事有一些歷史記載，如《熱蘭遮城日誌》，或者是揆一所寫的《被遺誤的臺灣》，但也有寫成小說、戲曲的作品，像這一位作家 Johannes Nomsz 所寫的《福爾摩沙圍城悲劇》的劇本，（圖II-20）整個故事說漢布魯克本來奉國姓爺之命進去熱蘭遮城勸降，但是他進城後不勸降，反而力勸在城裡面臨圍城的荷蘭人要抵抗到底，就是這樣的一個故事。這個劇本我們現在也有翻譯本了，大家都可以拿來看一看。還有就是荷蘭人的版畫、油畫等等，也都有畫這個題材，像是畫到漢布魯克和正遭受圍城的女兒在告別、在訣別的畫面，這是很具有煽情性、煽動性的畫作，另外也有像這種銅板畫的作品。（圖II-21）你們可以看到，這些作品裡面通常都會畫到明鄭的官員或士兵，但事實，當時荷蘭人是不准任何明鄭官員或士兵進入熱蘭遮城的，為什麼這樣？你們想想看，我怎麼能讓你進來呢？讓你進來，你就知道城裡的虛實了啊！但繪畫作品裡面，為了凸顯當時的歷史背景，就會把明鄭的人畫進去。

圖II-20　約翰尼斯諾姆茲約著《Hambroek劇曲》© 國立臺灣歷史博物館提供

說明：QR Code 為國立臺灣歷史博物館於2013年出版的《福爾摩沙圍城悲劇》翻譯書。

圖 II-21　漢布魯克的自我犧牲 © 國立臺灣歷史博物館提供

　　像這幅畫是這個題材裡面最有名的一幅作品,是荷蘭畫家 Jan Willem Pieneman 的作品,我記得安平古堡裡面也有這幅畫的複製品,(圖 II-22)這裡面畫到兩個女兒,其中一個一直拉住漢布魯克,像是要叫他不要回去,另外一個女兒則是已經昏倒在地,裡面也有一個好像是黑人,這應該是從南洋來的,是南洋的土著,裡面也有荷蘭人正怒目而視,而後面的右邊這裡有兩個明鄭的官員,帶著邪惡的眼神,總之,漢布魯克是真的有兩個女兒在城裡,有一個在當時已經結婚,一個還沒有出嫁,但也有人說另外一個也已經出嫁了,然後她們悲痛萬分看著老父離去,因為漢布魯克沒有達成使命,她們覺得一定會被鄭成功殺死。

圖 II-22　臺南市役所發行之《臺灣歷史畫帖》中,顏水龍所繪版本 © 國立臺灣歷史博物館提供

說明：臺灣知名畫家顏水龍(1903-1997)所繪的「最後の別れ」,為「臺灣歷史畫」系列第九幅;展示於安平古堡的版本為畫家李長發臨摹。

　　但鄭成功沒有當場殺他,我考察過,但找不出漢布魯克最後下場是怎麼樣,因為一直到最後議和,荷蘭人要登船撤退,都沒有關於漢布魯克的記載,卻有漢布魯克夫人,在荷蘭人撤出熱蘭遮城要登船的前一天病死。

也有關於他女兒的記載，但漢布魯克的卻沒有，也沒有鄭成功明確處決漢布魯克的紀錄，但有鄭成功誅殺荷蘭傳教士的紀錄。不過，漢布魯克在出城幾個月後，我們還可以找到他的行蹤，包含寫到漢布魯克要往諸羅山（嘉義）方向去，但究竟他最後是怎麼樣了，我們就找不到了。總之，繪畫也好，戲曲也好，荷蘭都有描繪漢布魯克的事蹟跟人格。

我們還是講回鯨魚的傳說，後來在中國、還有在臺灣這邊，很多事情就都會運用到這個鯨魚的傳說。譬如丘逢甲，日本人入臺之後，他把臺灣民間的捐款帶著跑到廣東去，說有一天他要變成騎鯨人，再重回臺灣。這都是借用鄭成功鯨魚傳說的典故。

我今天很簡單地談到這些流傳故事，也是要告訴大家，我們在從事創作的時候，可以根據這些流傳故事進行再創作。我們創作的時候不能只死板的援用流傳故事的素材，而是要進行進一步的解釋發揮。